THÉORIE

DU

GENRE DES NOMS.

I

Tout exemplaire qui ne portera pas la signature de l'auteur sera réputé contrefait. Des mesures nécessaires seront prises pour atteindre, conformément à la loi, les fabricateurs et les vendeurs de ces exemplaires.

NANCY. — IMPRIMERIE DE V^e. HISSETTE, rue de la Hache, n.º 53.

ESSAIS SUR LA LANGUE FRANÇOISE.

THÉORIE

DU

GENRE DES NOMS.

Par M. BRACONNIER,

PROFESSEUR DE GRAMMAIRE.

Ces différences du Genre paroissent avoir été établies *arbitrairement et par hasard ;* il seroit en général fort difficile d'en donner des motifs raisonnables.
Andrieux. Cours de Grammaire
à l'École polytechnique.

L'irrégularité et *l'arbitraire* qui régnent dans la distribution du Genre, *surtout dans la langue françoise,* font de cette partie de la Grammaire une des plus grandes difficultés... les maîtres semblent désespérer de la lever.
Encyclopédie moderne.

Ce seroit donc une peine inutile, *dans quelque langue que ce fût,* que de vouloir chercher ou établir des règles propres à faire connoître le genre des Noms.
Encyclopédie de d'Alembert.

PARIS,

CHEZ BELIN-MANDAR, LIBRAIRE, RUE ST.-ANDRÉ-DES-ARCS, N°. 55.

MDCCCXXXV.

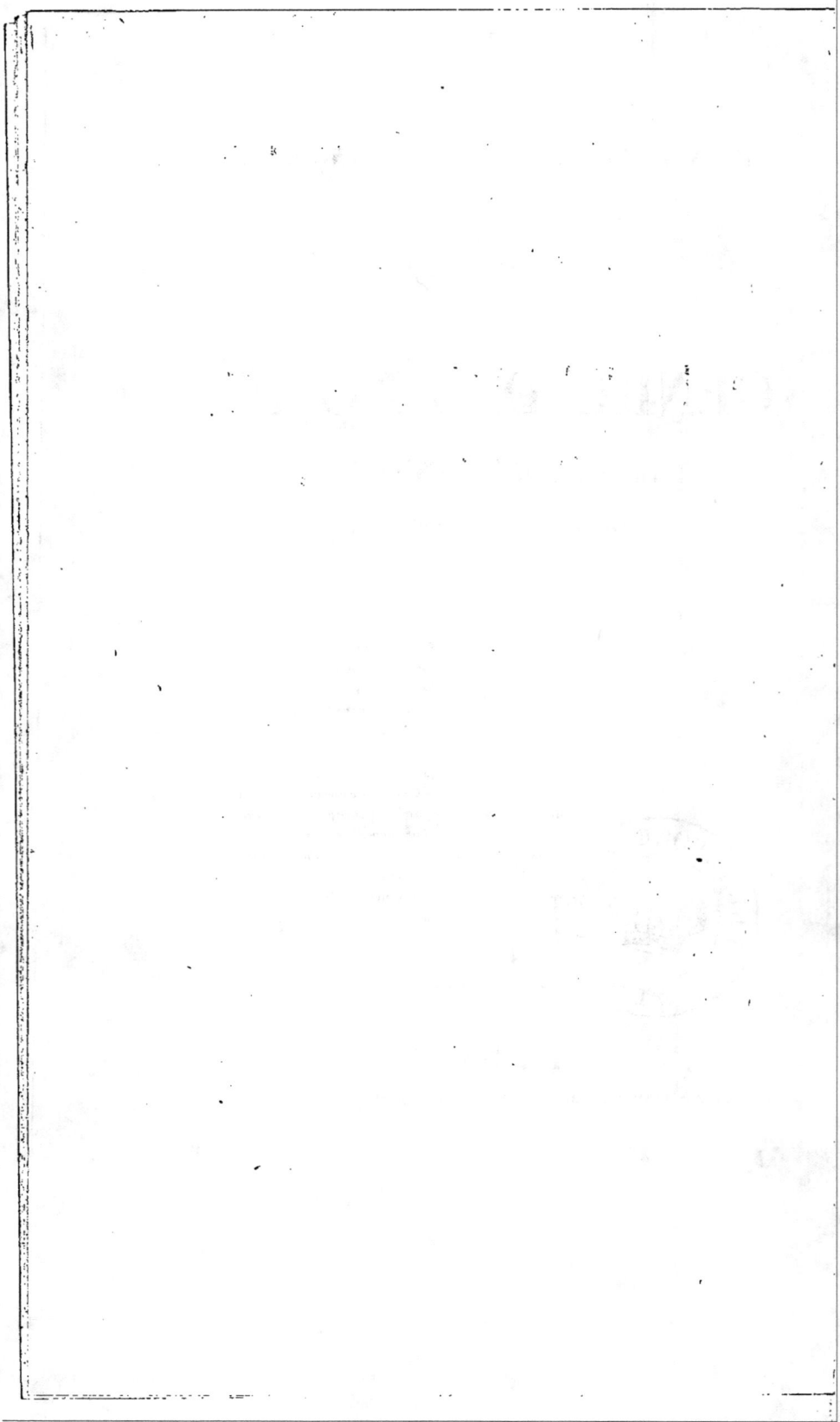

A MONSIEUR

DE CAUMONT,

RECTEUR DE L'ACADÉMIE DE NANCY.

MONSIEUR LE RECTEUR,

L'indulgence avec laquelle vous avez daigné sourire à ces Essais sur notre belle langue, m'a récompensé largement du passé et grandement encouragé pour l'avenir. En entrant dans la carrière, je dois regarder votre suffrage, comme un présage heureux! Du moins, oserai-je présenter avec moins de crainte la Théorie du Genre aux Littérateurs et aux Grammairiens.

Veuillez agréer l'hommage de ma vive reconnaissance et l'assurance du profond respect avec lequel je serai toujours,

MONSIEUR LE RECTEUR,

Votre très-humble et très-obéissant
serviteur,

BRACONNIER.

« Bening, Lecteur,
« Tu recevras ce mien petit
« labeur, et suppléras, s'il te plaist,
« aux fautes qui s'y pourroient
« rencontrer ; et le recevant d'aussi
« bon cœur, que je te le présente, tu
« me donneras courage à l'advenir
« de n'estre chiche de ce que j'aurai
« plus exquis rapporté du temps et
« de l'occasion : servant la France
« selon mon désir. Adieu. »

De Villamont. 1588.

DU GENRE.

Toute existence émane de l'Être éternel,
infini.... chercher quelque chose hors de
lui, c'est explorer le néant.

La Mennais.

La question du Genre des noms françois, question
si simple, si souvent agitée, puis abandonnée, oubliée
enfin, puis reprise avec ardeur, est pourtant restée
toujours insoluble. Voyez tous les efforts de nos grammairiens pour la vaincre; consultez leurs écrits; par-
courez tous leurs travaux; qu'y trouvez-vous? Rien.
Après avoir professé la grammaire pendant douze années
à l'École polytechnique, Andrieux résumoit en une
seule pensée tous les traités du Genre, en disant à ses
élèves que le Genre est enfant de *l'arbitraire* et *du
hasard.* Ayant foi en cet oracle du célèbre Professeur,
l'Encyclopédie moderne, jugeant l'affaire en dernier
ressort, rendoit dans ses pages savantes, cette décision
définitive : « Le Genre est une des plus grandes diffi-
« cultés de notre grammaire... les maîtres semblent
« désespérer de la lever. » Ces paroles décisives furent
entendues de toutes parts : elles ôtèrent le courage et

l'espoir aux plus intrépides ; partout la plume tomba
des mains ; le jugement fut réputé sans appel, la cause
regardée comme perdue et le Genre des Noms rentra
dans l'oubli. Chacun sembla approuver dans son cœur
ces paroles de l'Encyclopédie de d'Alembert : « Ce
« seroit donc une peine inutile, en quelque langue
« que ce fût, que de vouloir chercher ou établir des
« règles propres à faire connoître le Genre des Noms. »

Mais d'où vient donc cette insolubilité désespérante ?
A quoi faut-il s'en prendre ? Est-ce à la difficulté
réellement insurmontable de cette question, toujours
discutée sans résultat, toujours abandonnée avec regret ?
Oh ! hâtons-nous de le dire. N'est-ce pas plutôt à
l'impuissance des moyens employés pour la résoudre ?
Jusqu'ici, la Grammaire seule s'est présentée pour
renverser cette difficulté toujours debout. Mais lui
a-t-on demandé si elle avoit la force voulue, les leviers
indispensables ? lui a-t-on demandé si elle étoit de taille
à pouvoir atteindre à la question, placée peut-être trop
haut, peut-être à jamais hors de sa portée ? Disons-le
donc et disons-le bien haut, afin que notre voix reten-
tisse au loin, comme un puissant écho ! On a cru qu'on
avoit bâti *la formation du genre d'un nom* comme
on a bâti *la formation des temps d'un verbe* et l'on a
voulu rendre compte d'une œuvre toute matérielle, qui
pourtant n'existe nulle part ! Sans se douter le moins du
monde que l'on se trompât, on a cru qu'on pouvoit
prendre mesure de *la théorie du genre* sur *la théorie
du participe* et delà pouvoir s'élever jusqu'à la hauteur
de la difficulté, la dominer enfin et s'en rendre maître. Quelle erreur ! Au pied d'un édifice-géant, on

n'avoit élevé qu'un échafaudage-nain, falloit-il donc s'étonner d'être toujours à terre! Aussi, épuisée et vaincue par ses propres efforts, la Grammaire quitta la lice où elle étoit fièrement entrée : elle couvrit sa défaite des voiles de l'insulte et reprocha à l'ennemi qu'elle n'avoit pu écraser, de n'être que l'enfant de l'aveugle hasard.

Fille de l'homme, la Grammaire est marquée du sceau de l'impuissance. Absorbée dans le mécanisme brut, dans la structure toute matérielle de la langue, elle se jette dans des formes de mots, elle s'égare dans des choix d'expressions, elle se perd dans des constructions de phrases, mais sort-elle de la matière? s'élève-t-elle jusqu'à la Pensée, cette puissante créatrice de la langue? cherche-t-elle à s'initier aux secrets de cette puissance mystérieuse et inconnue? Jamais. Née sur la terre, la Grammaire se traîne péniblement sur le sol; rien ne l'élève vers le ciel; ce n'est point là sa patrie. Systèmes des philologues! art des critiques! subtilités des étymologistes! finesses des grammairiens! que tout cela s'éloigne donc comme une foule importune. Tous ces gens-là ne voient que l'enveloppe grossière de la langue; ils ne la jugent que d'après son vêtement! Comme si on pouvoit juger d'un héros à son uniforme et à sa taille! Pour trouver le genre d'un nom, ils vous mesurent froidement la longueur du nom en litige; ils déterminent sa forme, puis ils discutent, sans s'inquiéter jamais de sonder en même temps toute la profondeur de la pensée qu'il exprime. Jetez-moi là toutes ces froides discussions, toutes ces inutiles disputes, tous ces absurdes mesurages de mots ! Le Genre dépend-il donc de l'épaisseur d'un terme, de la largeur d'une expression ?

Pour bien juger d'une langue, pour en surprendre les secrets les plus cachés, il ne suffit pas non plus d'aller s'ensevelir dans la poussière des volumes, dans le silence de l'étude, dans l'isolement de la méditation. Là, tout est muet ; tout est mort ; et c'est du bruit, c'est de la vie qu'il nous faut. Les langues sont faites pour être entendues et parlées, nullement pour être lues. Aussi rechercher les secrets d'une langue seulement dans les livres, c'est vouloir surprendre les secrets de la vie sur un cadavre embaumé dans un sépulcre. Sortez de la poussière, du silence, de l'isolement ! Tout cela c'est déjà de la tombe. Recherchez ce grand bruit de vie qu'annoncent les cris de la foule qui marche ! mêlez-vous aux mouvements tumultueux d'un peuple qui s'agite et se remue ! assistez à ses joies si bruyantes, à ses douleurs souvent muettes, à ses vengeances toujours terribles ; en un mot, assistez à toute sa vie. Cette histoire mouvante d'une nation qui se débat, sous vos yeux, dans les grandes eaux du fleuve du Temps, qui l'entraînent malgré elle, est solennellement traduite par cette langue vivante, qui, sortant des flots agités, vient frapper vos oreilles. L'original et la traduction sont en présence, regardez ! C'est dans la vie d'un peuple qu'il faut aller chercher les secrets de sa langue.

Mais pour être bien comprise, la question du Genre doit remonter à une autre question plus grave et plus solennelle, à l'origine du langage humain. Ainsi, avant d'aborder le Genre des Noms, il faut se demander :

« L'homme si impuissant a-t-il pu se donner de sa propre
« force le langage, cet organe unique et indispen-
« sable de sa pensée muette? ou bien, l'homme a-t-il
« reçu des mains de Dieu, au jour de la création,
« parmi tant d'autres bienfaits, cette voix puissante,
« dit Bonald, qui tire du néant le monde de l'intelli-
« gence et qui fait luire au milieu des ténèbres cette
« lumière qui éclaire tout homme venant en ce
« monde? »

Immense et magnifique problème, auquel nous ne
devons emprunter que ce qu'exige la question qui nous
occupe, la connoissance du Genre des Noms françois.

Eh bien ! supposons un instant que le langage n'ait
qu'une origine humaine, que devient alors la question
du Genre? Dans son *commentaire sur Port-Royal*,
Duclos résume ainsi la pensée de tous les grammairiens
de son temps : « L'institution ou la distinction des
« genres est une chose purement arbitraire, qui n'est
« nullement fondée en raison, qui ne paroît pas avoir
« le moindre avantage et qui a beaucoup d'inconvé-
« nients. » Mais cependant, si dès ses premiers jours,
le peuple de France s'est façonné *à sa guise* la langue
qu'il parle; si, pendant sa course, il s'est créé, *comme*
il l'a voulu, cet organe de ses pensées, semblable au
voyageur qui se choisit à son gré le bâton blanc qui
doit affermir ses pas durant son pèlerinage, pourquoi
s'est-il donc créé jadis à plaisir et sans motifs des difficultés qu'aujourd'hui il ne peut plus résoudre? Pourquoi
a-t-il admis autrefois des formes de langage qu'il traite
maintenant d'absurdes? Pourquoi, en un mot, s'est-il
embarrassé du fardeau ridicule de la différence des

genres, qu'il conserve malgré lui? Que n'a-t-il laissé sur
le chemin cet inutile bagage qu'il traîne toujours après
lui, comme un poids importun? Voyageur séculaire,
pourquoi as-tu laissé à ton bâton blanc cette vaine
pesanteur, qui, à la longue te fatigue le bras, durant
ton pèlerinage mystérieux? Que ne la déposes-tu
enfin? Ta course n'est-elle pas déjà assez pénible?
Si jadis tu fus libre d'accepter la différence des genres,
sois donc libre aujourd'hui de la rejeter; débarrasse-
toi de cette difficulté ridicule qui te gêne! Si tu en es
l'auteur, montre-nous que tu as au moins conservé
le droit d'anéantir cette *chose purement arbitraire,
qui n'est nullement fondée en raison, qui ne paroît
pas avoir le moindre avantage, et qui a beaucoup
d'inconvénients.* Mais quoi! d'où vient que tu ne
le peux? Le genre auroit-il donc un auteur plus
puissant que toi? car il se rit de tes efforts pour l'a-
battre, comme de tes insultes pour le flétrir. Tu le
condamnes, et cependant tu es forcé de le conserver
dans ta langue! tu voudrois t'en débarrasser à tout prix,
et pourtant il est là toujours debout. Chose vraiment
étrange! Quelques hommes souvent médiocres se sou-
lèvent et sous leurs efforts, les trônes s'écroulent, écrasant les rois sous leurs débris : tandis que plusieurs générations d'hommes de génie se sont inutilement soulevés
contre une mauvaise question de grammaire! Tous
leurs efforts pour l'écraser et l'anéantir ont été vains. Le
Genre des Noms est toujours là, insultant à leurs me-
naces, impuissantes, à leurs inutiles attaques.

Mais au contraire, si notre langue a son origine dans
les cieux; si Dieu en couvrant la vieille Gaule d'un

peuple nouveau; lui donna une langue nouvelle; si
cette langue devoit être pour ce peuple un lien social,
un moyen d'existence, une des conditions de sa vie,
un vêtement qui devoit envelopper ses pensées; oh!
alors le Genre des Noms n'est plus une question oi-
seuse; il n'est plus le résultat fortuit d'une cause aveugle; il est un fait réel dans la langue; et ce fait a une
origine positive, une cause efficiente, une influence
directe. Partie essentielle et intégrante de la langue,
le genre doit être le représentant d'une vérité dans le
peuple. La langue l'a admis comme une de ses expressions larges, comme un de ses organes les plus
puissants. Il participe à la durée de la langue, comme
un membre participe à l'existence du corps, et il peut
insulter aux efforts destructeurs des hommes : car aucune force humaine ne peut faire tomber une langue
avant l'heure marquée pour sa chute. L'apparition et
la disparition des langues sont le secret de Dieu. Est-il
étonnant dès-lors que le Genre des Noms, qui jamais
ne fut envisagé sous ce grand point de vue, n'ait pas
été compris, et que la pensée de l'homme n'ait pas
encore analysé une des plus belles harmonies de ce
langage humain qui ne peut être qu'un don des cieux.

Comment, en effet, peut-on soutenir que le langage humain soit le résultat immédiat de la volonté
réfléchie de l'homme! Étudiez une science de création
humaine, vous en connoîtrez souvent l'origine fixe,
souvent même vous déterminerez le lieu, l'époque de
sa naissance; vous saurez quels génies l'ont développée,
agrandie, renouvelée tout entière et portée à son dernier période. La médecine eut son Hippocrate, la

philosophie son Platon, les mathématiques leur Archimède. Mais dans le langage humain en est-il de même? Voit-on là une origine déterminée, des améliorations subites, des développements opérés par quelque génie puissant qui, apparoissant tout-à-coup, change la face de la langue? Ce sont là des faits entièrement inconnus. Condorcet, qui, par esprit de parti, croyoit de toute son âme à l'origine humaine des langues, avouoit pourtant, en parlant des hommes qui devoient en avoir été les auteurs : « On ignore « le nom et la patrie des hommes de génie, des bien- « faiteurs de l'humanité qui ont fait des découvertes « si merveilleuses. » Sans doute on l'ignore, et on l'ignorera encore long-temps, puisque ces prétendus bienfaiteurs de l'humanité n'ont jamais existé. Une langue se forme d'après des lois ignorées, tout s'engendre en silence dans son sein fécond ; tout y est sans vie et sans voix. Quand elle sort de l'obscurité mystérieuse qui environna son berceau, elle compte déjà plusieurs siècles d'existence. On retrouve quelquefois des traces de son origine répandues dans le peuple, mais on n'assiste jamais à sa naissance. Des voiles s'abaissent sur ce mystère, et quand il commence, des témoins n'existent pas encore ; car le peuple et la langue naissent en même temps. Lorsqu'Homère fit entendre sa voix mélodieuse sur les rivages de la mer de Myrtos, les échos de la Grèce et de l'Ionie ne répétèrent point des accents ignorés : le peuple avoit grandi comme la langue. La voix du divin poète étoit entendue et reçue avec enthousiasme par tous les enfants de la Grèce, depuis le pasteur des peuples, jusqu'au pâtre de la vallée. Quand la langue d'Homère disparut du sol de la Grèce, les grecs disparurent à leur tour. Les peuples et les langues sortent au même jour du berceau et rentrent à la même heure dans la tombe.

Lorsqu'on sort de ces idées grandes et vraies où l'on voit Dieu créant les langues en même temps que les peuples, et qu'on rentre dans ces systèmes étroits, vains et mensongers, où l'on rencontre à chaque ligne *le hasard*, *les causes accidentelles*, *le perfectionnement de la matière*, *les propriétés des corps*, *les appétits et l'expérience de l'espèce*, confectionnant le langage humain avec des siècles nombreux passés dans les ténèbres de l'ignorance, et dans l'état sauvage d'une *barbarie complète*, que pourtant l'histoire ignore, on s'arrête attristé ; on referme le livre sinistre qui contient ces systèmes sortis du chaos ; et on lève les yeux vers le ciel, comme pour implorer un appui. A ces tristes tableaux tracés par la main du mensonge ou de l'erreur, on s'empresse d'opposer les consolantes images que nous offre la simple et touchante vérité.

« Voyez ce nouveau né qu'une nourrice porte dans ses bras.
« Qu'a-t-il, pour donner tant de joie à ce vieillard, à cet
« homme fait, à cette femme ? Deux ou trois syllabes à demi-
« formées, que personne n'a comprises ; et voilà des êtres rai-
« sonnables transportés d'allégresse, depuis l'aïeul qui sait toutes
« les choses de la vie, jusqu'à la jeune mère qui les ignore
« encore ! qui donc a mis cette puissance dans le verbe de
« l'homme ? Pourquoi le son d'une voix humaine vous
« remue-t-il si impérieusement ? Ce qui vous subjugue ici
« est un mystère qui tient à des causes plus relevées qu'à l'in-
« térêt qu'on peut prendre en l'âge de cet enfant : quelque

« chose nous dit que ces paroles inarticulées sont les premiers
« bégaiements d'une pensée immortelle [1]. »

Ici, nous ne devrions donc plus nous occuper de la
question du langage humain. Nous devrions imiter ces
sages philosophes qui ne peuvent se résoudre à prouver l'existence de Dieu et l'immortalité de l'âme, crai-
gnant qu'une démonstration ne diminue l'évidence immédiate de ces grandes et sublimes vérités. D'ailleurs,
J.-J. Rousseau n'a-t-il pas dit : « *La parole étoit né-*
« *cessaire pour inventer la parole.* » Cette seule pensée du citoyen de Genève ne doit-elle pas porter la
conviction dans toute âme droite ? Toutefois, comme
cette question n'a jamais été traitée que dans la haute
philosophie, nous allons essayer de lui donner un style
et des formes plus simples, en nous éloignant de la rigueur trop souvent obscure *du raisonnement syllogis-*
tique, pour n'avoir recours qu'à la clarté et à la justesse
des *images.*

Quand on aborde la question de l'origine du langage
humain, l'imagination en travail se reporte aussitôt
vers les temps primitifs ; et Adam nous apparoît au milieu des riants berceaux de l'Eden. On croit assister aux
premiers essais que l'homme fit de ses facultés naissan-
tes, semblable à l'enfant qui cherche à balbutier les
plus doux noms, et qui, libre des lisières du premier
âge, essaie d'affermir sur le sol ses pas incertains. On
s'imagine entendre les premiers sons *inarticulés,* qui
s'échappèrent de sa voix *inhabile ;* il semble qu'on
recueille les premiers mots qui tombèrent *à peine formés*
de ses lèvres encore *impuissantes :* enfin pour terminer
ce tableau idéal, on s'attend à le voir former son langage

[1] Génie du Christianisme.

successivement et à l'aide de la longue vie que nous savons lui être accordée. « Son langage, dit Ch. Nodier,
« fut d'abord simplement vocal, comme celui des ani-
« maux, qui ne rencontrent que *par hasard* dans leurs
« meuglements, dans leurs mugissements, dans leurs
» bêlements, dans leurs roucoulements, dans leurs sif-
« flements, des consonnantes *mal articulées ;* et comme
« ce langage imparfait, il n'exprima *d'abord* que l'élan
« d'un désir, l'instinct d'un appétit, le besoin, l'épou-
« vante ou la colère.... Aujourd'hui l'enfant ne fait
« plus sa langue, parce que ce long travail qui a dû
« exiger la durée d'une vie dont nous ne jouissons plus,
« et peut-être *une longue succession de siècles* dont
« les acquisitions progressives se sont closes avec l'al-
« phabet, lui est épargné par la faculté d'imiter immé-
« diatement la parole, et de la parler avant de la com-
« prendre, au contraire de l'homme primitif, qui ne
« put pas se dispenser de la comprendre avant de la
« parler. » Cependant ce système d'*essais successifs,
de tâtonnements fréquents, etc.,* employé dans le
langage humain est sans vérité. Les tâtonnements, les
essais sont nuls dans l'œuvre de la création. Dieu dit :
« *Que la lumière soit* » et la lumière fut. Voilà comme
Dieu procède dans ses œuvres. L'homme reçut du
Créateur *la parole* en même temps que *la pensée :*
elles étoient compléments l'une de l'autre, et l'homme
parla sans effort et sans étude, parce qu'il *pensoit* sans
obstacle et sans contrainte. La langue d'Adam dut
même offrir, à sa naissance, le spectacle si plein de
poésie qu'offroit déjà le naissant univers :

« Il est vraisemblable que l'Auteur de la nature planta

« d'abord de vieilles forêts et de jeunes taillis ; que les animaux
« naquirent, les uns remplis de jour, les autres parés des
« grâces de l'enfance. Les chênes, en perçant le sol fécondé,
« portèrent sans doute à la fois les vieux nids des corbeaux
« et la nouvelle postérité des colombes. L'abeille, qui pour-
« tant n'avoit vécu qu'un matin, comptoit déjà son ambroisie
« par générations de fleurs. Il faut croire que la brebis n'étoit
« pas sans son agneau, la fauvette sans ses petits..... Le jour
« même où l'Océan épandit ses premières vagues sur ses rives,
« il baigna, n'en doutons point, des écueils déjà rongés par
« les flots, des grèves semées de débris de coquillages, et des
« caps décharnés, qui soutenoient, contre les eaux, les rivages
« croulants de la terre [1] ».

Ainsi, semblable à cette nature, qui, dans son enfance, montroit déjà les rides de la vieillesse, la langue
dont Adam se servit, aux premiers jours de sa vie, dut
présenter les poétiques contrastes d'*expressions nouvelles* et d'*expressions déjà vieillies*. Dans l'âge mûr où
il naquit, le premier homme négligea la langue naïve
de l'enfance, qu'il lui sembloit pourtant avoir parlée
jadis, et il employa le langage grave de l'homme fait.
Enfin la plus divine harmonie devoit régner dans la
langue des époux de l'Éden. La tendresse et l'innocence
s'épanchoient sans doute de l'âme de la belle Ève en
paroles aussi douces que séduisantes; tandis que la
grandeur et l'amour s'échappoient du cœur du noble
Adam en mots pleins d'enthousiasme et de feu :

« L'homme-Roi naquit lui-même à trente années, afin de
« s'accorder par sa majesté avec les antiques grandeurs de son
« nouvel empire : de même que sa compagne compta sans
« doute seize printemps, qu'elle n'avoit pourtant point vécu,

[1] Génie du Christianisme.

« pour être en harmonie avec les fleurs, les oiseaux, l'inno-
« cence, les amours et toute la jeune partie de l'univers ¹ ».

Milton nous offre de ces touchantes harmonies du
langage des deux époux de l'Eden dans leur prière au
lever de l'aurore et au déclin du jour.

Nous sommes toutefois bien éloigné de croire que la
langue du premier homme dût être imposée à toute sa
race. La langue de l'innocent Abel dut différer de celle
de l'homicide Caïn, autant qu'elles différoient toutes
deux de celle d'Adam coupable. Il y avoit dans ces deux
familles le principe de deux sociétés différentes. S'il
étoit possible qu'une langue fût imposée au genre humain, il n'y auroit plus de liberté sur terre.

Mais, dira-t-on, si Dieu est la cause première et
efficiente du langage humain, n'a-t-il pas dû marquer
son œuvre du sceau de sa toute-puissance? Ne doit-on
pas y contempler cet ordre absolu qui régit l'univers,
cette unité admirable avec laquelle les corps célestes
accomplissent leurs révolutions, et ces périodes constantes que suit la nature dans sa marche? Que penser
alors de ce désordre, de cet arbitraire effrayant qui règne dans le langage de l'homme. Que dire surtout de
son impuissance à rendre exactement notre pensée?
Impuissance dont les résultats sont souvent si terribles,
qu'elle seule peut amener des révolutions affreuses, et
plonger les peuples dans des abîmes de malheurs.
« Tout homme, dit encore Ch. Nodier, qui a trouvé les
« langues de l'homme assez bonnes pour rendre sa con-
« ception intime, comme il l'avoit conçue, n'a jamais
« rien conçu de grand. L'âme inspirée de l'orateur et

¹ Génie du Christianisme.

« du poëte doit comprendre profondément que cet
« impuissant artifice n'est guère bon, comme un tru-
« chement grossier, qu'à se faire entendre des barbares.
« Elle posséderoit la vérité absolue qu'elle ne pourroit
« pas la donner. »

Ici, nous devons l'avouer, ce n'est plus une question
dont la solution soit promise aux recherches de notre
esprit, comme le pain de chaque jour est promis aux
sueurs de notre front. C'est un mystère qui va se perdre dans les profondeurs d'un autre mystère, la chute
de l'homme. « Le nœud de notre condition, dit Pascal,
« prend ses retours et ses replis dans cet abîme; de
« sorte que l'homme est plus inconcevable sans ce mys-
« tère, que ce mystère n'est inconcevable à l'homme. »
Ainsi, la langue avoit été donnée à l'homme pour exprimer sa pensée. La langue devoit sortir pure de ses
lèvres, comme la pensée sortoit pure de son âme inno-
cente. Mais la chute fatale arrive : tout se trouble, tout
se soulève dans l'homme rebelle ; la perfection primitive
est détruite, et *la parole déchue* comme la pensée,
révèle la mystérieuse existence d'Adam coupable.

« L'homme, tel que nous le voyons, n'est vraisemblable-
« ment pas l'homme primitif. Il contredit la nature : déréglé
« quand tout est réglé, double quand tout est simple : mys-
« térieux, changeant, inexplicable, il est visiblement dans
« l'état d'une chose qu'un accident a bouleversée. C'est un
« palais écroulé et rebâti avec ses ruines ; on y voit des parties
« sublimes et des parties hideuses ; de magnifiques péristyles
« qui n'aboutissent à rien ; de hauts portiques et des voûtes
« abaissées, de fortes lumières et de profondes ténèbres ; en
« un mot, la confusion, le désordre de toutes parts, surtout
« au sanctuaire. ¹

¹ Génie du Christianisme.

Dans cet admirable tableau de l'homme déchu, qui ne reconnoît le tableau le plus fidèle du langage humain? Personne n'en peut douter : le langage humain *est visiblement dans l'état d'une chose qu'un accident a bouleversée.*

Mais donner une origine divine au langage humain, disent quelques écrivains, c'est attaquer la majesté de Dieu. «Saint Grégoire de Nysse, dit Ch. Nodier, parle « avec une pitié ironique et moqueuse des bonnes gens « qui croient que Dieu a été le premier et modeste fa-« bricateur de la langue d'Adam, opinion qu'il appelle « expressément une sottise et une vanité ridicule; comme « si Dieu, ajoute Saint Grégoire, *avoit daigné se* « *réduire à l'office d'un maître de grammaire pour* « *enseigner à ses créatures le nom, l'adjectif et le* « *verbe, l'alphabet et la syntaxe, etc.* » Heureusement cette objection, d'un des plus grands docteurs de l'Église, reproduite par un de nos premiers écrivains, ne se soutient pas. La majesté de Dieu ne peut paroître attaquée là où sa Toute-Puissance brille avec le plus d'éclat. L'homme a parlé, uniquement parce que Dieu a voulu qu'il parlât; et la volonté divine seule a suffi pour que ce fait si prodigieux s'accomplît. Le maître de toute la nature n'a pas plus *daigné se réduire à l'office d'un maître de grammaire, pour enseigner à ses créatures, le nom, l'adjectif et le verbe, l'alphabet et la syntaxe,* qu'il n'est descendu au modeste rôle de musicien, pour enseigner *la gamme* à la tendre Philomèle dont les inimitables accords nous enchantent durant les nuits délicieuses du printemps.

Il faut cependant se hâter d'avouer que la langue,

quoique d'origine divine, est soumise à une très-grande influence humaine. Mais il faut aussi se hâter de dire qu'on a tort de prétendre et de croire que cette influence soit le résultat immédiat de la force de quelque homme de génie. Voltaire entreprit seulement de changer *une lettre* dans l'orthographe françoise, et tout son siècle se souleva contre lui, comme s'il eût commis contre la langue un crime de lèse-majesté. Bossuet, Racine, Châteaubriand ont employé des expressions que la langue a rejetées, si elle ne les a pas condamnées. Le Génie même n'est donc pas assez puissant pour refaire les langues. Les grands écrivains, du reste, ne cherchent point à inventer des mots nouveaux : ils font une sérieuse étude de leur langue ; ils s'efforcent de combiner heureusement les expressions que l'usage autorise ; et, c'est seulement par l'heureuse alliance des mots déjà connus qu'ils enrichissent les langues. Quand un homme de génie paroît, il n'apporte point au monde une langue nouvelle ; il reçoit celle que le peuple lui offre ; et le peuple l'a reçue de Dieu avec la vie.

« Dans toute langue, dit l'Encyclopédie, on trouve « les *mêmes* espèces de mots, et ils sont assujettis aux « *mêmes* accidents. » Cet ensemble remarquable ne prouveroit-il pas à lui seul que les langues sont l'œuvre sublime de Dieu ? Car si la formation en étoit abandonnée au caprice des peuples, pourroient-elles nous offrir cette conformité générale, cette unité admirable! Sans doute il y a des différences qui caractérisent chaque langue, comme il y a des différences qui caractérisent chaque peuple. Mais ces différences, dont on fait tant de bruit, sont soumises à des lois constantes.

On sait que les aspects du ciel, la nature du sol, les mœurs et l'histoire d'un peuple influent puissamment sur la structure d'une langue et lui donnent la teinte qui lui est propre. « On peut donc au seul aspect d'*un* « *idiome*, dire à peu près quel étoit le peuple auquel « il a appartenu ; quels étoient son costume, ses habi- « tudes, ses goûts ; s'il passoit des jours de danger sur « les mers, ou si, plus heureux, il menoit une vie pas- « torale ; s'il étoit civilisé ou sauvage, habitant de la « montagne ou de la vallée ¹. » Mais laissons Ch. Nodier tracer d'une main savante le magnifique tableau de l'influence *des climats et des mœurs* sur les langues des peuples.

« Chaque peuple *a donc fait sa langue*, comme un seul « homme, suivant son organisation et les influences prédo- « minantes des localités qu'il habitoit. Il résultoit de là tout « naturellement que les langues de l'Orient et du Midi de- « voient être généralement limpides, euphoniques et harmo- « nieuses, comme si elles s'étoient empreintes de la transpa- « rence de leur ciel, et mariées par un merveilleux accord « aux sons qui émanent des palmiers balancés par le vent au « frémissement des savanes qui courbent et relèvent le front « de leurs moissons ondoyantes, aux bruissements, aux bour- « donnements, aux susurrements qu'entretient dans une mul- « titude innombrable de créatures invisibles sous les tapis « émaillés de la terre, le développement d'une vie agile, « exubérante et féconde. L'Italien roule dans ses syllabes so- « nores le frissonnement de ses oliviers, le roucoulement de « ses colombes, et le murmure sautillant de ses cascatelles. « Les langues du Nord, au contraire, se ressentirent de l'é- « nergie et de l'austérité d'un climat rigoureux. Elles s'unirent

¹ Génie du Christianisme.

« dans leur vocabulation crue et heurtée au cri des sapins qui
« se rompent, aux bondissements retentissants des rocs qui
« croulent, et au fracas de cataractes qui tombent..... Voyez
« le nom patriarchal toujours empreint dans sa signification
« du sceau d'une origine sacrée ; le nom oriental exubérant
« d'éléments poétiques et de riches métaphores ; le nom romain
« ample, multiple, magnifique, éternisant la race, caracté-
« risant l'individu comme un signalement, et l'enveloppant
« de ses trois plis comme un riche manteau qui sied aux sei-
« gneurs du monde ; le nom des montagnards d'Écosse, der-
« nière tradition d'une forme évanouie de la société, mais
« qui conserve partout le souvenir de la tribu et du père ;
« voyez ces noms nobiliaires du Nord dont la terminaison
« rappelle toujours une filiation historique et solennelle ; et
« comparez-les à ces noms nobiliaires de l'Occident dont la
« forme matérielle ne rappelle jamais qu'une usurpation de
« territoire ! On m'ôteroit difficilement de la pensée que l'his-
« toire des noms propres ainsi conçue est une des parties es-
« sentielles de l'histoire du genre humain. »

Maintenant donc qu'avec les paroles éloquentes d'un
savant écrivain nous avons déterminé quelle est l'influence humaine sur les langues ; maintenant que nous
les avons vues se parant de toutes les teintes de la civilisation, de toutes les nuances des mœurs des peuples
qui les parlent, semblables à ces temples de marbre
qui, le matin, reflètent en teintes légères les roses que
l'aurore répand dans les cieux, qui s'inondent d'une
lumière éblouissante sous les feux du midi, et qui, le
soir, semblent s'envelopper d'un riche manteau de pourpre et d'or sous les rayons pompeux du soleil couchant ;
maintenant que nous avons vu Dieu créant les langues
comme une des conditions nécessaires de l'existence
des peuples, ne devons-nous pas nous écrier saisis d'en-

thousiasme avec Bonald : « Lumière du monde moral
« qui éclaire tout homme venant en ce monde, lien
« de la société, vie des intelligences, dépôt de toutes
« les vérités, de toutes les lois, de tous les événements,
« la Parole règle l'homme, ordonne la société, expli-
« que l'univers. Tous les jours, elle tire l'esprit de
« l'homme du néant, comme aux premiers jours du
« monde une Parole féconde tira l'univers du chaos.
« Elle est le plus profond mystère de notre être, et
« loin d'avoir pu l'inventer, l'homme ne peut pas
« même la comprendre. »

Que Dieu, cause unique et efficiente, préside donc
à la naissance, à l'élévation, à la chute des langues,
comme il préside à celles des peuples, et nous verrons
alors tout s'expliquer, tout se développer et se dérouler
en un immense tableau! Des peuples paroissent, ils
ont une mission à remplir sur la terre; ils s'immorta-
lisent ou passent inconnus; et quand ils ont vécu leur
vie, ils rentrent dans la poussière d'où la main de Dieu
les avoit tirés. Avec eux et aux mêmes époques, leurs
langues ont accompli leur mission solennelle ou ignorée, elles ont clos leurs destinées et disparu. Peuples
et langues n'ont laissé sur le sol qu'ils ont foulé que le
silence et les ruines. Mais des peuples nouveaux naissent des débris de ces peuples morts; des langues nouvelles naissent des débris de ces langues mortes; tous
ensemble ils s'en vont accomplissant leur mission jusqu'à l'heure de leur chute. Rome et Athènes ne sont
plus; Virgile et Homère ont leurs ruines, comme le
Capitole et le Parthénon. Les peuples fameux de l'O-
rient sont passés, et leurs langues fameuses sont passées

comme eux ! Il ne nous en reste plus que des ruines aussi
magnifiques que celles de la triste et silencieuse Palmyre du désert. La vieille Egypte est morte, et sur la
terre, qui recouvre ses générations ensevelies, s'élèvent
majestueuses et solitaires les Pyramides, comme la co-
lonne funéraire s'élève sur la tombe qui renferme une
famille. Allez sur cette terre antique des Pharaons !
allez secouer la poussière des siècles écoulés ! Entrez
dans l'enceinte muette de ces populeuses cités aux cent
portes ! errez dans ces rues désertes, sur ces places vi-
des, dans ces palais jadis si bruyants ! Faites cesser un
instant l'effrayant silence qui vous entoure ! réveillez
cette nation endormie du sommeil de la mort, demandez-lui quelques débris de son histoire qu'on ignore,
quelques restes de sa langue sacrée qu'on n'a jamais connue ! Au milieu de ses ruines colossales dont la majesté
sublime révèle son antique magnificence, que pourra-t-
elle vous montrer encore ? peut-être quelque obscur
hiéroglyphe à demi effacé, sur l'obélisque détruit, sur
le sphinx brisé, sur le temple croulant ! Ainsi, sortant
de ruines fécondes, pour devenir ruines créatrices à leur
tour, les langues et les peuples se vont effaçant les uns
les autres. « *Il ne reste que Dieu*, dit Châteaubriand,
« *pour rendre compte de toutes ces vanités des socié-*
« *tés humaines.* »

> Peuples, Rois, vous mourez, et vous, villes aussi.
> Là gît Lacédémone; Athènes fut ici.
> Quels cadavres épars dans la Grèce déserte !
> Eh ! que vois-je partout ? la terre n'est couverte
> Que de palais détruits, de trônes renversés,
> Que de lauriers flétris, que de sceptres brisés !
> Où sont, fière Memphis, tes merveilles divines !

Le temps a dévoré jusques à tes ruines!
Que de riches tombeaux élevés en tous lieux !
Superbes monuments , qui portent jusqu'aux cieux
Du néant des humains l'orgueilleux témoignage.

(*Poème de la Religion.*)

La volonté divine est le foyer de tous ces grands
mouvements : tout gravite autour d'elle en un admirable système. Entre-t-il dans ses impénétrables desseins
de faire subsister un peuple au-delà des limites connues ?
Cette durée si extraordinaire s'opère, comme un fait
naturel. La langue, les lois, les mœurs, les coutumes de
ce peuple restent stationnaires et ne meurent point.
Sion n'est plus ! Le temple est détruit ! Jérusalem est
morte ! La Terre Sainte est ensevelie sous les ruines,
comme sous un linceuil ! Mais Israël est toujours debout ! Ses tribus errantes , jadis persécutées par les
Pharaons, emmenées captives par les Nabuchodonosor,
rendues à la liberté par les Cyrus, visitées par les
Alexandre et les Pompée, dispersées par les Césars, ont
survécu à tous ces grands peuples, annoncés à la terre
par leur Daniel ! Égyptiens, Babyloniens, Perses,
Grecs, Romains, tous sont tombés sous la faux du
Temps, tandis que l'Hébreu, qui pleura captif sur les
rives du Nil, sous les saules de l'Euphrate, et sur les
bords du Tibre, cet Hébreu, jadis tyrannisé, est toujours là, foulant la terre qui recouvre les tombeaux
de tous ces grands peuples, ses anciens oppresseurs !
Dans leur course sans cesse prolongée , ces tribus sans
patrie sont venues s'asseoir chez les nations modernes,
elles les ont vues naître, elles les verront encore périr.
O peuple voyageur, errant dans le désert du monde,

à travers les débris des nations, vers un Sinaï inconnu, que ton mystérieux voyage est une grande leçon donnée à la terre !

Mais contemplons cet Océan sans cesse agité, où chaque flot est un peuple qui se forme par la chute de celui qui le précède, et s'efface en formant celui qui le suit. Cherchons les éléments que la main de Dieu rassembla pendant plusieurs siècles, pour créer le peuple de France. Ici, victoires, conquêtes, invasions, chutes, défaites, rien n'est à négliger ; tout a sa place dans les desseins éternels.

Que de grandeur attachée à cette terre de l'ancienne Gaule, couverte de forêts sacrées, dont le bruissement religieux inspiroit le Barde solitaire ! Vieux Gaulois, nos aïeux, quelle gloire vous avez répandue sur la future terre de France ! Les Alpes par vous sont franchies, l'Italie subjuguée, Rome en cendres, et l'épée d'un Gaulois balance la fortune de l'Empire romain, devant le Capitole en péril ! Dans la suite des temps, ô Gaule, notre antique patrie ! quand, après dix années d'une glorieuse résistance, tu succombas sous le génie militaire de César, comme tu te relevas revêtue de toute la pompe de la grandeur romaine, ornant tes villes d'arcs de triomphe et de Capitoles, introduisant les lois romaines dans tes coutumes barbares, enrichissant enfin des trésors de la langue latine l'idiome indigent de nos pères ! Allons tout fut romain chez le Gaulois, parce que tout devoit être grand chez le peuple dont il étoit l'aïeul.

Puis arrivèrent ces guerres sanglantes, ces victoires et ces défaites désastreuses, ces émigrations opposées des peuples du midi et du nord. Le choc terrible de toutes ces phalanges étrangères et confuses eut lieu dans les plaines de la Gaule : comme si tous ces peuples, venus de si loin, avoient reçu l'ordre de venir saluer cette terre, patrie future de la valeur et de la gloire; comme si chaque nation avoit été mandée à la création du grand peuple qui devoit un jour écrire son nom avec son épée, sur tous les rivages et dans les fastes de tous les peuples. En effet, le Hun alloit s'ensevelir dans les champs catalauniques, le Visigoth en Aquitaine, le Romain à Soissons, le Bourguignon à Lyon, le Germain à Tolbiac, le Sarrazin à Tours, et le Frank vainqueur, élevé sur le pavois, brandissoit sa francisque et prenoit possession, l'épée à la main, de cette terre fécondée par le sang de tant de nations vaincues. Alors le peuple et la langue de France commençoient à se former. La nature sentimentale et fidèle des peuples de la Germanie s'étoit unie à la nature merveilleuse et galante du Sarrazin et du Maure, en même temps qu'elle s'unissoit encore au courage et à l'esprit d'indépendance du Frank. Mais oublions le peuple, pour ne plus voir que la langue.

Depuis le jour de la conquête, la langue latine dominoit dans les Gaules. Quand le barbare parut armé sur le sol romain, la scène changea. Durant ces affreuses tempêtes qui régnèrent sur cet océan de peuples tumultueux, la langue latine, comme le peuple latin, fut battu par tous les vents, poussée contre tous les écueils, et balottée pendant plusieurs siècles sur cette mer en tourmente. Chaque invasion de barbares étoit suivie d'une invasion de mots; les peuples et les langues apportoient leur tribut sur le sol de France. Mais les idiomes vifs et agrestes de tous ces peuples du nord, écrasèrent les langues riches et harmonieuses des peuples du midi, comme la framée du soldat germain brisa l'épée romaine. Aussi, de même que le sang, qui circule partout le corps, se retire au moment du péril et se porte vers les régions du cœur, la langue latine qui avoit circulé partout le peuple, se retira à la vue du danger et se porta dans les hautes régions de l'intelligence. Elle abandonnoit son empire à toutes ces langues victorieuses, de même que Rome livroit sa puissance à tous ces peuples vainqueurs. Ainsi les langues et les peuples règnent ou abdiquent au même jour.

A l'exemple de Rome déchue qui en imposoit encore à ses vainqueurs par la grandeur de son nom et la majesté des souvenirs, la langue latine, par un de ces grands priviléges que donne la civilisation, triomphoit de ses barbares conquérants; elle dominoit toujours dans les sublimes hauteurs de l'intelligence et réunissoit dans son domaine, arts, sciences, lois, philosophie. La langue du romain vaincu étoit surtout puissante dans la bouche du prêtre chrétien si respecté du soldat barbare. Elles étoient sans doute latines, ces paroles prononcées par un vénérable vieillard sur la tête du premier de nos rois : *Doux Sicambre, incline le col: adore ce que tu as brûlé, brûle ce que tu as adoré.*

Ainsi quand on remonte vers le passé, et qu'arrivé à cette époque, on jette un coup d'œil sur notre vieille patrie, on voit les tribus et les langues saxonnes, allamannes, bourguignonnes, gothes, visigothes, gauloises, frankes, bretonnes, tudesques, sarrazines, lombardes, normandes, conservant chacune le caractère superbe du vainqueur, ou l'humble soumission du vaincu, se partager le sol de France, en reconnoissant encore de loin la grandeur de la ville des Césars, de cette ville tombée, qui, du sein de ses ruines, alloit se relever glorieuse et éternelle sous la puissance de la Tiare.

Tels étoient les éléments que la Providence avoit rassemblés durant plusieurs siècles. Elle les livra à la lourde main du temps pour les broyer, les réunir, en faire un tout admirable. La barbarie du Moyen-Age recouvrit ce travail générateur d'un voile impénétrable. Nuit féconde ! Chaos puissant, qui portoit dans son sein un grand peuple, une langue immortelle. Enfin, au quinzième siècle l'heure étoit venue, l'enfantement eut lieu. Sortis des entrailles du temps, le peuple et la langue de France apparurent à la fois. Louis XII marchoit alors environné de l'amour de ses sujets, qui l'appeloient tout d'une voix *Père du Peuple.* « Ici, dit Châteaubriand, le mot *Peuple* a une « grande valeur et annonce une révolution. Ce n'est « point un mot banal, appliqué à une foule depuis long- « temps gouvernée par un maître : c'est un mot nou- « vellement introduit dans la langue, pour désigner « une jeune nation affranchie, formée des débris des « serfs et des corvéables de la féodalité. Elle ouvroit « les temps modernes, cette nation ; elle avoit la force « et l'éclat qu'elle eut dans sa première métamorphose, « lorsque les Franks, transformés en François, entrè- « rent dans les siècles du Moyen-Age. »

Ainsi le peuple annonçoit son apparition en donnant son nom, comme un titre glorieux au meilleur des rois. La langue, à son tour, impatiente de saisir l'empire qui l'attendoit, forçoit le plus spirituel de nos monarques à signer enfin l'acte authentique qui constatoit sa naissance. « L'ordonnance de Villers-Cotterets, « dit encore Châteaubriand, commande la rédaction « en françois des actes publics. On s'est étonné que « cette ordonnance n'ait pas été rendue plutôt : il falloit « bien attendre la langue : elle ne commença à être assez « débrouillée pour être convenablement intelligible, « que sous le règne de François Ier.... Tout changea « dans la France; les vêtements même s'altérèrent; il « se fit des anciennes et des nouvelles mœurs, un « mélange unique. La langue naissante fut écrite avec « esprit, finesse et naïveté par la sœur de François Ier, « reine de Navarre, par François Ier lui-même, qui « faisoit des vers aussi bien que Marot, par Rabelais, « Amyot, les deux Marot, et les auteurs de mémoires, « enfin, par cet infortuné Charles IX, qui avoit dit « à Ronsard, dans des vers dont Ronsard auroit dû « imiter le naturel et l'élégance

« Tous deux également nous portons des couronnes;
« Mais, Roi, je la reçois; Poète, tu la donnes. »

La langue et le peuple, ces deux êtres, compléments l'un de l'autre, naquirent donc à la même heure, comme l'âme s'unit au corps en entrant dans la vie; ils suivirent les mêmes destinées et la langue marcha toujours l'égale du peuple. En effet, quand la monarchie absolue couronnoit son Louis XIV, qui imposoit à la France la grandeur de son nom, l'Académie vrai despotisme littéraire, couronnoit son Racine, qui imposoit à la France la grandeur de son génie; quand le grand Roi faisoit revivre les siècles d'Auguste et de Périclès, le grand Écrivain ranimoit la muse de Virgile et de Sophocles. Plus tard, à une époque d'horrible mémoire, le peuple et la langue furent entraînés dans les grandes eaux d'une révolution cruelle. Au milieu des effrayants débris d'un si terrible naufrage, ils retrouvèrent enfin le sol qui manquoit toujours sous leurs pas, et sortirent de ces flots ensanglantés, les yeux et les mains levés vers le ciel. Au sortir de ces grands périls, le peuple couroit rouvrir les temples de l'Éternel que des mains sanglantes avoient fermés, et la langue, échappée du naufrage, apportoit le *Génie du Christianisme*, comme un signe de salut et de paix. Depuis, le peuple s'est précipité dans les voies difficiles d'une liberté presque sans bornes, et la langue l'a suivi dans cette période nouvelle. Elle aussi a eu sa révolution, ses barricades, ses pavés, ses émeutes! Tandis qu'engoué des principes d'Athènes et de Rome républicaines, le peuple semble avoir rejeté le sceptre capétien, la langue, farcie d'une multitude d'expressions latines et grecques, semble avoir rejeté la plume racinienne et écrire avec une pique! Environné de débris, le peuple s'écrie que la vieille Monarchie est morte; et, dans ses orgies littéraires, la langue s'écrie à son tour que la vieille Littérature a clos ses destinées! Ces deux cris, qui s'élèvent à la fois comme la voix de la tempête, vous apportent l'épouvante! Au moins si la vieille Monarchie et la vieille Littérature ne sont plus, ces deux grandes et sublimes Vieillesses ont été ense-

velies dans la gloire ! Quand Louis XIV quitta la terre,
tous les grands hommes qui formoient son cortége aux
jours des triomphes, avoient disparu de la scène du
monde. La mort du grand Roi a clos son grand siècle.

Maintenant donc que nous croyons avoir bien déterminé l'origine et la mission des langues sur la terre,
abandonnons un si admirable sujet et renfermons-
nous strictement dans la froide question de grammaire
que nous nous efforçons de résoudre. Que toute notre
attention soit donc circonscrite dans le cercle étroit
de la fameuse question du Genre des Noms. Plus cette
question a été considérée comme insoluble, plus nous
devons la considérer comme délicate et comme exigeant
les précautions les plus grandes.

Buffon a dit : « *Le style, c'est l'homme.* » Vérité
grande que Boileau avoit déjà ainsi traduite :

> Que votre âme et vos mœurs peintes dans vos ouvrages
> N'offrent jamais de vous que de nobles images....
> Aimez donc la vertu, nourrissez-en votre âme.

A l'imitation de Buffon, on a dit : « *La langue,
c'est la nation.* » Cette vérité est à la hauteur de la
première. Car nous avons vu qu'un peuple peut s'analyser par sa langue, comme un homme par son style ;
et que, de l'étude approfondie d'un idiome, on peut
juger de la nation qui le parle. Mais ne pourroit-on
pas dire aussi : « *La nation, c'est la langue.* » Cette
vérité seroit la réciproque de la précédente. D'où on
devroit conclure qu'il suffit de connoître les lois, les
mœurs, les coutumes, l'histoire d'une nation, pour
connoître en même temps sa langue, sa littérature, sa
poésie, son génie. La vérité que nous annonçons a

déjà été indiquée. Ce seroit, suivant quelques Savants,
une chose assez curieuse à savoir, pour l'histoire des
mœurs, que l'histoire des mots. « Il n'est pas moins
« curieux, a repris Guizot, pour l'histoire des mots,
« de connoître celle des mœurs. Cette influence réci-
« proque des usages et des opinions sur le langage et
« du langage sur la direction et les progrès des con-
« noissances, s'étend plus loin qu'on ne le suppose au
« premier coup d'œil. » Ici, les exemples qui viennent
à l'appui de ce grand principe sont tellement nombreux et tellement connus, que nous ne croyons pas
devoir y recourir. Cependant, nous citerons le parallèle des conjugaisons grecque et hébraïque, tiré du
Génie du Christianisme.

« L'hébreux, concis, énergique, presque sans in-
« flexions dans ses verbes, exprimant vingt nuances de
« la pensée par la seule apposition d'une lettre, an-
« nonce l'idiome d'un peuple qui, par une alliance
« remarquable, unit à la simplicité primitive une con-
« noissance approfondie des hommes.

« Le grec montre dans ses conjugaisons perplexes,
« dans ses inflexions, dans sa diffuse éloquence, une
« nation d'un génie imitatif et sociable, une nation
« gracieuse et vaine, mélodieuse et prodigue de paroles.

« Ces deux conjugaisons hébraïque et grecque,
« l'une si simple et si courte, l'autre si composée et
« si longue, semblent porter l'empreinte de l'esprit
« et des mœurs des peuples qui les ont formées; la
« première retrace le langage concis du Patriarche
« qui va seul visiter son voisin au puits du palmier;
« la seconde rappelle la prolixe éloquence du Pélage
« qui se présente à la porte de son hôte. »

Nous citerons encore un exemple du même auteur, parce qu'il contribuera à appuyer fortement cette vérité : « *La nation, c'est la langue.* »

Les sauvages du Canada étoient parvenus, comme on le sait, à une complication de gouvernement bien remarquable : leur habileté surtout dans les affaires politiques étoit prodigieuse. On a connu de vieux Sachems dirigeant les affaires de plusieurs grandes nations avec une profondeur de vue et de jugement dont peu d'hommes d'État seroient capables en Europe. Aussi la langue de ces peuples habiles est-elle la traduction fidèle de leur génie extraordinaire.

« Si les langues demandent tant de temps pour leur entière « confection, dit Chateaubriand, pourquoi les sauvages du « Canada ont-ils des dialectes si subtiles et si compliqués? Les « verbes de la langue huronne ont toutes les inflexions des « verbes grecs. Ils se distinguent, comme les derniers, par « la caractéristique, l'augment, etc. Ils ont trois modes, trois « genres, trois nombres, et par-dessus tout cela un certain déran- « gement de lettres, particulier aux verbes des langues orien- « tales. Mais ce qu'ils ont de plus inconcevable, c'est un qua- « trième pronom personnel qui se place entre la seconde et « la troisième personne, au singulier et au pluriel. Nous ne « connoissons rien de pareil dans les langues mortes ou vi- « vantes dont nous pouvons avoir quelque teinture. [1] »

Une langue aussi compliquée ne peut appartenir qu'à un peuple astucieux. En voici la preuve.

« Aussitôt que les François et les Anglois parurent sur ces « rivages; par un instinct naturel, les Hurons s'attachèrent aux « premiers; les Iroquois se donnèrent aux seconds, mais sans « les aimer; ils ne s'en servoient que pour se procurer des

[1] Génie du Christianisme.

« armes. Quand leurs nouveaux alliés devenoient trop puis-
« sants, ils les abandonnoient ; ils s'unissoient à eux de nou-
« veau quand les François obtenoient la victoire. On vit
« ainsi un petit troupeau de sauvages se ménager entre deux
« grandes nations civilisées, chercher à détruire l'une par
« l'autre, toucher souvent au moment d'accomplir ce dessein,
« et d'être à la fois le maître et le libérateur de cette partie
« du Nouveau-Monde. ¹ »

La langue est donc un miroir fidèle qui réfléchit
l'image des objets qui l'entourent. Toute vérité, qui
existe dans la langue, est donc l'expression exacte d'une
vérité qui existe dans le peuple, et réciproquement,
toute vérité qui existe dans le peuple, doit être fidèlement
traduite dans la langue. D'où nous pouvons conclure
que *le Genre des Noms françois doit avoir son origine dans nos lois, dans nos mœurs, dans nos coutumes, dans toute notre histoire.*

Cette observation d'une portée immense doit nous
faire comprendre sur-le-champ que les causes du
Genre des Noms varient avec les peuples, et que ce
qui explique cette difficulté de grammaire dans une
langue, ne l'explique nullement dans une autre. Voilà
ce que les grammairiens n'avoient jamais compris. Ils
vouloient une règle générale pour toutes les langues.
C'étoit vouloir l'impossible.

Un principe, qui étonnera peut-être, mais qui pourtant est très-vrai, c'est qu'on ne doit pas espérer de
découvrir toutes les causes efficientes du genre dans
une langue morte. En effet, le peuple qui parloit cette
langue est mort comme elle. Or, sait-on de quoi dépend le genre d'un nom ? Ce n'est pas toujours de sa

¹ Génie du Christianisme.

signification, ni de sa forme; c'est souvent de la
manière de le prononcer, de l'intonation qu'on lui
donne, du geste qui l'accompagne, du sourire qui le
suit, de son à propos, de sa popularité; souvent d'une
mode bizarre, d'un fait arbitraire, de la forme d'un
vêtement, de la tournure d'une boucle de cheveux;
quelquefois d'une pensée, d'une croyance, d'un souvenir, d'une idée, d'un rien, pourvu que ce rien ait
de la vie. Cette assertion peut étonner, mais les exemples sont là. Faites donc revivre ce peuple mort! rani-
mez cette langue morte! ou bien, ayez vécu à Rome,
sous le siècle d'Auguste; à Athènes, sous le siècle de
Périclès! Ayez entendu la nation grecque et la nation
romaine, chantant l'hymne sacré au Capitole et au
Parthénon, poussant le cri du désespoir dans les plaines
de Cannes et de Chéronée, entonnant le chant de
victoire à Marathon et à Zama; en un mot ayez assisté
à toute leur vie; alors seulement vous essaierez d'expliquer le simple genre des noms dans la langue de
Virgile et dans celle d'Homère! Sans la vie, le genre
ne s'explique point. Il reste un problème insoluble.

De ces observations, on doit conclure en principe
général, que, pour expliquer le genre des noms dans
une langue quelconque, il faut avoir nécessairement
bégayé cette langue au berceau; qu'il faut avoir vécu
chez le peuple et surtout long-temps avec le peuple qui
la parle; qu'il faut bien connoître l'ensemble de ses
lois, de ses mœurs, de ses coutumes, de son histoire.
Avec ses éléments générateurs et féconds, le genre des
noms s'explique.

Comme François, nous allons faire l'application de

ce principe à notre langue, et le problème que nous nous proposons de résoudre est celui-ci: *Décider du genre d'un nom françois par sa signification, sa forme ou sa position.* L'expérience a prouvé que ce sont là les trois grands leviers de la solution du genre. La *signification* est toujours indispensable : la *forme* si puissante, est subordonnée à la signification : enfin la *position*, suffit quelquefois seule pour décider du genre d'un nom, malgré la puissance de la signification et de la forme.

Au premier coup d'œil, il semble que ce problème ne puisse se résoudre qu'à la faveur de quelque système nuageux, d'hypothèses forcées ou abstraites et surtout d'une nuée de règles accompagnées ou plutôt écrasées d'une nuée d'exceptions ; qu'en un mot la théorie du genre est un édifice bâti dans l'air ou élevé sur un sable mouvant, que le moindre vent d'analyse fera tomber d'une grande chute. Nous espèrons que le lecteur bienveillant voudra bien suspendre son arrêt et nous continuer son attention précieuse. Il verra, nous osons le dire, que la théorie du genre ne s'appuie pas sur un système nuageux ; il verra que toute hypothèse a été rejetée, lorsqu'un fait dans la langue ne venoit pas à son appui ; il verra que ses quelques règles n'admettent que quelques exceptions. Une seule règle offre des exceptions nombreuses, mais elles sont classées par familles et par là rendues faciles à retenir. La théorie n'est donc pas un édifice élevé sur un sable mouvant ; elle s'appuie, au contraire, sur deux bases solides la nature et l'observation. Car dans cette expérience si délicate faite sur notre langue, pour éviter de suivre une voie systématique et tout-à-fait arbitraire, il a fallu consulter la voix de la nature, sonder le cœur de l'homme, et surtout bien saisir le génie de notre langue. Sans ces grands moyens, la solution de notre problème n'eût jamais été possible. Cette voie philosophique pouvoit seule nous conduire au but où se dirigeoit notre course et où nous croyons être enfin parvenu. Il ne faut pas négliger les grands moyens, même quand le terme vers lequel on se dirige n'est pas très-éloigné. Le simple pêcheur qui borne sa course aux rochers voisins de la côte, arme son frêle esquif de la boussole et de la voile, comme le fameux pilote en munit son grand navire, qui doit faire le tour du monde.

HARMONIES

DU GENRE

AVEC LA NATURE.

> « La nature a établi dans les animaux d'une
> « même espèce, la distinction des deux sexes....
> « Cette distinction doit nécessairement être
> « exprimée par le langage.
>
> SYLVESTRE DE SACY.

Lorsqu'on s'élève au-dessus des êtres qui nous entourent, et qu'on cherche à juger d'un coup d'œil le
vaste domaine de la Nature, et à découvrir les grandes
divisions qu'elle a établies dans l'Univers, on voit que,
parmi ces êtres si nombreux, les uns jouissent de la
vie, se meuvent sur le sol, se jouent dans les ondes,
ou se promènent au sein des vastes régions de l'air : les
autres, au contraire, privés d'une vie apparente et d'un
mouvement réel, sont immobiles, toujours fixes en un
lieu, semblables à des sentinelles attentives, qui ne
peuvent déserter leur poste. Cette grande distinction
d'*êtres animés* et d'*êtres inanimés*, établie par la nature, sert de base à notre Théorie du Genre.

Dans la grande classe des êtres animés, la Nature a
établi deux divisions qui s'offrent à nos regards sous
l'aspect le plus touchant. Sur toute la surface de la
terre, on contemple l'Homme et la Femme réunis sous
le même toit, le Lion et la Lionne dans le même antre,
le Rossignol et sa compagne dans le même nid. Partout
c'est une famille qu'une mère nourrit, qu'un père
protége. Cette admirable distinction d'*Êtres nourriciers*
et d'*Êtres protecteurs*, frappa vivement l'esprit de
l'homme; elle seule le guida, quand il détermina la
classe des *Êtres masculins* et celle des *Êtres féminins*.
Il réunit, dans la première, tous ces êtres que la nature
créa puissants et forts, afin qu'ils défendissent contre
tout danger leur chère famille, et celle plus chère encore qui la nourrit. Puis il rassembla dans la seconde
tous ces êtres foibles et bons, de qui la foiblesse réclame
une protection constante, et dont la bonté se charge
avec joie de nourrir et d'élever les êtres chéris aux-
quels elle ont donné le jour.

Le Genre des Noms qui désignent *les êtres animés*
peut donc être exactement exprimé par cette règle
aussi simple que générale :

Genre masculin. Tout nom qui désigne *un homme*, ou
bien *un mâle* chez les animaux, est masculin. Exemples.
Alexandre, Lion, Tigre.

Genre féminin. Tout nom qui désigne *une femme*, ou
bien *une femelle* chez les animaux, est féminin. Exemples.
Alexandrine, Lionne, Tigresse.

Cette règle des Noms des êtres animés n'est difficile ni à concevoir ni à établir, puisqu'elle est la traduction fidèle des sexes. Mais il semble qu'arrivé à cette

grande limite, qui sépare la nature animée de la nature
inanimée, l'homme auroit dû s'arrêter et ne pouvoir
plus distinguer de genres dans tous les noms de cette
immense famille des êtres privés de la vie. Tout ce
qu'il eût pu faire, c'eût été de leur donner à tous un
genre *neutre*, et uniforme comme leur nature insensible. Cependant, chose étrange ! l'homme a admis
la différence des genres dans tous les noms des êtres
inanimés. Quels furent donc les puissants motifs de
cette conduite extraordinaire ? Quelle pensée le guidoit
dans ce travail bizarre de son imagination ? Quelle
loi enfin a-t-il suivie dans cette détermination, qui
semble tout-à-fait arbitraire ? Ici, la nature physique
nous manque ; toute révélation matérielle cesse ; la
voix de l'Univers se tait, comme un oracle impuissant : tout guide disparoît, toute lumière s'éteint ; tout
nous échappe.

Chaque fois que les Grammairiens ont abordé cette
grande difficulté, ils ont d'abord reculé comme devant
un mystère profond. Puis, dominés par cette croyance
trompeuse, qu'un peuple fait sa langue *quand il le
veut* et *comme il le veut*, ils se sont ri de cette difficulté, qu'ils ne pouvoient pourtant pas résoudre ; et
ils ont fini par trouver qu'une des plus belles harmonies
du langage humain, n'est qu'un vain jeu de l'arbitraire
et du hasard, qu'un fruit amer de l'habitude et de
l'usage. Duclos a parlé pour tous, quand il s'est exprimé
ainsi : « Les Genres sont utiles, dit-on, pour distin-
« guer de quel sexe est le sujet dont on parle : on au-
« roit donc dû les borner à l'homme et aux animaux ;
« encore une particule distinctive auroit-elle suffit ;

« mais on n'auroit jamais dû l'appliquer universellement
« à tous les êtres. *Il y a là dedans une déraison, dont*
« *l'habitude seule nous empêche d'être révoltés.* »

Grammairiens, votre science vous a séduits! dé-
pouillez-vous de votre foi dans l'origine toute humaine
des langues! car tout vient de Dieu! Dans les langues,
l'homme agit en aveugle, il va où Dieu le conduit, sa
volonté est nulle! L'admirable édifice des langues s'élève
sous l'influence divine! vous avez oublié l'Architecte,
vous n'avez vu que le manœuvre! Alors les vérités
que vous n'avez pu comprendre, les beautés que vous
n'avez pu admirer, les harmonies que vous n'avez pu
saisir dans l'édifice, vous les avez prises pour les erreurs,
les défauts, les désordres produits par la foiblesse humaine.

Pour nous, plein de foi dans l'origine toute divine
du langage, nous sommes bien persuadé que l'homme
n'est là qu'une cause tout-à-fait secondaire. Guidé par
une puissance supérieure, il va, se souciant à peine de
savoir s'il marche, et ignorant vers quel but se dirige
sa course. Mais, né libre, il laisse partout des traces
de son imagination riante ou rêveuse, de ses passions
orageuses ou calmées. Dans tous ses actes, il laisse un
je ne sais quoi où il aime à représenter la pensée qui
le dominoit alors, où il se plaît à voir une partie de
lui-même réfléchie comme dans un miroir fidèle. Voyageur intelligent, il ne lui suffit pas de laisser l'empreinte de ses pas sur le sable du désert, sur le rocher
de la montagne; il lui faut encore des monuments,
qui servent à transmettre l'histoire de son cœur, ses
haines, ses amours, ses craintes, ses espérances, ses

inquiétudes, ses douleurs. C'est-là tout l'homme. Les secrets de sa langue n'ont leur solution que dans les replis de son cœur. Plus vaste que l'univers, le cœur de l'homme a d'autres solitudes, une autre immensité où il faut errer pour plonger dans l'inquiétude de ses désirs, dans l'inconstance de ses pensées, dans le vague de ses rêveries. C'est l'histoire de cet autre univers que le grammairien n'a jamais lue ! Voilà des archives précieuses qu'il n'a jamais fouillées ! Et pourtant, c'est dans ce véritable trésor des chartes, que la langue nous montre ses titres de famille.

Aussi quand les Grammairiens prétendent que puisque les êtres inanimés n'offrent point la distinction des sexes, les noms qui les désignent, ne devroient pas non plus offrir la distinction des genres, ils disent quelque chose qui peut être très-logique, mais qui n'est nullement naturel. En effet, un peuple, dans son enfance est plein de poésie ; comme lui, sa langue est toute poétique : la nature est pour eux un ensemble de créatures animées. La terre *gémit*, le ciel *tremble*, une source *murmure*, le zéphyr *soupire* sous le feuillage *frémissant*. De là aussi toutes ces expressions vulgaires citées par Ch. Nodier. « Une lumière *éclate*, des cou-
« leurs *crient*, des idées se *heurtent*, la mémoire *bron-*
« *che*, le cœur *murmure*, l'obstination se *cabre*
« contre les difficultés..... Une musique *pâle*, une
« imagination *décolorée*, des explications *louches*,
« une couleur *crue*, une réflexion *amère*. » A quoi le
même auteur ajoute : « Je ne sais qui a dit fort spiri-
« tuellement qu'il se faisoit en un seul jour plus de
« tropes à la halle que dans tous les livres des Rhéteurs.

« *Les propos de cet homme m'assommoient. Je l'ai*
« *terrassé d'un coup d'œil. Je l'ai anéanti.* La poésie
« n'a point d'hyperboles qui passent celles-là; et ces figu-
« res extraordinaires, qui les a composées cependant?
« Ce n'est ni le poëte, ni l'orateur. C'est le peuple. »

Cela prouve une grande vérité presque entièrement
•méconnue, c'est que le peuple est le plus grand poëte
et le plus orateur possible. Où donc est le peuple
qui ait une langue sans poésie, sans éloquence? Où est-
il? Qui n'a dit mille fois que plus le divin langage de
nos grands écrivains se rapproche du simple langage du
peuple, plus il est près de la perfection. Démosthène
et Mirabeau ont parlé au peuple le langage du peuple,
et ils sont restés les plus grands orateurs du monde.

Poëte inimitable, le peuple anime toute la nature;
il lui donne ses passions, ses douleurs, sa vie. Chez
tous les Êtres, la distinction des sexes lui semble nécessaire, et la distinction des genres lui paroît aussi
simple que générale. « Cela est très-naturel, dit Cha-
« teaubriand, chez des peuples qui prêtent des sens à
« tout, qui entendent des voix dans tous les murmu-
« res, qui donnent des haines et des amours aux plan-
« tes, des désirs à l'onde, des esprits immortels aux
« animaux, des âmes aux rochers. »

Telle est chez tous les peuples, l'origine du genre
des noms des êtres inanimés.

HARMONIES

DU GENRE

AVEC LE COEUR DE L'HOMME.

« Les vérités qu'*elles contiennent*, sont du
« nombre de celles qui demandent le demi-jour
« et la perspective.

CHATEAUBRIAND.

MAINTENANT que nous avons vu la nature déterminer
d'après une loi immuable le genre des noms de tous
les êtres qui jouissent de la vie, nous allons essayer de
soulever un coin du voile épais qui cacha toujours l'influence si directe et si puissante de l'imagination et des
passions de l'homme sur la difficulté de grammaire
qui nous occupe. Ce voile levé découvrira sans doute
à nos regards une voie jusqu'ici ignorée, où nous nous
précipiterons sans crainte. Tentative aventureuse ! Expérience délicate ! Course hardie sur une mer inconnue ! Mais heureusement, la nature gonfle déjà nos
voiles, et l'observation attentive tiendra la boussole
fidèle. Sous la protection de ces deux puissances amies,

nous échapperons peut-être aux écueils dangereux et
cachés de l'obscur Arbitraire, si fécond en tristes nau-
frages.

Ici, comme ailleurs, nous nous efforcerons d'éviter
les systèmes, les hypothèses et toutes ces abstractions
qui repoussent les esprits de toute étude de la philosophie des langues. Nous éloignant de la rigueur du
raisonnement pour recourir souvent à la justesse des
images, nous chercherons à plaire, afin de mieux convaincre. Et où trouver des démonstrations rigoureuses
dans une discussion grammaticale qui a le cœur de
l'homme pour base, ses passions pour preuves, son
imagination pour témoin et pour juge? Dans de telles
questions sur les langues, comme la certitude absolue
est souvent impossible, loin d'exiger une exactitude
philosophique, on trouve presque toujours un charme
réel dans la généralité du principe, dans une sorte d'indécision de la pensée, dans le vague de l'expression.
Ce genre de démonstration, qui s'adresse moins à notre
esprit qu'à notre âme, a une force aussi puissante que
peu connue. D'ailleurs, le cœur de l'homme est une
mer sans cesse agitée, et c'est sur cet orageux élément
que nous nous exposerons aux recherches. Or, plus la
vague est large et mouvante, plus le pilote se croit en
pleine mer: ainsi, dans ces harmonies du genre avec
notre cœur, plus les images seront indécises et flot-
tantes, moins la certitude sera révoquée en doute.
« Mais, a dit l'auteur des Études historiques, un esprit
« sain ne doit pas attacher trop d'importance à ces
« études qui finissent par dégénérer dans une méta-
« physique de grammaire, laquelle paroît d'autant plus

« merveilleuse qu'elle est plus noyée dans les brouil-
« lards. » Cela est très-vrai, et quoique les vérités, que
nous allons exposer, demandent *le demi-jour* et *la
perspective,* nous nous ferons un devoir d'être clair et
précis, afin que tout s'explique d'une manière aussi
simple que positive.

Ayant la conscience de sa grandeur, de sa force et
de sa supériorité sur tous les êtres qui l'environnent,
l'homme, ce maître du monde, tend, par une propension
invincible, à s'assimiler tout ce qui dans l'Univers porte
avec soi un caractère de grandeur, de supériorité et de
force. On le voit au contraire assimiler à sa foible compagne tout ce qui dans l'Univers paroît foible et semble
réclamer un appui. Cet irrésistible penchant, découvert
au sein même du cœur de l'homme, peut passer pour
une loi générale. Il est vrai que cette loi est souvent
balancée par les institutions et par les mœurs chez certains
peuples; mais en France loin d'être contrariée par les
institutions, cette loi est prodigieusement secondée par
elles. Fidèle à son origine gauloise et germaine, le François, toujours Frank, ne reconnoît aucun droit avant
celui de la *Force.* Comme jadis Brennus aux Romains,
Napoléon ne disoit-il pas naguère à l'Europe domptée :

« *Mon droit est à la pointe de mon épée, et tout
« appartient aux gens de cœur.* »

Ainsi notre caractère national s'est fait de la *Force*
un puissant appui, et notre langue en a fait son expression favorite. En effet, on la retrouve partout. Voyez
surtout le bel effet qu'elle produit dans cet énergique
tableau du grand César :

« César est l'homme le plus complet de l'histoire, parce

4

« qu'il réunit le triple génie du politique, de l'écrivain et du
« guerrier. Malheureusement César fut corrompu comme son
« siècle : s'il fut né au temps des mœurs, il eût été le rival
« des Cincinnatus et des Fabricius, *car il avoit tous les genres*
« *de force.* Mais quand il parut à Rome, la vertu étoit
« passée ; il ne trouva plus que la gloire, il la prit faute de
« mieux ¹. »

Cette expression est aussi d'un très-bel effet dans ce
vers de Racine :

Benjamin est *sans force*, et Juda sans vertu.

(*Athalie.*)

Enfin elle est d'une énergie remarquable dans une
foule de circonstances. Que l'émeute élève sa voix
effrayante dans nos rues en désordre ; qu'un orage
populaire grossisse et gronde sur une cité populeuse ;
si, par son intervention puissante, l'autorité légale dis-
sipe l'émeute et l'orage politique, on s'écrie : « *Force*
est restée à la loi. »

On sait que l'ancienne grammaire s'est approprié
cette expression et qu'elle a dit : « Certains verbes dé-
« ponents *ont la force* des verbes actifs, et *gouvernent*
« l'accusatif. » Cette expression n'a pas de synonyme sa-
tisfaisant.

Enfin qui ne connoît ce passage de Ch. Nodier :
« *Fort de*, etc. Locution emphatique, qui a passé du
« néologisme du barreau au néologisme des brochures,
« des journaux et de la tribune. Notre temps est celui
« des discours *forts de choses*, et il n'est personne
« entre nous qui n'ait eu le bonheur d'entendre quel-
« que part des avocats *forts de la vérité de leurs*
« *moyens*, et des orateurs *forts de la pureté de leur*
« *conscience.* Ce style n'est pas *fort.* »

¹ CHATEAUBRIAND. Études historiques.

Quiconque croiroit que ces expressions ne sont pas uniquement françoises, et qu'elles peuvent s'employer dans toutes les langues, seroit dans une grande erreur. Phèdre dans sa fable du Loup et de l'Agneau, avoit dit :

> « *Facile est opprimere innocentem*, (*il est facile d'opprimer l'in-*
> « *nocent*). »

Cette expression étoit probablement en harmonie avec les mœurs romaines. Mais La Fontaine, en imitant cette fable, s'est bien gardé d'imiter l'expression latine : il a revêtu la pensée du poète romain, d'une expression toute françoise ; il a dit :

> La raison *du plus fort* est toujours la meilleure.

Ce vers, qui peint un peuple d'un seul trait, nous rappelle ce fameux passage de Pascal, où ce grand génie semble ne reconnoître d'autre droit que *la force :*

> « Que l'on a bien fait de distinguer les hommes par les
> « qualités extérieures ! Qui passera de nous deux ? qui cédera
> « la place à l'autre ? le moins habile ! mais je suis aussi habile
> « que lui ; il faudra se battre pour cela. Il a quatre laquais,
> « et je n'en ai qu'un ; cela est visible, il n'y a qu'à compter :
> « c'est à moi à céder, et je suis un sot si je le conteste. »

Il n'y a qu'un françois qui ait jamais osé tenir un pareil langage, parce qu'en parlant ainsi, il n'est ni moraliste, ni législateur, il est historien.

Mais notre langue ne peut se borner à ses expressions directes ; elle doit aussi traduire fidèlement cette influence de la Force, si puissante dans le caractère national. Car la langue, c'est la nation, et toute vérité, qui est dans l'une, doit se trouver dans l'autre. Mais quelles peuvent donc être les formes du langage, qui expriment cette influence ? A quels effets magiques

la langue a-t-elle recours pour exprimer la teinte si délicate d'une simple pensée, qui jusqu'ici avoit échappé
à tous nos grammairiens ? Notre assertion va étonner,
sans doute ; mais nous ne demandons pas d'être cru
sur parole : des preuves multipliées viendront à l'appui
de cette assertion inattendue :

« LE GENRE *masculin* est un des plus puissants
« *leviers que la Langue françoise emploie, pour*
« *exprimer l'influence de la Force dans notre*
« *nation.* »

Cette assertion, tout extraordinaire qu'elle paroisse
au premier coup d'œil, doit être au moins jugée naturelle. En effet, l'homme, comme on le sait déjà, s'assi-
mile dans la nature tout ce qui est fort, il se l'approprie,
il en fait son domaine. Mais ce n'est point assez pour
le François de s'emparer de la Force partout où elle
se décèle ; par un travail bizarre, mais réel, de son
imagination, il veut que tout *être fort* lui ressemble
et soit *masculin* comme lui. En voici un exemple tout-
à-fait remarquable.

Dans la Henriade, Voltaire faire dire à son héros,
à la vue de l'Angleterre où régnoit la célèbre Élisabeth :

> Sur ce sanglant théâtre où cent héros périrent;
> Sur ce trône glissant d'où cent rois descendirent;
> Une femme, à ses pieds enchaînant les destins,
> De l'éclat de son règne étonnait les humains;
> C'était Élisabeth.

Rien n'est féminin dans le tableau de cette Femme-
roi : *théâtre, héros, trône, rois, pieds, destins,*
éclat, règne, humains ! le masculin domine partout.
Mais Henri IV n'a pas encore tout dit : dans les mœurs

françoises, Élisabeth est trop grande pour être femme.
Le héros dit à cette reine :

> Dans ce sexe, après tout, vous n'êtes point comprise :
> L'auguste Elisabeth n'en a que les appas.
> Le ciel qui vous forma pour régir les états,
> Vous fait servir d'exemple à tous tant que nous sommes,

Jusqu'ici, le masculin domine encore. Enfin le héros
n'ajoute plus qu'un trait à ce mâle tableau ; ce dernier
trait exprime toute sa pensée :

> *Et l'Europe vous compte au rang des plus grands hommes.*

Le François est là tout entier ! Il y est peint d'après
nature ! Voltaire ignoroit peut-être toute la vérité du
portrait que son génie traça d'un seul trait de plume :
mais la nature est prise sur le fait, et l'exactitude du
portrait est digne du talent du peintre.

Entrons donc dans les détails de notre langue ; montrons, par des exemples nombreux, que la *Masculinité*
accompagne le penchant de l'homme à s'approprier
tout ce qui annonce de la grandeur, de la force, de la
supériorité ; tandis que la *Féminité* exprime presque
toujours ce qui revèle cette douceur, cette grâce, cette
touchante foiblesse qui rendent la femme si intéressante.
C'est encore un poète françois qui a dit, en parlant de
l'aumône :

> Donnez, afin que Dieu qui dote les familles,
> Donne à vos fils *la force* et *la grâce* à vos filles.
> *(Feuilles d'automne).*

Pensée touchante ! expression pure et fidèle ! toutes
deux décèlent une âme, une plume françoise !

C'est surtout dans les Comparaisons et dans les Images, employées par nos grands écrivains, que ce des-

sine, d'une manière bien complète, l'emploi si distinct
des deux genres. Car les Comparaisons et les Images,
étant en général les parties les plus saillantes d'un
ouvrage, sont toujours travaillées avec le plus de soin
possible. L'auteur y réunit toute la *force*, ou toute la
grâce, dont il est capable.

Ces quelques lignes des Études historiques nous
offriront plusieurs images, en parfaite harmonie avec
le principe établi. Il s'agit de ces Prêtres dévoués qui,
au milieu de la barbarie du Moyen-Age, s'éfforçoient
de réconcilier deux armées ennemies, prêtes à en venir
aux mains :

« Rien n'étoit plus touchant que de voir *des hommes de*
« *miséricorde* suivant partout *des hommes de sang* ; essayant
« de faire tomber les armes de leurs mains ; suppliant avant
« le *combat*, pleurant après la *victoire* ; toujours rebutés,
« jamais las : *colombes de paix*, errant de champ de bataille
« en champ de bataille avec *les vautours.* »

Ces images opposées sont d'une grandes beauté!
l'opposition des genres en augmente encore la justesse
et l'harmonie.

Nous allons opposer ici deux comparaisons, l'une
tirée de La Mennais, l'autre de Chateaubriand.

Réné raconte ses malheurs aux deux vieillards ; il
suspend un moment son récit, pour peindre le chagrin,
ce fléau qui le tue. Rien de plus vrai que le dernier trait!

« Je n'ai point encore rencontré d'homme qui n'eût été
« trompé dans ses rêves de félicité, point de cœur qui n'en-
« tretînt une plaie cachée. Le cœur, le plus serein en appa—
« rence, ressemble au puits naturel de la savane Alachua ; la
« surface en paroît calme et pure : *mais quand vous regar-*

« *dez ou fond du bassin, vous apercevez un large croco-*
« *dile que le puits nourrit de ses eaux.* »

Ainsi le cœur de l'Infortuné, c'est *le puits* de la
savane ; et le chagrin qui y a fixé son séjour, c'est *le*
large crocodile au fond du bassin. Comme les images
et les expressions masculines contribuent à renforcer
cette partie sombre du tableau !

La Mennais exhorte les hommes à s'aimer. C'est une
âme qui s'épanche en paroles brûlantes. Fixant la
Croix qui a sauvé la grande famille d'Ève coupable,
il voudroit embraser la terre de cet amour qui sèche
les sueurs de la fatigue, les larmes de la douleur.
Quelles expressions simples et touchantes ! Mais surtout
qu'elle est belle la comparaison qui termine !

« Vous n'avez qu'un jour à passer sur la terre, faites en
« sorte de le passer en paix !

« Il est écrit du Fils de Marie : comme il avoit aimé les
« siens qui étoient dans le monde, il les aima jusqu'à la fin.

« Aimez donc vos frères qui sont dans le monde et aimez-
« les jusqu'à la fin.

« L'homme vicieux n'aime point, il convoite ; il a faim et
« soif de tout ; son œil, tel que l'œil du serpent, fascine et
« attire, mais pour dévorer.

« *L'amour repose au fond des âmes pures, comme une*
« *goutte de rosée dans le calice d'une fleur.* »

Ainsi l'âme pure est *une fleur* et l'amour *une goutte*
de rosée ! Quelle grâce ? quelle fraîcheur dans ces
images ! La Féminité semble ajouter encore à l'innocence, à la pureté du tableau.

Chactas, à la cour de Louis XIV, va visiter Fénélon. Le doux langage de l'immortel auteur du Télémaque charme tant les oreilles du bon Sauvage, qu'il

veut essayer de nous en donner une idée. Telles sont les paroles qu'on lui prête :

« Il y avoit dans son discours je ne sais *quelle tranquille* « *harmonie*, je ne sais *quelle douce lenteur*, je ne sais *quelle* « *longueur de grâces*, *qu'aucune expression* ne peut ren- « dre. »

Voilà peut-être le plus bel exemple de l'heureux emploi d'expressions féminines !

L'auteur du Génie du Christianisme, citant le passage sublime où Homère nous peint l'Olympe se mêlant aux combats des Troyens et des Grecs, quand Achille va venger Patrocle, s'écrie dans son admiration :

« Ce morceau a été cité par les critiques comme le dernier « effort du sublime. Les vers grecs sont admirables ; ils de- « viennent tour à tour *le foudre* de Jupiter, *le trident* de « Neptune et *le cri* de Pluton. »

Ce passage offre un exemple parfait de l'emploi du masculin.

Qu'elles sont gracieuses, ces images féminines auxquelles René, dans son récit, a recours pour peindre la jeunesse de l'homme :

« Le matin de la vie est comme le matin du jour, plein « de *pureté*, d'*images* et d'*harmonies*. »

Combien, au contraire, l'emploi du masculin contribue à assombrir le triste tableau d'une cité jadis célèbre, maintenant abandonnée :

« Pas *un bateau* dans le *port*, pas *un homme* sur la rive : « partout *le silence*, l'abandon et l'oubli. » (*Itinéraire*).

Une harmonie charmante de l'emploi distinct des deux genres s'offre encore dans ces deux phrases :

« Ces Indiens sont d'absurdes barbares, qui voient *l'âme*

« d'un enfant dans *une colombe* ou dans *une touffe de sen-*
« *sitives.*   (*Genie du Christianisme*).

« *Le génie* est comme *l'aigle* solitaire et farouche ; et son
« aire ne se partage pas plus qu'un trône. »   (*N*)

Il est encore une foule d'autres harmonies aussi poétiques dont les exemples se trouvent partout. L'une
d'entr'elles surtout mérite d'être citée Il existe entre le
Roi et le Sujet une harmonie réelle qui a pour base
le pouvoir de l'un, et *la soumission* de l'autre. C'est
la Force opposée à la Foiblesse. Dans le premier cas,
le masculin domine, dans le second c'est le féminin.
Télémaque nous en offre un exemple remarquable :

« On nous présenta d'abord à Aceste, qui, tenant son
« sceptre d'or en main, jugeoit les peuples, et se préparoit
« à un grand sacrifice. Il nous demanda d'un ton sévère
« quel étoit notre pays et le sujet de notre voyage. »

Tout est masculin dans ce petit tableau du roi Aceste.
La courte réponse de Mentor est suppliante quoique
ferme : c'est presque une prière. Aussi les expressions
féminines reparoissent bien vite :

« Mentor se hâta de répondre et lui dit : Nous venons des
« côtes de la Grande–Hespérie, et notre patrie n'est pas loin
« de là. »

Ces harmonies du genre avec la teinte de nos pensées
sont délicates, mais pourtant elles existent ! qu'on
nous permette encore un exemple.

Voyez comme les expressions féminines sont gracieuses dans la peinture que l'auteur du Génie du
Christianisme nous fait de l'harmonie qui existe entre
l'époque de la saison nouvelle, et de la première communion, cette touchante cérémonie de notre enfance :

« L'âge tendre des communians et celui de la naissante

« année, confondent *leurs jeunesses, leurs harmonies* et
« *leurs innocences.* »

Voyez, au contraire, combien le masculin est expressif dans ce passage où, après avoir parlé de cet
amour pour l'Éternel que l'homme puise dans l'aspect
de l'Univers, le même auteur s'écrie :

« Malheur au voyageur qui auroit fait le tour du globe
« et qui rentreroit athée sous le toit de ses pères ! »

L'écrivain, qui possède bien sa langue, qui connoît
bien toute la puissance du style, et qui le force de
s'harmoniser avec ses pensées, sait faire un heureux
emploi du genre. Il est vrai que cet emploi n'est pas
toujours raisonné ; il a lieu comme un fait naturel ;
les expressions féminines sont opposées aux expressions masculines, de la même manière que la pensée
qui touche et qui console, est opposée à la pensée qui
déchire et qui épouvante. Dans l'exemple que nous
allons citer, l'auteur peint ces jours affreux de la Terreur pendant la révolution :

« Les cheveux dressent encore sur la tête au souvenir de
« ces jours de meurtre et de feu, retentissant des clameurs
« du tocsin. Qui de nous a perdu la mémoire de ces hurle-
« ments, de ces cris aigus entrecoupés de silences, durant
« lesquels on distinguoit de rares coups de fusil, quelque
« voix lamentable et solitaire, et surtout le bourdonnement
« de la cloche d'alarme, ou le son de l'horloge qui frappoit
« tranquillement l'heure écoulée ¹. »

Quelle puissance dans l'expression et surtout quelle
vérité dans les contrastes ! Comme les grandes lumières
sont à côté des grandes ombres dans ce tableau ! Comme
l'écrivain nous émeut, quand au milieu *des clameurs
du tocsin, des hurlements, des cris aigus entre-*

¹ Génie du Christianisme.

coupés de silences, des rares coups de fusil, du bourdonnement de la cloche, etc., il nous fait tout-à-coup, par une admirable transition, prêter l'oreille à *cette horloge qui frappoit tranquillement l'heure écoulée !* Il n'est guère possible d'opposer de plus calmes images à un tableau si effrayant. Et, comme ces quelques expressions féminines, si fluides, si coulantes, ajoutent encore à la vérité des contrastes !

Les vertus et les vices offrent aussi une des plus belles harmonies de l'emploi du genre. En effet, *le Meurtre, le Suicide, le Sacrilége* et tous ces vices qui portent le trouble et l'effroi dans le cœur qu'ils envahissent, se revêtent en général d'un extérieur masculin : tandis que *la Douceur, la Tendresse, la Bonté* et toutes ces vertus qui répandent une félicité inaltérable dans l'âme pure où elles règnent, s'enveloppent d'expressions féminines. Il est vrai que très-souvent *un Vice* est exprimé par une expression féminine, comme *la Colère, la Vengeance ;* et qu'*une Vertu* est exprimée par un mot masculin, comme *l'Honneur, le Dévouement.* Mais dans ce cas, chose remarquable ! le Vice, que le féminin exprime, s'entoure d'images masculines ; tandis que la Vertu exprimée par le masculin, est environnée d'images féminines. En voici des exemples.

Voltaire, dans la Henriade, a dit :

La Foiblesse au teint pâle, aux regards abattus,
Tyran qui cède au crime et détruit les vertus.

Ainsi la Foiblesse est *un tyran, au teint pâle, aux regards abattus, qui cède au crime !* Ici, tout est masculin ! car dans le dernier hémistiche, *vertus* est sous le despotisme de la rime.

Chateaubriand, dans le Génie du Christianisme,
a dit :

« Il n'appartenoit qu'à la religion chrétienne, d'avoir fait
« deux sœurs, de l'Innocence et du Repentir. »

Ce bel exemple, qui n'a jamais été cité, met dans
tout son jour la vérité que nous essayons d'exposer !
Elle brille ici du plus grand éclat ! *Le Repentir, sœur
de l'Innocence !* Vérité touchante ! beauté admirable !
Mais qui eût pourtant écrasé nos grammairiens matérialistes, s'ils eussent osé l'attaquer ! Ce n'est ni dans
une analyse froide, ni dans un raisonnement glacé que
l'on trouve la solution de semblables difficultés : le
cœur de l'homme en est l'unique source !

C'est peut-être à une pareille harmonie offerte par
la langue hébraïque, mais que le latin et le françois
n'ont pu rendre, qu'il faut rapporter ce passage de
Job si souvent cité, et que l'on cherche rarement à
bien comprendre :

« *Putridini dixi : pater meus es ; mater mea et soror
« mea, vermibus.* J'ai dit à la pourriture : tu es mon
« père : et aux vers, vous êtes ma mère et mes sœurs. »

Expression extraordinaire ! étrange alliance de mots !
Quel langage ! faut-il l'admettre comme beauté ?
faut-il le laisser comme erreur ? Chateaubriand lui-
même, a-t-il eu raison de traduire : *J'ai dit au sépulcre : tu es mon père :* cette masculinité forcée ne
détruit-elle pas une harmonie du texte ? n'efface-t-elle
pas une forte lumière dans le tableau ? Pourquoi faire
disparoître ici la féminité, et la laisser dans la seconde
partie de la phrase ? l'a-t-on laissée là, comme une

expression mystérieuse? ou l'a-t-on abandonnée par
impuissance de la traduire? Que de choses sur le
simple emploi du genre !

Traducteurs, de quelque langue que vous soyez,
redoutez le Genre des Noms , jamais vous ne pourrez
le vaincre! Malgré tous vos efforts, il sera pour vous
le grain de sable, devant lequel la mer vient mourir
en mugissant. Une langue a des harmonies du genre
qu'aucune autre langue ne peut admettre! ce sont des
fleurs qui meurent dès quelles sont transplantées!
l'haleine la plus pure, si elle est étrangère, est pour
elles un souffle de mort! O langues de Virgile et
d'Homère, que de beautés admirables, que d'harmonies touchantes vous nous offrez peut-être dans l'emploi du genre, et qui seront à jamais méconnues! Que
de teintes vagues, que de nuances délicates, dont nous
ne comprendrons jamais les mystérieux contrastes !
Qui sait s'il n'y a pas l'expression de toute une époque, l'histoire de toute une société, le signe de toute
une religion dans un mot, auquel nous donnerions
vingt synonymes! Changez seulement le genre de ce
mot, et l'époque, et la société et la religion , tout est
détruit! le texte est altéré, la pensée n'est plus, l'harmonie est effacée! et pourtant on croit avoir traduit!
Tels sont les secrets des langues; le Genre en est un
des plus profonds. Après cela, venez encore dire que
les langues ne sont pas d'origine divine !

Bernardin de Saint-Pierre, jetant un coup d'œil sur
la grande question du Genre des Noms, s'est ainsi exprimé dans ses Études de la nature :

« Il est digne de remarque que la plupart des noms des

« objets de la nature, de la morale et de la métaphysique
« sont féminins, surtout dans la langue françoise. Il seroit
« assez curieux de rechercher si les noms masculins ont été
« donnés par les femmes, et les noms féminins par les
« hommes, aux choses qui servent plus particulièrement aux
« usages de chaque sexe ; et si les premiers ont été faits du
« genre masculin, parce qu'ils représentoient des caractères
« de force et de puissance, et les seconds du genre féminin,
« parce qu'ils offroient des caractères de grâces et d'agréments.
« Je crois que les hommes, ayant nommé en général les objets
« de la nature, leur ont prodigué les noms féminins, par ce
« penchant secret qui les attire vers le sexe ; c'est ce qu'on
« peut remarquer aux noms que portent les constellations
« célestes, les quatre parties du monde, la plupart des fleuves,
« des royaumes, des fruits, des arbres, des vertus, etc. »

Ce qu'il y a de plus remarquable dans cette vue générale, c'est l'expression positive de l'harmonie qui
existe entre la masculinité et la force, entre la féminité et la grâce. Il n'étoit guère possible que cette harmonie échappât à l'âme tendre de l'auteur de *Paul et
Virginie.* Quant au genre des noms de la nature, de
la morale et de la métaphysique, la langue françoise l'a
presque entièrement copié sur celui des langues anciennes. Ces noms sont donc pour nous sans harmonies directes ; résultat des temps passés, expressions des
mœurs antiques, nous ne pouvons en comprendre toute
la beauté primitive. Nous nous en servons par habitude,
sans y rien trouver de mystérieux et de touchant.

Mais la Mythologie peut nous servir puissamment à
découvrir la cause efficiente du genre des noms de
constellations, de fleuves, d'arbres, etc. Dans Athènes
et dans Rome, *tout était Dieu,* dit Bossuet, *excepté*

Dieu même. C'est dans cette religion de l'ancien monde qu'il faut aller fouiller pour trouver la solution, d'une difficulté de grammaire ; c'est là qu'il faut aller découvrir une des lois les plus puissantes auxquelles soit soumis le genre des noms dans les langues de *Virgile et d'Homère.*

« La Mythologie, dit Chateaubriand, peuplant l'univers
« d'élégants fantômes, ôtoit à la création sa gravité, sa
« grandeur et sa solitude. Il a fallu que le Christianisme vînt
« chasser ce peuple de faunes, de satyres, de nymphes, pour
« rendre aux grottes leur silence, et aux bois leur rêverie.
« Les déserts ont pris sous notre culte, un caractère plus
« triste, plus grave, plus sublime ; le dôme des forêts s'est
« exhaussé ; les fleuves ont brisé leurs petites urnes, pour
« ne plus verser que les eaux de l'abîme du sommet des mon-
« tagnes : le vrai Dieu en rentrant dans ses œuvres, a donné
« son immensité à la nature ! »

Cette énorme différence qui existe entre le culte païen et le culte chrétien, existe aussi entre les langues anciennes et les langues modernes. Ainsi, chez les latins, le genre d'une infinité de noms d'êtres maté-riels étoit le résultat de l'influence immense de la reli-gion. Il y avoit sans doute pour eux, une grande har-monie entre leurs croyances et la féminité de *Europa, Roma, Virtus :* Europe, Rome, la Vertu ; et la mas-culinité de *Oceanus, Tibris, Honor :* Océan, Tibre, l'Honneur. Pour nous, nous avons reçu de la langue latine tous ces noms, avec leur genre, sans y rien chan-ger. Si quelquefois l'usage ou le génie de notre langue nous força de le modifier, nous avons obéi à une con-venance grammaticale, et nullement à une croyance religieuse. Ainsi nous avons interverti le genre des noms

d'arbres : mais ce changement s'explique. Dans la Mythologie, les Dryades, les Napées, les Oréades, les
Hamadryades, les Daphné changée en laurier, les
Syrinx en roseau, les Héliades en peupliers, les
Minerve produisant l'olivier, avoient forcé la langue
latine de faire tous ces noms d'arbres féminins. L'harmonie étoit exacte. Mais en françois l'influence de la
Mythologie est nulle ; et le genre des noms d'arbres se
détermine tout simplement d'après leur forme matérielle. Ainsi *peuplier*, *hêtre*, *roseau* sont masculins ;
yeuse, *vigne*, *aubépine*, etc., sont féminins, uniquement d'après de simples règles d'usage, que nous déve-
lopperons plus tard.

C'étoit encore la Mythologie qui avoit fixé le genre
des noms de fleurs, d'oiseaux, etc. Le beau Narcisse et
l'infortuné Hyacinthe avoient forcé la langue latine d'a-
dopter le masculin pour les fleurs, qui portoient le nom
de ces deux jeunes hommes. En France, où l'on a encore
des motifs de croire à la métamorphose des Narcisses,
le nom de cette fleur a conservé le masculin : ici, il y
a harmonie entre le genre et une croyance. Mais comme
il n'y a plus d'Apollon, l'histoire d'Hyacinthe ne se
renouvellera plus. Aussi ce nom, porté par la fleur,
en laquelle Hyacinthe, suivant la fable, avoit été
changé, n'est pas masculin en françois, comme en
latin ; il est devenu féminin, car sa terminaison l'exigeoit. La masculinité est tombée, comme la croyance
qui en étoit l'appui : autre harmonie, celle des ruines !
Progné changée en *hirondelle*, la triste Philomèle en
rossignol, et le cruel Térée en *épervier*, expliquent
parfaitement le genre de ces noms dans la langue latine.

Ici, il y a harmonie entre le genre et un fait historique. Mais dans notre langue, *hirondelle* est féminin de la même manière que *rossignol* et *épervier* sont masculins. La terminaison est là l'unique guide. La fable qui n'a aucune influence dans nos mœurs, ne peut en avoir dans notre langue.

Ainsi tous ces noms qui, dans les langues anciennes, étoient soumis à l'influence immense d'une religion qui divinisoit tout, rentrent, dans les langues modernes, sous la domination de l'usage, qui seul en détermine le genre. Aussi, arrive-t-il que notre imagination personnifie un de ces êtres inanimés, la personnification qu'elle en fait, et les images dont elle les entoure, sont presque toujours en harmonie avec le genre que l'usage a donné aux noms qui désignent ces mêmes êtres.

En effet, l'homme voit-il *un fleuve* impétueux roulant à grand bruit ses flots grossis par les torrents descendus des monts escarpés? S'il le personnifie, il en fait *un être masculin :* il le peint sous les traits d'un guerrier, au visage poudreux, à l'air furieux, à l'œil étincelant, au front cicatrisé, qui défend ses bords attaqués, comme un roi défend ses états en péril :

> Le Rhin tremble et frémit à ces tristes nouvelles,
> Le feu sort à travers ses humides prunelles.
> . . . .
> A ces mots, essuyant sa barbe limoneuse,
> Il prend d'un vieux guerrier la figure poudreuse.
> Son front cicatrisé rend son air furieux;
> Et l'ardeur du combat étincelle dans ses yeux.
> <div align="right">(<i>Boileau</i>).</div>

L'homme voit-il au contraire une source limpide

qui jaillit de la terre féconde ; une chute d'eau qui bouillonne et murmure dans la silencieuse vallée ; une onde claire qui serpente à travers la prairie émaillée de fleurs? Il la représente sous la figure *d'une jeune nymphe* solitaire, à la bouche vermeille, à la taille légère, à la voix mélodieuse et touchante, aux joues couleur de rose, à la modeste paupière qui recouvre à demi une prunelle azurée, à la blonde chevelure, qui retombe en tresses ondoyantes et en boucles gracieuses sur ses épaules demi-voilées :

> Tandis qu'à l'écouter, les nymphes attentives
> Font tourner leurs fuseaux entre leurs mains actives,
> Du malheureux berger la gémissante voix
> Parvient jusqu'à sa mère une seconde fois.
> Cyrène s'en émeut : ses compagnes timides
> Ont tressailli d'effroi dans leurs grottes humides.
>
> (Delille).

Pour que tout soit homogène dans ses fictions, l'homme accumule, comme nous l'avons dit, les images masculines, autour de l'être que son imagination a masculinisé. Il donne pour *trône* un *rocher*, pour *séjour* un *antre*, pour *courtisans* les *tritons* au vieux Protée, appuyé sur son *sceptre* marin :

> Au sein des vastes mers, s'avance un mont sauvage
> Où le flot mugissant, brisé par le rivage,
> Se divise et s'enfonce en un profond bassin,
> Qui reçoit les nochers dans son paisible sein.
> Là, dans un antre obscur se retiroit Protée....
> Il marche : près de lui le peuple entier des mers
> Bondit et fait au loin jaillir les flots amers...
> Le Dieu sur son rocher compte au loin son troupeau.
>
> (Delille).

Les images féminines, au contraire, se pressent autour de l'être féminisé. Une *roche* isolée, recouverte de *mousse;* une *grotte* paisible, pleine de *rocailles* et de *coquilles;* une *source* silencieuse, égarant son *onde* murmurante à travers l'*herbe* nouvelle, entourent la tranquille *retraite* de la *nymphe* solitaire appuyée sur son *urne* penchante :

> Venez, filles des mers, jeunes Océanides
> Ecartez le soleil de vos grottes humides.
>
> *(Millevoie).*

Le Rhin personnifié nous a prouvé que les images qui l'entourent sont en harmonie avec le genre déjà établi. La Seine personnifiée va nous le prouver encore. On sait que le nom de ce fleuve est masculin en latin. Pourquoi? je l'ignore : car aucun fait mythologique n'explique ce genre. Bernardin de Saint-Pierre, dans son poème de l'Arcadie, a imaginé une histoire fabuleuse de la Seine, mais il l'a faite en parfaite harmonie avec la féminité qu'elle a en françois :

« La Seine, fille de Bacchus et nymphe de Cérès, avoit « suivi dans les Gaules la déesse des blés, lorsqu'elle cher- « choit sa fille Proserpine par toute la terre. Quand Cérès eut « mis fin à ses courses, la Seine la pria de lui donner, en « récompense de ses services, ces prairies que vous voyez « là—bas..... Tout le corps de la Seine se fondit en eau; son « voile et ses vêtements verts, que les vents poussoient devant « elle, devinrent des flots couleur d'émeraude. Elle fut « changée en un fleuve de cette couleur, qui se plaît encore « à parcourir les lieux qu'elle a aimés étant nymphe. »

En prenant le genre pour base de l'allégorie, un latin eût fait de ce fleuve un être masculin. Un françois n'a vu qu'une femme dans la Seine, aux flots couleur d'émeraude.

Nous touchons à une harmonie du genre d'une délicatesse extrême. Aucun grammairien ne l'a indiquée, pas même soupçonnée : pourtant elle existe, et nos grands écrivains l'ont employée, sans la comprendre peut-être. Comme cette harmonie extraordinaire semble offrir une faute de langage, ils n'ont pu en effet se défendre, quand on leur a reproché leur prétendue faute. Mais croyant plus à leur génie, qu'à une critique impuissante, ils ont laissé subsister l'expression réputée vicieuse. Cette harmonie consiste à accorder la masculinité à des êtres qu'on croit *forts*, et à la leur retirer dès que cette croyance n'existe plus. Le nom *aigle* en est un exemple bien remarquable.

En effet, ce nom qui est généralement masculin, devient bien souvent féminin, si on considère l'être qu'il désigne, comme un oiseau ordinaire, abstraction faite de sa force prodigieuse et de sa supériorité sur tout le peuple des airs :

« Comme *une aigle* qu'on voit toujours, soit qu'*elle* vole
« au milieu des airs, soit qu'*elle* se repose sur le haut de
« quelque rocher. »   (*Bossuet*).

> *L'aigle fière et rapide* aux ailes étendues
> Suit l'objet de sa flamme élancé dans les nues.
> (*Voltaire*).

« *Une aigle* qui s'élève au-dessus des nues, est la devise de
« ceux qui acquièrent de la gloire dans une vie retirée et
« cachée. »   (*Trévoux*).

> *L'aigle* fondant sur lui, nonobstant cet asile :
> L'Escarbot intercède et dit:
> *Princesse des oiseaux*, il vous est fort facile
> D'enlever malgré moi ce pauvre malheureux.
> (*La Fontaine*).

L'aigle, *reine des airs*, avec Margot la Pie,
Différentes d'humeur, de langage, d'esprit
Et d'habit,
Traversaient un bout de prairie.
(Id).

Mais si *aigle* désigne ce tyran de l'air, ce terrible roi des oiseaux, qui d'un vol, qui semble immobile, parcourt en un instant les espaces immenses de son empire aërien, et qui du sommet du Caucase ou de l'Athos, regarde fièrement le soleil; aussitôt le masculin reparoît, se groupe, se multiplie en quelque sorte, pour exprimer notre pensée avec plus de force et d'énergie.

Ce morceau de Voltaire vient à l'appui de ce principe:

Comme on voit cet oiseau, qui porte le tonnerre,
Blessé par un serpent élancé de la terre;
Il s'envole, il emporte au séjour azuré
L'ennemi tortueux dont il est entouré.
Le sang tombe des airs; il déchire, il dévore
Le reptile acharné qui le combat encore;
Il le presse, il le tient sous ses ongles vainqueurs;
Par cent coups redoublés il venge ses douleurs;
Le monstre en expirant se débat, se replie,
Il exhale en poison les restes de sa vie:
Et l'aigle tout sanglant, fier et victorieux,
Le rejette en fureur et plane au haut des cieux.

La musculinité qui règne dans tout ce tableau, est d'un effet admirable! Mais voici des exemples plus directs.

Boileau, par qui la langue fut toujours révérée, savoit très-bien que *insulte* est un mot de forme féminine, et qu'il doit être féminin, car il a dit:

Percé jusques au fond du cœur
D'une insulte imprévue aussi bien que *mortelle.*

Mais dans son Lutrin, où il prend à dessein le ton relevé de l'Épopée, le poëte emploie la masculinité, comme pour mieux peindre l'effroi du chantre ou le triomphe du prélat :

> Evrat, seul en un coin prudemment retiré,
> Se croyoit à l'abri de *l'insulte sacré.*
> Mais le prélat vers lui.... etc.
>
> *(Chant V)*

> Deux puissants ennemis, par elle envénimés,
> Dans ces murs, autrefois si saints, si renommés,
> A mes sacrés autels font *un profane insulte.*
>
> *(Chant VI).*

Cette masculinité, signalée comme vicieuse, est d'un bel effet !

Il n'est pas jusqu'au plus mince grammairien de l'époque, jusqu'au plus petit lexicographe du temps, qui, arrivé au mot *argile*, ne s'arrête pour vous dire d'un ton solennel que Voltaire *a fait un solécisme* en masculinisant ce mot, qui n'est et ne peut être que féminin : puis il vous cite ces deux vers :

> *L'argile* par mes mains autrefois *façonné*
> A produit sur mon front l'or qui l'a couronné.
>
> *(Agathocle).*

Quand on voit ces satisfactions de bas aloi, on s'écrie avec Ch. Nodier, « Joies puériles de la médiocrité, « qui rappellent les *insulteurs* publics que les Romains « plaçoient sur le chemin des triomphateurs, et qui ne « les empêchoient pas de s'élever, entourés d'acclama- « tions et couronnés de lauriers, aux pompes du Capi- « tole ! »

Certes en fait de genre, Voltaire en savoit bien autant que ses critiques, et il leur a prouvé qu'il n'ignoroit pas qu'*argile* fût féminin. Mais s'il a eu recours à la

masculinité, c'est qu'il avoit *une force* à exprimer :
c'est que sa pensée vouloit rendre l'harmonie conçue
par son génie, entre une couronne et un vase de terre,
entre Agathocle roi et le simple potier.

Lamartine, dont la pensée est si vierge et l'expression toujours si pure, nous offre la même harmonie.
Lui aussi savoit bien que *argile* est féminin, puisqu'il
a dit :

> La prière est le don sans tache et sans souillure,
> Que, devant l'autel du Très-Haut,
> L'homme doit présenter dans *une Argile pure*,
> Et dans des vases sans défaut.

Cette féminité qu'il a partout admise, il la quitte
dans *la mort de Socrate.* Il a recours à la masculinité,
comme expression unique *de la force* avec laquelle le
plus sage des philosophes de l'antiquité va quitter la
vie que ses ennemis lui arrachent :

> Ce corps vil composé des éléments divers
> Ne sera pas plus moi qu'une vague des mers,
> Qu'une feuille des bois que l'aquilon promène,
> *Qu'un argile pétri* sous une forme humaine,
> Que le feu du bûcher dans les airs exhalé,
> Où le sable mouvant dans vos chemins foulé,

Nous ne multiplierons pas ici les exemples nombreux que notre langue nous offre de cette belle harmonie du genre ; nous les avons tous réunis dans la
dernière partie de notre ouvrage.

La masculinité est donc pour le poète une arme
puissante, s'il sait bien s'en servir. Admirez avec quel art
Voltaire la prodigue, quand il traduit ce sublime morceau de Milton où Satan, l'ange déchu, s'échappe du
fond de l'éternel abîme pour perdre le genre humain :

il contemple le soleil que le Créateur avoit naguère
lancé dans l'espace :

> Toi, sur qui mon tyran prodigua ses bienfaits,
> Soleil! astre de feu! jour heureux que je hais!
> Jour, qui fais mon supplice et dont mes yeux s'étonnent,
> Toi, qui sembles le dieu des cieux qui t'environnent,
> Devant qui tout éclat disparait et s'enfuit,
> Qui fais pâlir le front des astres de la nuit :
> Image du Très-Haut, qui régla ta carrière,
> Hélas! j'eusse autrefois éclipsé ta lumière!
> Sur la voûte des cieux élevé plus que toi,
> Le trône où tu t'assieds s'abaissait devant moi :
> Je suis tombé! L'orgueil m'a plongé dans l'abîme.
> Hélas! je fus ingrat, c'est là mon plus grand crime.
> J'osai me révolter contre mon créateur.
> C'est peu de me créer, il fut mon bienfaiteur.

Ici, Satan s'attendrit; le remords s'empare de son cœur;
la force qui soutenoit en lui la haine, l'abandonne,
et la masculinité, traduction de cette force, disparoît.
Les expressions féminines se présentent, comme pour
mieux exprimer les pensées de paix qui bercent l'âme
du malheureux Séraphin; il soupire ainsi sa douleur :

> Il m'aimait, j'ai forcé sa justice éternelle
> D'appesantir son bras sur ma tête rebelle ;
> Je l'ai rendu barbare en sa sévérité;
> Il punit à jamais et je l'ai mérité.
> Mais si mon repentir pouvait obtenir grâce!...
> Non rien ne fléchira ma haine et mon audace.

A ces mots, Satan se replonge dans son orgueil
comme dans un gouffre : il repousse le repentir, *sœur
de l'innocence*, comme un ennemi. La haine revient
avec toute son horrible force, et la masculinité reparoît. Rendu à lui-même, Satan s'écrie :

> Non, je déteste un maître, et sans doute il vaut mieux
> Régner dans les enfers, qu'obéir dans les cieux !

Quelle énergie la masculinité n'a-t-elle pas répandue sur ce magnifique tableau d'un si grand maître ! La féminité à son tour vient former une sorte d'épisode aussi touchant que le sentiment qu'il exprime.

Les poètes emploient encore avec succès la masculinité dans un tableau où domine une teinte triste et mélancolique. Cette masculinité, souvent tempérée par quelques expressions féminines, est là comme un emblème d'une douleur qui attendrit l'âme au lieu de la déchirer. Tel est ce tableau des migrations d'oiseaux par Racine fils.

> Ceux qui de nos hivers redoutant le courroux
> Vont se réfugier dans des climats plus doux,
> Ne laisseront jamais la saison rigoureuse
> Surprendre parmi nous leur troupe paresseuse.
> Dans un sage conseil, par les chefs assemblé,
> Du départ général le grand jour est réglé.
> Il arrive : tout part. Le plus jeune peut-être
> Demande, en regardant les lieux qui l'ont vu naître,
> Quand viendra ce printemps par qui tant d'exilés
> Dans les champs paternels se verront rappelés.

Ne croit-on pas voir ces oiseaux voyageurs fuir silencieux sous un ciel sombre, laissant les champs déserts, les arbres dépouillés de leur feuillage, que le vent emporte avec un triste murmure, et disant adieu à cette nature qui semble se couvrir d'un voile de deuil ?

Quelquefois le poète, en peignant quelque grande vérité, qui demande de la force dans l'expression, a recours à une masculinité qui ne paroît pas régulière mais qui est d'un grand effet. Parmi les nombreux exemples que nous en offrent nos écrivains, nous en choisirons un dans les méditations de Lamartine :

> Je te salue, ô mort, *libérateur céleste* !
> Tu ne m'apparais pas sous cet aspect funeste

Que t'a prêté long-temps l'épouvante et l'erreur ;
Ton bras n'est point armé d'un glaive destructeur ;
Ton front n'est point cruel ; ton œil n'est point perfide ;
Au secours des douleurs un Dieu clément te guide ;
Tu n'anéantis pas, tu délivres ! Ta main
Céleste messager porte un flambeau divin.

Il falloit évidemment *libératrice céleste* dans le premiers vers et *céleste messagère* dans le dernier. Mais le genre masculin donne un ton plus énergique aux graves pensées du religieux poète.

Racine, dit Chateaubriand, a aussi fait *mort* masculin dans ce vers

La mort est *le seul Dieu* que j'osois implorer,

Si la critique ne voit dans ces belles expressions, qu'un effet de la rime ou de la structure du vers, tant pis pour la critique : on doit y voir autre chose.

Mais si la masculinité est belle partout où *la force* domine, la féminité est charmante partout où règne *la foiblesse* ou *la grâce*. On connoît ces allégories touchantes de madame des Houlières :

. . . .
Mes chères brebis...
Brebis innocentes...
Brebis mes amours...
Oui brebis chéries
Qu'avec tant de soin
J'ai toujours nourries...

Qui n'a admiré dans Racine ces images sous lesquelles Esther représente à Élise cette foule de jeunes Israélites qu'elle élève dans la solitude, loin des pompes royales :

Cependant mon amour pour notre nation
A rempli ce palais de filles de Sion :
Jeunes et tendres fleurs, par le sort agitées,

Sous un ciel étranger comme moi transplantées......
C'est lui qui rassembla *ces colombes timides*,
Éparses en cent lieux sans secours et sans guides....

Dans les *enfants d'Édouard*, la Reine en voyant le jeune duc d'York, pense à son frère Édouard, absent depuis quelque temps. L'image, sous laquelle elle se le représente, est admirable :

..............*Pauvre fleur*, le chagrin l'a fanée !

Pensée d'une mère ! Expression touchante, que la féminité embellit encore !

Quelles plus mélancoliques images peut-on offrir sur la tombe d'une jeune fille, que celles que renferme ces paroles traduites de Job :

« J'ai passé comme une fleur; j'ai séché comme l'herbe
« des champs. »

« Pourquoi la lumière a-t-elle été donnée à un misérable,
« et la vie à ceux qui sont dans l'amertume du cœur? »

Ce souvenir de la pauvre Atala et du malheureux Chactas est plein d'une profonde mélancolie, à laquelle la féminité des images et la douceur des expressions semblent ajouter quelque chose de triste et de calme comme la solitude de la tombe.

Admirons avec quelle attention Racine a multiplié en quelque sorte les expressions féminines, quand il fait chanter par une jeune captive les infortunes de la triste Sion :

Déplorable Sion, qu'as-tu fait de ta gloire?
   Tout l'univers admiroit ta splendeur;
Tu n'es plus que poussière! et de cette grandeur
Il ne nous reste plus que la triste mémoire.
Sion, jusques au ciel élevée autrefois,
   Jusqu'aux enfers maintenant abaissée,

> Puissé-je demeurer sans voix,
> Si dans mes chants ta douleur retracée
> Jusqu'au dernier soupir n'occupe ma pensée !

Racine est l'unique poète qui nous offre des harmonies aussi parfaites de la féminité : son âme tendre savoit toujours donner à ses expressions la teinte qui leur étoit propre, et la pureté de son style rendoit fidèlement la délicatesse de sa pensée. Ce n'est ni la structure du vers, ni l'influence de la rime, qui lui a dicté l'emploi de la féminité, dans ces beaux vers de Bérénice :

> Adieu. Servons tous trois d'exemple à l'univers
> *De l'amour la plus tendre et la plus malheureuse*
> Dont il puisse garder l'histoire douloureuse.

Racine est plein de ces harmonies du genre avec les pensées. On voit que l'âme toute entière de ce poète a passé dans ses vers admirables.

Lorsque dans un passage, le poète exprime plusieurs passions violentes qui agitent et bouleversent l'âme, on remarque que ce n'est ni le masculin ni le féminin qui domine seul : par une harmonie tout-à-fait remarquable, il y a mélange de genres, comme il y a mélange de passions. Pour s'en convaincre il suffit de lire dans Athalie la fameuse inspiration de Joad. La masculinité domine ou disparoît suivant le tumulte ou le calme des pensées du grand-prêtre. Mais quand Joad interrompt la symphonie pour chanter la gloire future de sa chère patrie, une joie céleste domine dans son âme, et la féminité domine dans ses paroles :

> Quelle Jérusalem nouvelle
> Sort du fond du désert brillante de clartés,
> Et porte sur le front une marque immortelle ?
> Peuples de la terre, chantez !

Jérusalem renaît plus charmante et plus belle !
D'où lui viennent de tous côtés
Ces enfants qu'en son sein elle n'a point portés ?
Lève, Jérusalem, lève ta tête altière;
Regarde tous ces rois de ta gloire étonnés :
Les rois des nations, devant toi prosternés,
De tes pieds baisent la poussière:
Les peuples à l'envi marchent à ta lumière.
Heureux qui pour Sion d'une sainte ferveur
Sentira son âme embrasée !
Cieux répandez votre rosée,
Et que la terre enfante son Sauveur!

Pour retrouver encore des exemples de cette alternative des genres exprimant l'alternative des passions, il faut lire les Horaces, Cinna, le discours de Mithridate, le récit de Théramène, et surtout les fureurs d'Hermione et d'Oreste. Au comble du désespoir, Hermione s'écrie en n'ayant recours qu'à l'emploi du masculin.

Avez-vous pu, cruels, l'immoler aujourd'hui,
Sans que tout votre sang se soulevât pour lui?
Mais parle! de son sort qui t'a rendu l'arbitre?
Pourquoi l'assassiner? qu'a-t-il fait? à quel titre?
Qui te l'a dit?

Dans sa fameuse ironie, Oreste accablé sous sa frénétique passion, exprime avec une tranquillité apparente l'horrible joie qui envahit son âme. L'ironie a aussi passé dans l'expression : c'est le féminin qui domine, tant que la tranquillité apparoît :

Grâce aux dieux, mon malheur passe mon espérance !
Oui, je te loue, ô ciel! de ta persévérance :
Appliqué sans relâche au soin de me punir,
Au comble des douleurs tu m'as fait parvenir;
Ta haine a pris plaisir à former ma misère;
J'étois né pour servir d'exemple à la colère.

Ici Oreste retombe sur lui-même, il se retrouve :
l'affreuse tranquillité disparoît. Pourtant il va rire encore, mais c'est le rire de la rage portée à son dernier
période ; ce rire euragé va s'exprimer par le masculin :

> Pour être du malheur un modèle accompli :
> Eh bien ! je suis content et mon sort est rempli !

La critique a pu relever çà et là dans cette ironie
quelques expressions masculines qui semblent contredire la loi que nous indiquons. Cependant on devra
remarquer que les mots sur lesquels Oreste s'appuie,
sont féminins ; c'est en cela que consiste l'harmonie
indiquée.

Un brillant exemple où le genre nous offre les phases
les plus justes, les rôles les plus exacts, en un mot,
l'emploi le plus conforme aux sentiments exprimés,
c'est le songe d'Athalie. Parle-t-elle de sa mère avec
tranquillité ? la féminité se présente :

> C'étoit pendant l'horreur d'une profonde nuit ;
> Ma mère Jézabel devant moi s'est montrée,
> Comme au jour de sa mort pompeusement parée :
> Ses malheurs n'avoient point abattu sa fierté.

Veut-elle ajouter à ce portrait quelques traits énergiques, elle a recours au masculin :

> Même elle avoit encor cet éclat emprunté
> Dont elle eut soin de peindre et d'orner son visage,
> Pour réparer des ans l'irréparable outrage.

Voyez comme le masculin exprime bien encore l'effroi
qu'Athalie éprouve quand elle s'écrie :

> Mais je n'ai plus trouvé qu'un horrible mélange
> D'os et de chairs meurtris et traînés dans *la fange*,
> Des lambeaux pleins de sang, et des membres affreux
> Que des chiens dévorants se disputoient entre eux.

La critique s'est arrêtée au mot *fange :* elle a eu tort : il falloit continuer.

On pourroit peut-être trouver encore une harmonie du genre entre le portrait de Joas et celui d'Astyanax, dans Racine :

Andromaque, dans sa douleur et sa tendresse toute maternelle, peint ainsi son cher fils :

> C'est Hector, disoit-elle en l'embrassant toujours;
> Voilà ses yeux, sa bouche, et déjà son audace;
> C'est lui-même : c'est toi, cher époux, que j'embrasse.

Cette bonne mère emploie trois expressions pour peindre Astyanax, une seule n'est pas féminine.

Athalie dans son trouble affreux, peint aussi l'enfant mystérieux qui, dans le temple, lui plongea dans le sein un homicide acier :

> Je l'ai vu; son même air, son même habit de lin,
> Sa démarche, ses yeux et tous ses traits enfin :
> C'est lui-même; il marchoit à côté du grand-prêtre.

Dans tous ce tableau tracé par l'effroi, Athalie n'a employé qu'un seul mot féminin. Dans *les enfants d'Édouard* de Casimir Delavigne, la Reine pleure un époux comme Andromaque : la vue du jeune Duc d'York lui rappelle de douloureux souvenirs : dans sa douleur, elle ne voit plus en lui que l'époux qu'elle a perdu; la féminité domine dans le tableau qu'elle nous en trace, comme dans celui d'Astyanax :

> .... C'est son père lui-même,
> C'est sa vivante image; il sourioit ainsi :
> Cette grâce, il l'avoit, quand sa main souveraine
> Releva Lady Gray pour en faire une reine.

Si ces exemples du féminin sont touchants, voici un exemple de l'emploi du masculin, qui est vraiment admirable.

Quand Athalie maudit Joas, un seul sentiment domine dans son cœur, c'est le ressentiment le plus affreux : un seul genre domine dans tout son discours, c'est le masculin :

> Dieu des Juifs, tu l'emportes !
> Oui, c'est Joas ; je cherche en vain à me tromper :
> Je reconnois l'endroit où je le fis frapper :
> Je vois d'Ochozias et le port et le geste :
> Tout me retrace enfin un sang que je déteste.
> David ! David triomphe ! Achab seul est détruit !
> Impitoyable Dieu, toi seul as tout conduit !
> C'est toi qui me flattant d'une vengeance aisée,
> M'as vingt fois en un jour à moi-même opposée
> Tantôt pour un enfant excitant mes remords
> Tantôt m'éblouissant de tes riches trésors
> Que j'ai craint de livrer aux flammes, au pillage.
> Qu'il règne donc ce fils, ton soin et ton ouvrage !
> Et que pour signaler son empire nouveau
> On lui fasse en mon sein enfoncer le couteau !
> Voici ce qu'en mourant lui souhaite sa mère :
> Que dis-je, souhaiter ! je me flatte, j'espère
> Qu'indocile à ton joug, fatigué de ta loi,
> Fidèle au sang d'Achab qu'il a reçu de moi,
> Conforme à son aïeul, à son père semblable,
> On verra de David l'héritier détestable,
> Abolir tes honneurs, profaner ton autel,
> Et venger Athalie, Achab et Jézabel !

Cherchez les expressions féminines dans ces vers nombreux ! elles sont faciles à compter ! voilà un des exemples les plus beaux que le masculin puisse nous offrir de son heureux emploi jusqu'aujourd'hui si peu remarqué.

Dans leurs passages les plus pompeux, nos grands écrivains ont recours à l'alternative des deux genres, comme à un des plus beaux artifices du style. Ainsi ils joignent la féminité à la masculinité, comme on joint

la grâce à la force, pour plaire davantage. Dans leurs
pages immortelles, ces deux genres, qui se succèdent
tour à tour et se prêtent un mutuel appui, font dans
le discours un admirable effet. Comme exemple, on
peut citer, dans Corneille, la scène sublime où 'Auguste expose à Maxime et à Cinna son projet d'abdiquer l'empire :

> Cet empire absolu sur la terre et sur l'onde,
> Ce pouvoir souverain que j'ai sur tout le monde ;
> Cette grandeur sans borne et cet illustre rang,
> Qui m'a jadis coûté tant de peine et de sang ;
> Enfin tout ce qu'adore, en ma haute fortune,
> D'un courtisan flatteur la présence importune,
> N'est que de ces beautés dont l'éclat éblouit,
> Et qu'on cesse d'aimer sitôt qu'on en jouit.
> L'ambition déplaît, quand elle est assouvie ;
> D'une contraire ardeur son ardeur est suivie ;
> Et comme notre esprit, jusqu'au dernier soupir,
> Toujours vers quelque objet pousse quelque désir,
> Il se ramène en soi, n'ayant plus où se prendre,
> Et monté sur le faîte, il aspire à descendre.

Cependant ce principe n'altère en rien les lois du
genre indiquées précédemment. Car si dans une des-
cription, dans une narration, ou dans tout autre morceau brillant, le genre masculin doit dominer, l'auteur
saura, il est vrai, répandre çà et là quelques expressions féminines pour la grâce du style et l'harmonie
du discours, mais la masculinité n'en dominera pas
moins. Si, au contraire, c'est la féminité qui doit
dominer, les expressions féminines l'emporteront de
beaucoup sur les quelques mots masculins placés habi-
lement par l'écrivain pour soutenir, par la force, l'élégance de la période. Qu'on nous permette de citer

6

pour exemple, un coucher du soleil, et un lever de lune, tirés du Génie du Christianisme.

« Le globe du soleil, prêt à se plonger dans les flots,
« apparoissoit entre les cordages du navire, au milieu des
« espaces sans bornes. On eût dit, par les balancements de la
« poupe, que l'astre radieux changeoit à chaque instant d'ho-
« rizon. Quelques nuages étoient jetés sans ordre dans l'orient,
« où la lune montoit avec lenteur; le reste du ciel étoit pur;
« vers le nord, formant un glorieux triangle avec l'astre du
« jour et celui de la nuit, une trombe, brillante des couleurs
« du prisme, s'élevoit de la mer comme un pilier de cristal
« supportant la voûte du ciel. »

Dans ce premier tableau, le genre masculin s'harmonise parfaitement avec l'éclat des derniers rayons
de l'astre du jour; mais dans la seconde partie de
cette vue magnifique de la nature, la féminité se prodigue en expressions pour peindre l'arrivée silencieuse
de la lune argentée :

« Une brise embaumée, que cette reine des nuits amenoit
« de l'orient avec elle, sembloit la précéder dans les forêts
« comme sa fraîche haleine. L'astre solitaire monta peu à peu
« dans le ciel; tantôt il suivoit paisiblement sa course azurée;
« tantôt il reposoit sur des groupes de nues, qui ressembloient
« à la cîme de hautes montagnes couronnées de neige. Ces
« nues ployant et déployant leurs voiles, se dérouloient en
« zones diaphanes de satin blanc, se dispersoient en légers
« flocons d'écume ou formoient dans les cieux des bancs
« d'une ouate éblouissante, si doux à l'œil qu'on croyoit
« ressentir leur mollesse et leur élasticité.
« La scène sur la terre n'étoit pas moins ravissante; le jour
« bleuâtre et velouté de la lune descendoit dans les intervalles
« des arbres, et poussoit des gerbes de lumière jusque dans

« l'épaisseur des plus profondes ténèbres. La rivière, qui
« couloit à mes pieds, tour à tour se perdoit dans les bois,
« tour à tour reparoissoit brillante des constellations de la
« nuit, qu'elle répétoit dans son sein. Dans une savane, de
« l'autre côté de la rivière, la clarté de la lune dormoit sans
« mouvement sur les gazons; des bouleaux, agités par les
« brises, et dispersés çà et là, formoient des îles d'ombres flot-
« tantes sur cette mer immobile de lumière. Auprès; tout
« auroit été silence et repos, sans la chute de quelques feuilles,
« le passage d'un vent subit, le gémissement de la hulotte;
« au loin, par intervalles, on entendoit les sourds mugisse-
« ments de la cataracte de Niagara, qui, dans le calme de la
« nuit, se prolongeoient de désert en désert, et expiroient
« à travers les forêts solitaires.

« La grandeur et l'étonnante mélancolie de ce tableau, ne
« sauroient s'exprimer dans les langues humaines; les plus
« belles nuits en Europe ne peuvent en donner une idée. »

L'harmonie du genre, dont nous offrons ici un bel
exemple, pourroit être considerée comme commune à
toutes les langues. En effet, chez tous les peuples, le
soleil est l'éblouissant Phébus, et la lune la silencieuse
Phébé. Il n'y a pas jusqu'à l'ancien habitant de l'Amérique qui n'ait mis une grande différence entre le
culte et les attributs du soleil et de la lune. Ne regar-
doit-il pas ces deux divinités, comme le frère et la
sœur? C'étoient l'Apollon et la Diane de la Grèce. Comment le Grec et le Péruvien se sont-ils donc entendus
à travers un Océan sans rivages, pour donner à chacun
de ces deux êtres différents les mêmes attributs, le
même culte? C'est que soumis à l'impulsion d'un
même cœur, ils exprimoient sans doute par la différence des personnifications, la différence de grandeur,

de pompe, de clarté et de force, qu'ils apercevoient dans ces deux astres.

Mais dira-t-on, s'il est vrai que chez le Péruvien, le Grec, le Romain, ainsi que chez plusieurs nations modernes, le soleil soit un être masculin et la lune un être féminin, comment se fait-il que le contraire ait tout justement lieu chez les nations germaniques? Pourquoi, chez les peuples du nord, le soleil est-il une *femme*, la brillante *Sunna* ? Pourquoi la lune est-elle un *homme*, le pâle *Mann* ? d'où peut venir cette différence bizarre ? Le hasard n'y a-t-il pas présidé?

Pour résoudre cette difficulté réelle, il faut se rappeler que le penchant de l'homme à masculiniser la force est souvent balancé par les institutions et par les mœurs. Demandons-nous donc quelles étoient jadis les mœurs et les institutions du Germain, dont la langue semble l'aïeule des langues du nord.

La nature sentimentale et fidèle du Germain est connue. Son opinion exaltée, son respect, ou plutôt son admiration pour la femme s'exprime tout entière dans ce passage traduit de Tacite : « Le Germain re- « connoît dans la femme une émanation de la sainteté « et de la sagesse éternelles; il écoute ses conseils, et « recueille ses oracles. On sait que sous le règne du « sage Vespasien, Véléda étoit adorée comme une divi- « nité chez plusieurs peuples de la Germanie »

Enfin les lois des Druides offrent cet article remarquable : « Admets la femme dans tes conseils. »

Vérités, qu'un de nos poètes a ainsi traduites :

Aussi ne lui donnant que le ciel pour patrie,
Des peuples généreux virent dans la beauté

Un emblème vivant de la Divinité.
Dans les sons de sa voix ou propice ou funeste,
Les Celtes entendoient la volonté céleste ;
Et prêtant à la femme un pouvoir plus qu'humain,
Consacroient les objets qu'avoit touchés sa main.
Un fanatisme aimable à leur âme enivrée
Disoit : « La femme est Dieu, puisqu'elle est adorée. »

(Legouvé).

Faut-il s'étonner maintenant que le Germain, en personnifiant le soleil, lui ait donné l'image d'une femme? Ne mettoit-il pas le comble à son admiration pour elle, en lui confiant la lumière du monde? Mais remarquons que cette religion pour la femme étoit en harmonie non-seulement avec les mœurs, mais encore avec les lois ; car tout s'enchaîne dans un peuple. Une femme, chez les Germains, pouvoit jadis être Roi, comme elle le peut encore aujourd'hui : c'est une loi de l'état. Aussi de ce qu'une femme pouvoit gouverner la terre par sa sagesse, il étoit facile de conclure qu'elle pouvoit encore l'éclairer par sa lumière ; et tandis que l'éblouissante Sunna brilloit dans les cieux, Marguerite brilloit en Danemark, Christine en Suède, Catherine II en Russie, Marie-Thérèse en Autriche! Telle est l'influence des lois et des mœurs sur les langues des peuples.

Mais, dira-t-on peut-être encore, presque tous les grammairiens se sont réunis à déclarer que le genre des noms n'existe pas dans la langue angloise : le soleil et la lune ne sont donc ni masculins, ni féminins à Londres? Or, comment expliquer un pareil fait dans une langue?

Cette objection si fameuse dans l'École, est une de ces vieilles erreurs, qui, à force d'être répétées, pren-

ñent la tournure de vérités. Le genre a la nature pour
base ; il existe quand même. Ce n'est ni une langue, ni
un dialecte, ni un idiome qui font d'un homme un être
masculin, et d'une femme un être féminin. Cette classification est une vérité première, un fait qui existe par
lui-même dans la nature. Les langues ne peuvent ni
créer, ni détruire ce fait, cette vérité de la nature ;
seulement elles peuvent l'exprimer par des formes toutes
particulières. Dans le genre, il faut donc considérer
son existence indépendante, qui est un principe, et sa
forme grammaticale, qui n'est qu'une conséquence du
génie des langues et des mœurs des peuples. Ainsi, le
genre existe donc dans la langue angloise, comme dans
toutes les autres langues ; seulement on prétend que,
chez elle, le genre des noms n'est exprimé par aucune
forme grammaticale. Voyons si les faits sanctionnent
ce principe.

Dans le Génie du Christianisme, au parallèle de
l'Enfer et du Tartare, on trouve cette note infiniment
précieuse :

« M. *HARRIS*, dans son *hermès*, a remarqué que le genre
« masculin, attribué à la Mort, par Milton, forme ici une
« grande beauté. S'il avoit dit *shook her dart*, au lieu de
« *shook his dart*, une partie du sublime disparoissoit. La mort
« est aussi du genre masculin en grec θανατος· Racine même
« la fait de ce genre dans notre langue :

La mort est *le seul Dieu* que j'osois implorer.

« Que penser maintenant de la critique de Voltaire, qui
« n'a pas su, ou qui a feint d'ignorer que la mort, *death* en
« anglois, pouvoit être à volonté du genre masculin, féminin
« ou neutre ? Car on lui peut appliquer également les trois
« pronoms, *her*, *his* et *its*. Voltaire n'est pas plus heureux
« sur le mot *sin* péché, dont le genre féminin le scandalise,

« Pourquoi ne se fâchoit-il pas aussi contre ces vaisseaux,
« *schips*, *man of war*, qui sont (ainsi qu'en latin et en vieux
« françois) si bizarrement du genre féminin? En général,
« tout ce qui *a étendue*, *capacité*, (c'est la remarque de
« M. Harris) tout ce qui est de nature à contenir, se met en
« anglois au féminin, et cela par une logique simple et même
« touchante, car elle découle de la *maternité;* tout ce qui
« implique *foiblesse* ou *séduction* suit la même loi. De là
« Milton a pu et dû, en personnifiant le péché, le faire du
« genre féminin. ▪ »

Ainsi, par cette note si bien en harmonie avec nos
principes sur le genre, en voit clairement que la langue
angloise a le genre masculin, le genre féminin et le
genre neutre. Il est vrai qu'elle a soumis ses trois genres
à une loi très-simple. Chez elle, tous les noms d'hommes et d'animaux mâles sont masculins; tous les noms
de femmes et d'animaux femelles sont féminins ; tous
les autres noms sont neutres. Classification extrêmement
naturelle, mais malheureusement soumise à une restric-
tion qui épouvante! « Nous pouvons presque toujours,
« dit William Cobett, transformer en noms du genre
« masculin' ou féminin, des noms réellement neutres,
« et par là, donner la vie à des objets inanimés: ce qui
« prête un heureux secours au style simple de la prose
« et l'aide beaucoup à s'élever jusqu'au sublime. » Immense problème, où se retrouvent toutes les difficultés
souvent insolubles de l'harmonie du genre avec le
cœur de l'homme !

Voilà donc que chez les anglois, un nom peut-être
neutre, et en même temps masculin ou féminin ! quelle
difficulté à vaincre ! Car enfin, quelle règle suivre dans

▪ Comme *Bernardin de Saint-Pierre*, M. Harris a donné quelques vues générales sur le Genre.

ce triple changement ? Quand faudra-t-il s'arrêter
au neutre ? quand faudra-t-il s'élever jusqu'au féminin ?
Le masculin est-il toujours accessible ? quand peut-on
l'employer ? Est-ce dans le sublime ? mais du sublime
au ridicule il n'y a qu'un pas ! faut-il l'éviter comme
un écueil ? mais alors que devient le style ? En françois,
ouvrez le dictionnaire, et vous trouvez le genre fixe,
invariable : en anglois, ouvrez le dictionnaire, et vous
ne trouvez rien ! il vous faut créer le genre, suivant
trois moyens, très-puissants, qui ne sont nullement arbitraires, et dont l'emploi est d'une délicatesse extrême,
au point que Milton, l'orgueil de l'Angleterre, eût été
moins sublime, s'il n'eût pas employé l'un d'eux de
préférence ! Où est donc maintenant cette facilité, cette
simplicité, ou plutôt cette absence du genre en anglois,
tant vantée, tant enviée ! qu'est-elle devenue ? Allez
donc, après cela, lire dans l'Encyclopédie moderne :
« *La langue angloise, qui n'a point de genre, est
beaucoup plus simple et plus philosophique que la
nôtre.* » Oh ! n'est-ce pas vouloir trouver de la philosophie partout !

Le genre des noms anglois offre même une difficulté
qu'on ne rencontre nulle part ; difficulté jugée par
quelques-uns d'arbitraire et d'absurde. Pour nous,
convaincu que les peuples sont préposés par la volonté
divine à la création des langues, nous respectons une
langue comme un texte sacré, comme une tradition
divine. Loin de traiter d'arbitraires et d'absurdes
les formes qu'un idiome a admises, nous nous efforçons d'en rechercher l'origine, car nous sommes persuadé qu'elle existe. On a trop long-temps oublié que

la langue d'un peuple est aussi inviolable que ses droits :
l'attaquer seroit un sacrilége. Un grammairien qui oseroit tyranniser une langue, seroit aussi coupable qu'un
despote qui oseroit tyranniser un peuple. Ces deux
êtres là sont sacrés : car la langue est la voix du peuple,
et l'on sait que *la voix du peuple est la voix de Dieu.*

On a vu dans l'exemple tiré de Milton, que ce poète
a dit en parlant de la mort, qu'il avoit masculinisée,
shook his dart, il brandissoit son dard : tandis que s'il
l'avoit féminisée, il auroit dit, *shook her dart, elle
brandissoit sa dard.* La comparaison de ces deux
phrases doit nous faire conclure que le genre du nom
anglois *dart* n'est pas fixe, puisque dans un cas on peut
littéralement traduire *son dard*, et dans l'autre *sa dard.*
Il dépend donc du genre du nom *mort*, et en change
avec lui : il s'élève au masculin, puis redescend au féminin comme lui : il eût même été neutre, si *mort* l'eût
été. Mais, cette variabilité, qui paroît absurde, n'est-
elle pas la traduction fidèle des mœurs des temps où elle
parut dans la langue angloise. Ce nom *dart*, dont le
genre naturel est le *neutre*, mais qui peut prendre la
livrée *masculine* ou *féminine* sous le patronage de
quelque nom de ce genre, ne représente-t-il pas parfaitement *ce vassal, ce serf* qui naissoit *esclave*, mais qui
pouvoit arriver à la *liberté* sous la livrée ou la bannière de quelque seigneur? Cette harmonie d'un nom
qui s'élève au *genre noble* du nom dont il dépend,
comme le serf pouvoit s'élever *à la liberté* sous la bannière d'un seigneur, est aussi belle que pleine de vérité.

La langue angloise n'a donc pas rejetté le genre,
comme le prétend l'Encyclopédie moderne ; mais elle

a rejeté presque toutes les formes qui auroient pu l'exprimer : ce qui est bien différent. En anglois, le nom,
l'article, l'adjectif ne changent jamais relativement au
genre ; l'adjectif possessif et le pronom personnel prennent seuls la forme du masculin, du féminin ou du
neutre, suivant le genre du nom auquel ils se rapportent. Cette absence de formes grammaticales ne devoit
pas entraîner avec elle la croyance en l'absence du
genre : seulement elle devoit paroître extraordinaire,
surtout, en anglois, puisque l'anglo-saxon dont il est
formé, la langue du Frank qui est sa sœur, et la langue
allemande qui est son aïeule, ont en profusion les formes grammaticales qui expriment les trois genres. Mais
enfin, à quoi attribuer cette absence si extraordinaire?
Le hasard n'en seroit-il pas l'unique auteur ?

A cela nous répondons que le hasard n'est l'auteur
de rien, et que l'absence des formes du genre dans la
langue angloise doit être l'expression exacte d'une vérité
dans le peuple anglois. Qui eût jamais cru qu'il falloit
remonter aux temps primitifs d'une nation, qu'il falloit
fouiller les archives poudreuses d'un peuple, pour trouver la solution d'une difficulté de grammaire? C'est
cependant aux annales angloises qu'il faut aller demander le motif réel, la cause efficiente de l'absence d'une
forme grammaticale.

Qu'on se rappelle Guillaume-le-Conquérant, vainqueur à Hastings, l'Angleterre soumise, le peuple subju-
gué, les propriétés et le sol envahis, la langue du Saxon
vaincu bannie, et remplacée par la langue du François
victorieux, les lois entièrement renouvelées, Londres
se modifiant sur Paris, en un mot l'Angleterre devenue

simple province françoise. Puis franchissant plusieurs
siècles, retombons sur ce cruel Edouard III qui vou-
lut noyer la France dans le sang, parce que la France
l'avoit repoussé de son trône ! Voyons ce prince atroce,
irrité de n'avoir point anéanti le nom françois dans les
champs de Crécy, rentrer plein de rage dans son
Angleterre, qui avoit alors et les mêmes lois, et les
mêmes mœurs, et le même gouvernement, et *la même
langue*, et la même religion que la France, dont elle
étoit la superbe vassale! Voyons-le anéantissant l'édifice bâti par Guillaume, balayant du sein de son peuple la langue françoise dont il proscrivoit l'usage ! voyons-
le ressuscitant l'idiome presque oublié du saxon jadis
vaincu ; écrasant nos lois en vigueur depuis des siècles,
sous des lois barbares et depuis long-temps oubliées ;
créant, pour ainsi dire, des mœurs nouvelles qui avoient
pour base la haine du nom françois ; bouleversant la
forme du gouvernement, ébranlant la religion, et prépa-
rant de loin les affreuses catastrophes de Charles Ier et
de Henry VIII. Le cruel déployoit toute cette horrible
force en haine de la France, l'ancienne patrie : lui et
la moitié de son peuple étoient d'origine françoise !
Toute la nation angloise, encore souillée du sang de
Poitiers, de Crécy et d'Azincourt, s'étoit abaissée jusqu'à son roi ; elle aussi étoit entrée avec lui, pleine de
sa joie atroce, dans son système de rénovation générale,
de bouleversement universel : elle avoit juré avec lui
haine au nom françois, haine à tout ce qui a touché
le sol de France ! Ainsi d'un consentement unanime,
l'Angleterre cessa d'être normande ; tous les liens de
parenté furent brisés, l'Anglois se sépara du François

sans retour, pour ne plus s'offrir à lui que les armes à la main. « *La terre manqua aux Anglois*, dit Cha- « teaubriand, *et non la haine ; ils continuèrent à* « *gronder avec l'Océan, contre ces rivages dont nous* « *les avons repoussés.* »

Eh bien, c'est par cette haine pour la langue et le peuple de France ; c'est par ce plan toujours rigoureusement bien suivi de ne leur ressembler en rien, que s'explique, avec une grande évidence, l'absence des formes du genre dans la langue angloise. Avant Édouard, l'idiome populaire étoit esclave comme le bas peuple qui le parloit ; mais quoiqu'écrasé par la langue françoise en vigueur, il n'étoit pourtant pas détruit. A l'ombre du mépris et de l'oubli, il dormoit, comme le peuple, un de ces sommeils toujours suivis d'un réveil terrible. Quand Édouard parut, cette langue crue morte se réveilla ainsi que la nation qui la parloit : l'heure du réveil avoit sonné. La haine reçut le langage et la nation dans son sein ; elle les réchauffa, elle les anima du feu qui la brûloit : elles sortirent toutes deux pleines de vie de ses entrailles fumantes ! Fidèle à son origine, la langue auroit dû conserver toutes ces formes grammaticales, familières aux autres langues de la grande famille germanique. Mais non ! elle les a rejetées avec une rigueur inflexible. Pourquoi? parce que toutes ces terminaisons, qui expriment le genre, lui auroient rappelé ces mêmes terminaisons que la langue françoise a prodiguées à ses noms, à ses articles, à ses adjectifs, à ses pronoms, à ses participes, avec une profusion infinie : or, tout souvenir étoit proscrit, toute imitation bannie entre les deux peuples !

A la vue des expressions françoises que notre sublime littérature avoit comme imposées à la fière Albion, Johnson, critique célèbre, croyant sans doute que sa nation avoit failli dans sa foi jurée, rallumoit sa vieille haine par ces sanglants reproches: « *The English will* « *onë day be reduced to babble a dialect of France:* « *Les Anglois*, s'écrioit-il, *veulent-ils donc être un* « *jour réduits à ne marmotter qu'un dialecte de* « *France !* »

Telle est, dans la langue angloise, l'influence de ces longues rivalités qui datent du jour de la conquête sous le normand Guillaume. Qu'on se le rappelle toujours bien, c'est sous l'impression de la haine pour la France, que la langue et le peuple anglois ont pris leur pli.

Ainsi notre opinion à nous est que, parmi les causes nombreuses qui ont agi puissamment sur la nature, la forme, la constitution de la langue angloise, une des plus fécondes fut la haine pour notre patrie. Quand il vint luire enfin ce jour où l'on put se venger du François jadis vainqueur, tous les débris des tribus celtiques, bretonnes, angles, danoises, calédoniennes, saxonnes, oublièrent leurs antipathies de race, et se pressèrent à l'envi autour du drapeau vengeur d'Édouard. La même ligue s'étoit formée entre les langages de ces peuples. Réunis par la haine, ils formèrent l'idiome anglois dont la naissance ignorée eut lieu sous les voiles de la barbarie, et dont l'enfance muette se passa secrètement sous le joug de l'esclavage. Quand Édouard parut tout prêt à seconder la vengeance si long-temps méditée de cette Bretagne haineuse qui

n'avoit jamais pardonné au françois Guillaume de l'avoir
vaincue, la langue et le peuple anglois étoient prêts
aussi, et n'attendoient plus que le signal de cette lutte
sanglante, qui semble devoir se prolonger jusqu'à la
chute de l'un des deux combattants. Mais heureusement, Dieu protége la France.

Nous touchons à une question extrêmement impor-
tante et surtout extrêmement délicate. Cette grande
question est celle du *Genre neutre*. Il est triste de voir
avec quel dédain les grammairiens de toutes les époques ont traité cette difficulté ou plutôt cette belle
harmonie du langage humain. Cette forme grammaticale, qui exprime une des plus pénibles vérités de
l'histoire des hommes, a été, comme bien d'autres
formes touchantes, traitée d'arbitraire et d'absurde.
Ce mépris est cependant excusable : il n'eût jamais
existé, si l'on eût eu foi en l'origine divine du langage : car
alors on auroit respecté l'œuvre de Dieu. Mais on a cru
que l'homme avoit façonné son langage à sa guise, sans
autre règle qu'une volonté capricieuse, jouet mobile de
tous les vents opposés, et l'on a méprisé l'ouvrage de
l'homme.

C'est jusque dans la grammaire de Port-Royal, qu'on
retrouve cette opinion déplorable: « Les Grecs et les
« Latins *ont encore inventé* un troisième genre avec le
« masculin et le féminin, qu'ils ont appelé neutre,
« comme n'étant ni de l'un ni de l'autre : ce qu'ils *n'ont*
« *pas regardé par la raison,* comme ils eussent pu
« faire, en attribuant le neutre aux noms de choses
« qui n'avoient nul rapport au sexe masculin ou fé-
« minin, *mais par fantaisie,* et en suivant seulement

« certaines terminaisons. » Il est pénible de penser que cette opinion, émise par des hommes d'une science supérieure et d'une sagesse reconnue, a eu peut-être une triste influence sur un siècle, qui n'étoit déjà que trop enclin au matérialisme, et que trop déterminé à voir seulement les traces de l'homme là où est aussi le doigt de Dieu.

Pour nous, convaincu que toute forme grammaticale, quelque extraordinaire qu'elle paroisse, n'est ni absurde, ni arbitraire; persuadé qu'elle a une origine bien positive, et qu'elle est l'expression fidèle d'une vérité dans le peuple, nous ne craignons pas de faire connoître notre opinion, et de dire hautement que *le Genre neutre* ne paroît que dans les langues des nations qui ont admis *l'Esclavage*. Notre opinion n'est point une hypothèse, c'est une vérité qui se confirme, dès qu'on l'examine; c'est un fait qui devient inattaquable, dès qu'on l'observe avec attention. Jetons un coup d'œil sur les langues, et partout où nous verrons s'élever *l'Esclavage*, cette plaie de l'ancien monde, là aussi nous verrons s'élever *le Genre neutre*, cette large expression des langues anciennes !

Le Grec, le Romain, le Germain, etc., avoient des *esclaves* dans leur nation; ils avaient aussi des *noms neutres* dans leur langue. « Mais, dira-t-on, plusieurs « langues modernes ont conservé cette forme, tandis « que plusieurs l'ont rejetée comme inutile? Que faut- « il donc penser de cette forme, qui disparoît de chez « tel peuple, et qui se maintient chez tel autre, qui ne « semble pourtant pas avoir plus de sympathie pour « l'esclavage que son voisin? » Cette objection est motivée : mais l'histoire des peuples va nous expliquer les véritables causes de la continuité et de la disparition partielles de cette fórme grammaticale.

A une époque fixée dans les desseins éternels, un fait immense a lieu chez les peuples, c'est le Christianisme ! Sous l'inflence de ce fait unique dans l'histoire du monde, lois, mœurs, institutions, croyances, tout change, tout se modifie. Sous l'influence du même fait, les langues éprouvent des changements extraordinaires; formes, règles, syntaxe, méthode, tout se décompose, tout reparoît sous un extérieur nouveau. Le Religion chrétienne descend sur la terre; elle déclare tous les hommes *libres* au pied de la croix, et *l'Esclavage se retire du milieu des peuples, et le Genre neutre du milieu des langues !* Ici les faits sont d'une évidence palpable. Fille aînée de la langue latine, riche héritière de tous ses trésors, la langue italienne accepta le genre masculin et le genre féminin, mais elle rejeta le neutre : car l'esclavage étoit détruit, et les formes du langage destinées à l'exprimer devoient être détruites à leur tour. Ainsi Rome moderne hérita de la gloire de l'ancienne Rome; mais elle rejeta ses idoles, et changea les temples de l'erreur en sanctuaires de la vérité.

Le Genre neutre, dira-t-on, subsiste encore de nos jours dans la langue grecque, comme au temps d'Homère. Cela est vrai; mais on doit tout simplement en conclure que de grands obstacles ont empêché jusqu'aujourd'hui l'accomplissement de cette transformation nécessaire. Tous les peuples sont appelés à la liberté, mais ils y parviennent en plus ou moins de siècles, suivant les obstacles qu'il leur faut surmonter. Ainsi la

Grèce ne fut-elle pas toujours le sanglant théâtre de ces longues et horribles tragédies du Moyen-Age? Et depuis ces époques désastreuses, sa Religion, sa langue, sa nation ont-elles été libres sous le coutelas toujours saignant d'un Aga féroce, d'un tyrannique Pacha? Les fanatiques serviteurs d'Allah n'écrasoient-ils point naguère encore les enfants du Christ? Y a-t-il long-temps que le Janissaire brutal n'insulte plus à leur misère? Y a-t-il long-temps que la Grèce n'est plus assise dans l'esclavage le plus affreux? Laissez donc le peuple grec se dépouiller du vêtement de la servitude! laissez-le s'assurer de la liberté conquise; car cette liberté n'est que d'hier! Attendez! et vous verrez cette nation, sûre d'être libre à jamais, dépouiller lentement les formes de la langue d'un peuple esclave. Ce dépouillement de formes n'est pas une hypothèse, c'est un fait déjà connu. Le Frank, notre aïeul, conserva *le Genre neutre*, tant qu'il conserva *l'Esclavage*; le premier sortit de sa langue, quand le second sortit de ses mœurs. On pourroit même fixer l'époque de cette double disparition, par ces quelques lignes des Études historiques :

« La servitude romaine paroît même avoir été complète-
« ment abolie sous les rois de la seconde race. On ne voit
« plus, en effet, sous cette race, de *serfs de corps* ou *d'es-*
« *claves domestiques* dans les maisons. Il en résulta ce bel
« axiome de jurisprudence nationale : « *Tout esclave qui met*
« *le pied sur le sol de France est libre.* »

A quoi nous pourrions ajouter qu'il en résulta ce bel axiome de grammaire nationale : « *Tout nom neutre*

7

« *qui entre dans la langue de France est masculin* « *ou féminin.* »

La permanence du genre neutre, dans la langue allemande, seroit encore un anachronisme inexplicable, si l'aristocratie féodale n'avoit conservé sa souveraine puissance en Allemagne. Là, quoiqu'avancé dans ses franchises, le peuple est toujours serf [1], comme au onzième siècle; et le genre neutre, traduction vivante, est toujours debout. Ainsi s'expliquent les choses.

Cependant s'il est dans l'univers un peuple libre, c'est bien le peuple anglois. La liberté est l'âme de cette nation si fière; et les États-Unis seront toujours debout, comme un éternel monument de son amour de l'indépendance. Cette république a adopté la plus belle devise qu'un peuple puisse prendre : *God and Liberty.* Et cependant la langue angloise nous offre le Genre neutre! ou il y a arbitraire dans cette langue, ou erreur dans ce principe que le Genre neutre, dans les langues, est l'expression de l'esclavage dans les peuples.

A cela nous pouvons répondre que si le genre neutre n'a pas encore disparu de la langue angloise, c'est qu'apparemment l'esclavage existe encore quelque part dans le peuple anglois. Or notre assertion se trouve exprimée tout entière dans ce passage de Chateaubriand:

« L'Esclavage de corps ne cessa pas partout à la fois; il se « prolongea surtout en Angleterre, par trois causes : le dur « esprit des habitants, l'invasion normande qui ranima le

[1] « A moins toutefois que le paysan ne soit esclave comme chez « les anciens, ou serf, comme en Russie et dans une partie de « l'Allemagne. » (*Note du Génie du Christianisme.*)

« droit de conquête, l'usage du pays qui n'admet l'abolition
« formelle d'aucune. En 1285, les annales du Prieuré de
« Dunstale fournissent cette note : « *Au mois de Juillet de*
« *la présente année, nous avons vendu Guillaume Pike,*
« *notre esclave, et reçu un marc du marchand.* » C'étoit
« moins que le prix d'un cheval. Jusqu'au milieu du dix-
« septième siècle, dans ces guerres que les Anglois faisoient
« à Charles I.er pour *la liberté des hommes*, on voit ces
« fameux niveleurs vendre, comme *esclaves*, des royalistes
« faits prisonniers sur le champ de bataille. »

Ainsi, le Genre neutre est bien loin d'être un fait
arbitraire en anglois. N'a-t-il pas toujours été au contraire en parfaite harmonie avec les mœurs de cette
nation si fière? En effet, lorsque l'esclavage étoit fixe
et immuable chez ce peuple, soyons sûrs que le Genre
neutre étoit fixe et immuable dans cette langue. Aujourd'hui et depuis long-temps, cette immuabilité n'existe
ni dans l'une ni dans l'autre. La langue a marché comme
le peuple et en même temps que le peuple. On sait
qu'il arriva un jour que le *serf anglois* put enfin secouer le joug et devenir *homme libre*. Eh bien, c'est
ce jour de la liberté conquise, que le *nom neutre* put
aussi secouer le joug et conquérir *la liberté* d'être masculin ou féminin, comme cela a lieu en anglois. Bien
plus, il y a entre cette langue et ce peuple une conformité tellement exacte, une ressemblance si parfaite
que l'une a conservé le Genre neutre aux mêmes conditions que l'autre a conservé l'esclavage ; c'est que
tous deux pourront être suspendus dans leurs fonctions,
mais non pas entièrement détruits. En anglois, un
nom peut encore être *neutre*, parce qu'un homme
peut encore être *vendu comme esclave!* On pourroit

presque dire d'avance que la langue angloise ne rejettera jamais le Genre neutre, parce que le peuple anglois ne rejettera jamais l'esclavage. Du moins l'harmonie seroit naturelle : en Angleterre, *l'usage du pays n'admet l'abolition formelle d'aucune loi.* Mais le temps décidera cette question.

« Le Natchez, comme le Huron et l'Algonquin, dit l'auteur d'Atala, ne connoissoit que deux genres, le masculin et le féminin: *il rejetoit le neutre.* Cela est très-naturel chez des peuples qui prêtent des sens à tout, qui entendent des voix dans tous les murmures, qui donnent des haines et des amours aux plantes, des désirs à l'onde, des esprits immortels aux animaux, des âmes aux rochers. »

Dans cette charmante origine du genre chez les sauvages, l'immortel Écrivain est bien loin de nous dire la véritable cause de l'absence du Genre neutre dans les langues américaines. Si l'habitant primitif de l'Amérique, si fier de son indépendance, s'étoit vu privé de cette liberté sans bornes qu'il promenoit dans les immenses solitudes du Nouveau-Monde; s'il s'étoit vu jeté au fond des mines du Pérou par son semblable devenu oppresseur; si cet esclavage odieux avoit été par malheur admis dans ses lois, et dans ses mœurs, soyons-en bien sûrs, cet esclavage auroit été exprimé dans la langue de l'américain, comme dans celle des peuples de l'Europe, par le Genre neutre.

A cela on objecte que plusieurs nations de l'Amérique ont admis l'esclavage, comme les peuples européens; mais on oublie de dire que la différence d'esclavage explique parfaitement l'absence du genre; c'est encore à Chateaubriand que nous empruntons un passage d'une grande autorité :

« Les Muscogulges sont enclins à l'oisiveté et aux fêtes ; *ils*
« cultivent la terre, ils ont des troupeaux et des chevaux de
« race espagnole ; ils ont aussi des esclaves. Le serf travaille
« aux champs, cultive dans le jardin les fruits et les fleurs,
« tient la cabane propre et prépare le repas. Il est logé, vêtu
« et nourri comme ses maîtres. S'il se marie, *ses enfants sont*
« *libres*, ils rentrent dans leur droit naturel par la naissance.
« Le malheur du père et de la mère ne passe point à la pos-
« térité. Les Muscogulges n'ont point voulu que la servitude
« fût héréditaire. Belle leçon que les sauvages ont donnée
« aux hommes civilisés ! »

On a demandé si les mêmes noms devoient être
neutres dans toutes les langues. Ici la réponse doit être
évidemment négative. Car ce genre, étant toujours
en harmonie avec les institutions, les mœurs et les
croyances, doit changer avec elles suivant les différents
peuples. Ainsi *mer* est féminin en grec θαλάσσα, ce qui
est très-naturel ; en latin, il est neutre *mare*, ce qui
est très-naturel encore. En effet, la Grèce trouvoit
dans cet élément protecteur un emblème de la *mater-*
nité, puisqu'il unissoit en une seule famille tous ces
petits peuples séparés les uns des autres par des golfes
et des détroits, isolés sur ces mille petites îles de l'Ar-
chipel que baignent la mer Égée et la mer de Myrtos.
Cet élément étoit le théâtre de la gloire et de la prospérité de toutes ces nations. C'étoit sur ses flottes que
la Grèce écrasoit la Perse tyrannique et orgueilleuse,
à Salamine et à Micale. C'étoit avec ses flottes qu'elle
étoit devenue la reine des nations, jusqu'à ce que vain-

cue *sur terre*, elle succomba sous le joug de Rome
qui avoit fait neutre *mer*, *mare*, comme un être qu'elle
estimoit peu. Rome, fille de la Terre, ne dut point
l'empire à Neptune. Dans ses jours de grands dangers,
elle ne se laissoit pas dire, comme Athènes, par ses
oracles, qu'elle devoit chercher son salut dans des
murailles de bois; elle succomboit à Cannes, comme
elle triomphoit à Zama, toujours *sur terre*. La *mer*
et les *esclaves* étoient des moyens de vaincre qu'elle
dédaignoit trop : elle n'y avoit recours que quand toute
autre voie lui manquoit; encore, sur les flots, toute
sa manœuvre se bornoit-elle à accrocher un vaisseau,
établir un pont, et se battre comme *sur terre*.

Les Romains avoient fait neutre *le vice*, *vitium*,
pour en inspirer l'horreur à leurs enfants; de même
que le Spartiate enivroit *un esclave*, pour détourner
le jeune citoyen de Lacédémone de l'avilissement de
l'ivresse. Mais le Grec et le Romain avoient féminisé
la vertu, ainsi qu'ils avoient représenté *la liberté*
sous les traits d'une femme. Ils avoient encore féminisé
l'âme, qui est la source de la vie intellectuelle, morale
et physique et qui offre par là une triple *maternité*,
tandis qu'ils avoient fait neutre *le corps*, cet être
passif, soumis au despotisme des sens, comme *l'esclave* au joug de la servitude.

Outre l'influence immédiate de la Mythologie, les
Latins et les Grecs trouvoient peut-être encore, dans
le genre des noms d'arbres, des harmonies qui nous
échappent. Chez les uns, la masculinité seroit la traduction de leur force : chez les autres, la féminité ex-
primeroit leur fécondité, qualité maternelle; enfin le

genre neutre seroit l'emblême de la stérilité. Mais c'est
là une pure hypothèse. Dans une langue morte le genre
est presque un mystère.

Sans doute que primitivement le grec avait intention
de désigner *un enfant esclave*, quand il se servoit du
mot παϊδιον, et *un enfant libre*, ou du moins une sorte
d'*affranchi*, quand il employoit le mot παῖς. Cette hypothèse serviroit puissamment à expliquer à certains
grammairiens pourquoi les allemands désignent la
femme par deux expressions, dont l'une est féminine
die Frau, et l'autre neutre *das weib*. Cette dernière
expression désignoit sans doute *la femme esclave ;* car
son emploi est rarement *noble ;* il suffit, pour s'en assurer, de consulter la nomenclature des dictionnaires
allemands. La première expression, au contraire, toujours *noble* dans son emploi, désignoit évidemment *la
femme libre*. Du moins il ne faudroit pas être très-
initié aux secrets de la langue allemande pour découvrir
que le mot *Frau* peut très-bien avoir pour racine l'adjectif *frei* qui signifie *libre*.

Nous ne pouvons entrer dans tous les détails qu'offre
cette grande question. Nous avons cru devoir seulement l'indiquer aux grammairiens de chaque nation.
Eux seuls peuvent découvrir les secrets du genre dans
leur langue propre.

Il peut arriver qu'on trouve un jour pour *le nombre*,
les harmonies que nous trouvons aujourd'hui pour *le
genre*. Le nombre *duel*, dans la langue grec., ne seroit-
il pas l'expression exacte de ces amitiés touchantes qui
ont immortalisé les Achille et les Patrocle, les Hercule
et les Philoctète, les Oreste et les Pylade, les Pythias

et les Damon, etc. Dans les anciennes langues germaniques le nombre *duel* exprimoit fidèlement ce lien
indissoluble qui unissoit deux guerriers et en faisoit
deux frères d'armes. On connoît les prodiges de cette
fraternité militaire. L'ancienne langue du Frank nous
offre encore des traces du *duel* dans les quelques lambeaux qui nous sont restés de cet idiome de nos pères,
Mais cette langue se transforma peu à peu, comme la
nation; la fraternité militaire disparut, et la forme
grammaticale, qui en étoit l'expression, disparut à son
tour. On a objecté qu'on pourroit également dire que
le *duel* exprime l'hymen, cette union intime de *deux
êtres*. Mais cette objection ne se soutient point. Le
mariage n'est point, comme l'amitié, un lien indissoluble : du moins le divorce pourroit dévancer la tombe.
Quand la mort a frappé l'un des deux époux, l'autre
souvent ne pleure qu'un instant, puis convole à un
nouvel hyménée. Mais dans l'amitié que tout est différent! D'ailleurs, si le duel eût réellement exprimé
l'hymen, il auroit dû être une forme commune à toutes
les langues, et surtout ne jamais disparoître.

Quelques philologues se sont étonnés de retrouver
dans les langues des sauvages de l'Amérique, le nombre duel, qui a disparu des langues de l'Europe moderne. Mais, ils auroient dû rechercher si les mœurs
de ces américains offroient, en amitié, un spectacle
aussi touchant que les mœurs de la Grèce et de la
Germanie. Or, pour juger à quel point l'amitié s'élève
chez ces peuples, lisez ces quelques lignes tirées *des
Natchez :*

« Il est une coutume parmi ces peuples de la nature, *cou-*

« tume qu'on trouvoit autrefois chez les Hellènes. Tout
« guerrier se choisit un ami. Le nœud, une fois formé, est
« indissoluble, il résiste au malheur et à la prospérité. Cha-
« que homme devient double et vit de deux âmes. Si l'un
« des deux amis s'éteint, l'autre ne tarde pas à disparoître. »

Cet exemple de l'harmonie *du nombre* avec les
mœurs des peuples est bien remarquable ! Aussi, nous
ne craignons pas de le répéter : on peut dire sur
l'emploi du nombre les choses les plus gracieuses, les
vérités les plus touchantes ! On peut trouver dans une
forme du singulier ou du pluriel l'expression de toute
une société, de toute une croyance ! Un mot, qui,
d'un nombre, passe mystérieusement à un autre, peut
peindre la différence des époques, et rester comme un
monument d'une grande révolution ! On a remarqué
que les anciens, par un certain emploi du singulier,
n'avoient pas été étrangers à l'unité d'un Dieu. Vérité
admirable, qu'une seule forme grammaticale a pourtant revélée ! On pourroit remarquer aussi que quand
un certain emploi du pluriel a cessé dans les langues
des peuples modernes, l'influence du Paganisme cessa
aussi dans leurs mœurs, et que l'œuvre du Christianisme fut accompli.

Les formes du nombre, exposées par une main habile, prouveroient à elles seules l'existence et l'unité
d'un Dieu, l'immortalité de l'âme et toutes les plus
grandes vérités de la société ! Mais où est cette main
habile ? Il semble que le grammairien n'a jamais compris sa mission. L'immortel Newton découvroit son front
devant le nom adorable du grand Architecte de l'univers : quel est le grammairien qui se soit jamais pros-

terné pour adorer l'éternel Auteur du langage humain ?
Un naturaliste, dans un lys des champs, dans une
pierre de la montagne, dans un débris humain, trouve
de quoi admirer la Toute-Puissance, et *chanter un
véritable hymne à sa gloire* [1] ! Où est le grammairien qui, dans une analyse des langues, ait cru en-
tonner un hymne à l'Éternel ? Enfin, tout l'univers
s'écrie : « Il est un Dieu ! les herbes de la vallées et
« les cèdres de la montagne le bénissent, l'insecte
« bourdonne ses louanges, l'éléphant le salue au lever
« du jour, l'oiseau le chante dans le feuillage, la foudre
« fait éclater sa puissance, et l'Océan déclare son im-
« mensité. Le *grammairien* seul a dit : il n'y a point
« de Dieu. [2] » Car, empruntant la voix de l'athée, il
a crié *arbitraire, absurdité, désordre, impuissance,
ténèbres*, là où il auroit dû admirer la vérité, la sagesse, l'harmonie, la beauté, la lumière ! Étranges
erreurs de la foiblesse humaine ! tristes abus d'une raison qui se croit forte, et qui tombe à chaque pas !
Aussi voyez tous les livres qui traitent des langues, il
y règne une sorte de doute qui ôte la vie à la pensée,
un lourd matérialisme qui tue l'expression : l'anatomiste qui travaille un cadavre, et qui en embaume
quelque débris, n'est pas plus impassible que le grammairien qui écharpe une langue et qui en observe quelque lambeau. Ouvriers de mort, ils semblent se com-
plaire dans le néant ! Oh ! qu'on peut bien appliquer
à nos grammairiens matérialistes ces paroles de Cha-

[1] Paroles de Galien, après une analyse anatomique du corps
humain.

[2] Génie du Christianisme.

teaubriand : « Les disciples de la nouvelle école flé-
« trissent l'imagination avec je ne sais qu'elle vérité,
« qui n'est pas la véritable vérité. Le style de ces
« hommes est sec, l'expression sans franchise, l'ima-
« gination sans amour et sans flamme ; ils n'ont nulle
« onction, nulle abondance, nulle simplicité. On ne
« sent point quelque chose de plein et de nourri dans
« leurs ouvrages : l'immensité n'y est point, parce que
« la divinité y manque. » Réflexion admirable qui
explique pourquoi la grammaire est comme frappée
de stérilité ! Aussi, depuis le simple abécédaire de
l'enfance, jusqu'aux élucubrations les plus élevées de
la philosophie sur les langues, on peut livrer sans
crainte tout ce matérialisme au feu, et en jeter les
cendres au vent ; la société n'y perdra rien : dans
l'étude des langues, tout est à refaire. Mais que, dans
la construction du nouveau temple, qu'on songe avant
tout au sanctuaire !

Grammairiens, prenez donc des armes nouvelles !
oubliez les systèmes vieillis, les théories décrépites !
Que la science athée s'écoule comme une eau bour-
beuse et croupie ; ne vous abreuvez plus à ses sources
malsaines ; rentrez dans les voies que la main de Dieu
a tracées ; cherchez dans les mœurs des peuples les
secrets de leurs langues ! Que tout vous serve pour cela,
les lois, les arts, les victoires, les défaites, les révolutions, la paix, les institutions, et surtout la Religion,
cette grande poésie des peuples ! N'établissez vos raisonnements que sur des faits bien observés, bien connus, et vous serez sûrs de ne point errer. Si les faits
réels vous manquent, ne précipitez rien. En grammaire,
comme en politique, il faut savoir attendre.

Si l'on avoit su attendre, ou plutôt si l'on avoit pris pour base de ses raisonnements des faits bien établis, on n'auroit pas débité sur la Rime tant de choses vagues et erronées ; on n'auroit pas dit : « La Rime, ainsi que « les fiefs et les duels, doit son origine à la barbarie de « nos ancêtres. Les peuples, dont descendent les na- « tions modernes, et qui envahirent l'empire romain, « avoient déjà leurs poètes, quoique barbares, lors- « qu'ils s'établirent dans les Gaules et dans d'autres « provinces de l'Empire. Comme les langues, dans les- « quelles ces poètes sans étude composoient, n'étoient « point assez cultivées pour être maniées suivant les « règles du mètre ; comme elles ne donnoient pas lieu « à tenter de le faire, ils trouvèrent qu'il y auroit de « la grâce à terminer par le même son deux parties du « discours qui fussent consécutives, et d'une égale « étendue. Ce même son final, répété au bout d'un « certain nombre de syllabes, faisoit une espèce d'agré- « ment, et il marquoit quelque cadence dans les vers. « C'est apparemment de cette manière que la rime « s'est établie. « Il n'est guère possible de réunir plus d'erreurs, en moins de mots.

D'abord il est faux de dire que les barbares, qui envahirent l'empire romain, aient connu la rime. Les Sagas scandinaves, les Runes finnoises ne nous en offrent aucune trace. Le chant anglo-saxon de Brun- an-Burgh n'est pas rimé, ni la Loi salique, ni le com- bat entre Hildibrant et Hathubraud ; enfin aucun chant ancien n'offre la rime, avant l'Évangile *en vers rimés* par Otfride, moine Bénédictin de l'abbaye de Wissembourg, en basse Alsace, qui vivoit vers le milieu du neuvième

siècle. La rime date donc de l'ère moderne, et de plus
elle est *d'origine chrétienne*. Mais qui peut l'avoir fait
naître ? Le voici. La rime n'étant qu'un *son*, ne peut
traduire qu'un *son*. C'est une *onomatopée* de la langue, qui est l'expression fidèle d'une voix forte, puissante et vénérée chez les peuples modernes. Car ici, il ne
s'agit pas d'une forme admise par telle ou telle nation, mais
qu'ont adoptée l'allemand, l'anglois, le françois, l'italien, l'espagnol, le portugois, le latin et même le grec
moderne, comme le prouve ce passage de l'Itinéraire :

« Lorsqu'un postillon grec monte à cheval, il commence
« une chanson qu'il continue pendant toute la route ; c'est
« presque toujours une longue histoire *rimée* qui charme les
« ennuis des descendants de Linus.

Mais quelle peut être cette voix inconnue de l'antiquité, que le Christianisme fait entendre d'un bout à
l'autre de l'Europe ? quelle est cette voix magique, qui
doit annoncer la mort du vieillard, comme la naissance de l'enfant, l'agonie lente de l'infirme et l'heureuse union de la jeune vierge à son fiancé ? quelle est
cette voix, qui doit exprimer toutes nos joies et toutes
nos douleurs? cette voix, c'est tout simplement *la cloche*
de nos églises :

« Les dimanches et les jours de fête, j'ai souvent entendu,
« dans le grand bois, à travers les arbres, les sons de la cloche
« lointaine qui appeloit au temple l'homme des champs. Ap-
« puyé contre le tronc d'un ormeau, j'écoutois en silence le
« pieux murmure. Chaque frémissement de l'airain portoit à
« mon âme naïve l'innocence des mœurs champêtres, le calme
« de la solitude, le charme de la religion et la délectable mé-
« lancolie des souvenirs de ma première enfance. Oh! quel
« cœur si mal fait n'a tressailli au bruit des cloches de son lieu

« natal, de ces cloches qui frémirent de joie sur son berceau,
« qui annoncèrent son avènement à la vie, qui marquèrent
« le premier battement de son cœur, qui publièrent dans tous
« les lieux d'alentour la sainte allégresse de son père, les dou-
« leurs et les joies encore plus ineffables de sa mère! Tout se
« trouve dans les rêveries enchantées où nous plonge le bruit
« de la cloche natale : religion, famille, patrie, et le berceau
« et la tombe, et le passé et l'avenir [1]. »

Et qu'on ne croie pas que nous cherchons à prouver une origine en séduisant l'imagination par des phrases harmonieuses! Introduites dans l'usage de l'Église,
vers le cinquième siècle, les cloches se multiplièrent
peu à peu; leur emploi se propagea de proche en
proche; enfin toute église d'Europe eut sa sonnerie
vers le neuvième siècle; or c'est à cette époque
qu'apparut la Rime. Les jours de fête, on exécutoit
sur les cloches l'hymne du Saint dont on célébroit l'anniversaire. Ces sons fixes et invariables de la cloche
établirent le chant : cette voix grande et juste étoit pour
l'oreille du peuple une sorte de diapason : il chantoit
l'hymne comme il l'avoit entendu chanter : le retour
des mêmes sons dans le chant lui faisoit désirer le retour
des mêmes sons dans les paroles : de là l'usage des hymnes *rimées* dans nos temples. On pourroit donc prendre au propre ces paroles de Lamartine :

> L'airain religieux s'éveille avec l'aurore,
> Il mêle notre hommage à la voix des zéphirs;
> Et les airs, ébranlés sous le marteau sonore,
> *Prennent l'accent de nos soupirs.*

Chose tout-à-fait remarquable, nous n'avons de
véritables *airs nationaux* que ceux qu'on peut exé-

[1] Réné.

cuter sur les cloches : tels sont *Malborough s'en va-
t-en guerre, le bon roi Dagobert, Père capucin*, etc.,
et une partie de nos Noëls. Aujourd'hui même, de
toute la musique que les grands maîtres composent,
le peuple n'adopte que ce qui est en harmonie avec ses
cloches. Tel chef-d'œuvre, connu seulement de quelques
amateurs, restera toujours ignoré de la foule, tandis
qu'il n'y a pas jusqu'au plus mauvais petit garçon de
France qui ne chante, en courant dans les rues, *au
clair de la lune*. C'est que ce chant populaire est une
vraie musique de cloche. Le peuple, en l'entendant
pour la première fois, s'imagine déjà l'avoir entendu,
et il le retient sans effort, parce qu'il croit que ce n'est
qu'un souvenir. On sait l'admirable effet que ce chant
national et populaire a produit, quand on l'a transporté
dans un de nos opéras.

De tout ce qui précède, nous devons encore conclure, comme nous l'avons déjà fait bien souvent, que
dans l'étude des langues, le grammairien s'éloigne trop
de l'histoire des peuples. Il semble entièrement ignorer
qu'une langue est l'âme du peuple, qu'elle naît et
meurt avec lui, et que son histoire ne peut se comprendre que dans les faits historiques, qui sont le résultat de
la vie du peuple. Mais on n'a jamais été chercher dans
la vie d'un peuple les secrets de sa langue : c'est une
source de vérités qu'on a toujours négligée. Le peuple
romain est tombé ; il a laissé le sol couvert de ses immenses débris ; mais nous en connaissons l'histoire.
La langue latine a eu aussi sa chute et ses ruines, et
l'histoire nous en est entièrement inconnue. Le changement des races a eu ses grands peintres ; les mutations
d'idiomes attendent encore un historien.

Mais quittons ces grandes et utiles questions, où l'on peut faire une application si heureuse des mœurs des peuples aux langues qu'ils parlent. Revenons à notre Théorie du genre.

Jusqu'ici, nous avons vu le genre se partager, d'une manière bien positive, l'expression de nos sentiments ; nous allons le voir se partager encore l'expression de nos croyances, de nos institutions.

La Papauté nous offre une des plus remarquables harmonies de l'emploi alternatif de la Féminité et de la Masculinité.

Si la Papauté est considérée comme la personnification de cette influence bienfaisante de la Religion chrétienne sur les nations de la terre, elle s'élève alors aux sublimes fonctions d'une *maternité* toute divine ; elle est la céleste épouse du Christ. Aussi les expressions féminines apparoissent-elles de toutes parts :

« La Papauté orne sa tête blanchie d'une superbe tiare, « c'est-à-dire d'une triple couronne. Une robe blanche, « recouverte d'une aube plus blanche encore, revêt sa per- « sonne sacrée ; une étole sainte charge ses épaules pontifica- « les ; une chape dorée enveloppe sa sainteté, dont la cheve- « lure argentée relève la noble figure ; une croix pastorale « repose sur sa poitrine apostolique. Les clefs puissantes de « la cité céleste sont en ses mains toutes maternelles. Dans les « fêtes de l'Église, sa suprême Grandeur, se promène, souvent « sur une mule paisible, dans les voies sacrées de la vieille Rome, « la ville éternelle. A sa triomphale approche, la foule pieuse « se prosterne et reçoit les paroles de paix qui s'écoulent de « sa bouche vénérable, comme une source d'eau vive jaillit « des entrailles de la terre. Pleine d'une sainte ardeur, cette « foule bénie précède la marche lente et solennelle de sa « Sainteté, courbée sous des années nombreuses ; elle court

« inonder la vaste enceinte des basiliques, pour aller admirer
« la majesté, la magnificence des cérémonies chrétiennes,
« suivant la liturgie romaine. De ces augustes solennités, l'âme
« pieuse reçoit sur la terre une idée imparfaite, une image
« peu fidèle de ces joies ineffables de la céleste patrie. Puis
« de la chaire de vérité, de cette barque apostolique, que les
« tempêtes de l'impiété et de l'hérésie ne peuvent submerger,
« se répandent ces bénédictions puissantes, ces indulgences
« plénières, ces grâces précieuses qui suppléent à l'insuffisance
« de nos œuvres de pénitence, à la foiblesse de nos prières,
« et qui portent la paix de l'âme et la rémission des fautes,
« dans la ville sainte, et dans l'immense famille chrétienne,
« voyageuse sur la terre, cette triste vallée de larmes, jusqu'à
« l'heure inconnue d'une autre vie plus heureuse, qui n'aura
« d'autres bornes que celles de l'éternité. » Telle est l'Église
notre sainte mère.

Voltaire avoit pressenti cette harmonie du féminin,
puisqu'il a dit dans la Henriade :

> Là, Dieu même a fondé son Église naissante,
> Tantôt persécutée et tantôt triomphante.
> Là, son premier apôtre, avec la vérité,
> Conduisit la candeur et la simplicité......
> Là pauvreté soutint leur austère vertu.

Mais si le Pape est considéré comme possédant ce pouvoir temporel dont le Christianisme a revêtu son chef
visible, le Pape est alors le pasteur des peuples, le
Père spirituel des chrétiens. Ici, c'est le genre masculin
qui domine :

« Le Pape, représentant du Christ, successeur de St.-Pierre,
« souverain pontife, premier évêque du monde, monarque
« absolu des états romains, s'assied sur le saint siége où le
« bras de Dieu l'avoit déjà placé avant les temps. Chef suprême

8

« de l'univers chrétien, il domine au conclave avec tout
« le pouvoir d'un roi ou d'un dictateur ; il préside au saint
« Collége, dans le sacré palais, où les Càrdinaux rappellent
« l'éclat du vieux sénat romain. Dans ces fameux synodes,
« dans ses conciles généraux, nationaux, provinciaux, qui
« étoient les parlements primitifs, les États-généraux de ces
« temps passés, le Pape rassembloit ses nombreux Évêques,
« que les peuples envoyoient comme les députés, les représen-
« tants qu'ils s'étoient choisis. Le Pontife romain établissoit
« les canons, signoit les brefs sous l'anneau du pêcheur, frap-
« poit d'anathême le sacrilége et le blasphême, lançoit ses
« foudres tout-puissants, et au retour d'un siècle nouveau,
« annonçoit un Jubilé au monde catholique. Défenseur né
« des droits des peuples, il mettoit le pied sur le cou des ty-
« rans et des nobles, oppresseurs de leurs vassaux. Des bords
« du Tibre, il envoyoit dans tous les royaumes, sur tous les
« rivages, ses nonces puissants et respectés, qui alloient jus-
« que dans les palais des Empereurs et des Rois leur déclarer
« que St.-Pierre est seigneur suzerain de leurs États et Em-
« pires. Exerçant trop rigoureusement peut-être son mandat
« populaire, un Pape approuvoit le régicide, vengeoit les
« peuples opprimés, déclaroit un trône vacant, un empire
« en interdit, le culte défendu, les temples fermés, les tyrans
« punis de Dieu, retranchés du nombre des justes, abandon-
« nés de leurs sujets, de leurs serviteurs, de leurs proches.
« Enfin pour enseigner au monde quel étoit son pouvoir, un
« Pontife alloit jusqu'à forcer un Empereur coupable à venir,
« dépouillé des ornements impériaux, nu-pieds, couvert
« d'un cilice, baiser le seuil du Vatican ! et tout cela d'un
« seul mot ! Protecteur des beaux-arts, le Pape ouvroit un
« asile au génie persécuté, au talent malheureux, et s'entou-
« roit d'hommes à jamais célèbres, qui immortalisoient son
« pontificat. Le Tasse avec son poème, Raphaël avec ses ta-
« bleaux, Michel-Ange avec ses chefs-d'œuvre, entroient
« dans l'éternel sommeil, les yeux fermés par cet auguste

« prêtre qui avoit ceint leur front glorieux du laurier qui ne
« doit point se flétrir. » Tel est le Pape notre saint Père.

Voltaire avoit encore pressenti cette harmonie de
la masculinité, puisqu'il a dit dans sa Henriade :

Près de ce Capitole où régnoient tant d'alarmes,
Sur les pompeux débris de Bellone et de Mars,
Un Pontife est assis au trône des Césars.
Des prêtres fortunés foulent, d'un pied tranquille,
Le tombeau d'un Caton et la cendre d'Émile.
Le trône est sur l'autel ; et l'absolu pouvoir
Met dans les mêmes mains le sceptre et l'encensoir.

Dans ces deux exemples, on voit évidemment l'emploi bien distinct du genre. Il est vrai que l'expression
a été souvent un peu forcée, pour que la Féminité ou
la Masculinité domine seule dans l'un des tableaux.
Cependant elle n'a pas été forcée jusqu'à être vicieuse,
et l'harmonie est aussi exacte que nous l'avons indiquée. Il seroit impossible de tracer le tableau de la Papauté uniquement avec des expressions masculines, de
même qu'on ne pourroit dépeindre le Pape, uniquement avec des expressions féminines.

La Masculinité s'harmonise aussi d'une manière remarquable avec tout ce qui entoure le Temple antique,
soit dans le culte, soit dans les ornements extérieurs :

« Contemplez le temple égyptien, l'obélisque géant tou-
« jours debout, l'hiéroglyphe mystérieux qui s'offre partout,
« le sphinx muet comme le désert, le crocodile qu'on re-
« doute, l'Apis qu'on adore, et l'énorme pilier qui soutient
« l'antique zodiaque, dont les signes en désordre révèlent
« les grands espaces qui nous séparent des temps où il parut !
« Puis admirez le frontispice du temple grec, son riche
« péristyle, ses portiques majestueux, ses spacieux vesti-
« bules ; ses bois sacrés, ses bocages riants. Entrez dans le
« silencieux sanctuaire ! Là, s'offrent à vos regards le cande-

« labre d'or, le vase de bronze, l'encensoir en vermeil, le
« sistre sonore, le trépied sacré, l'autel des parfums, le feu
« éternel, le voile mystérieux, le glaive tranchant, le ta-
« bernacle vénéré, les symboles ignorés, les emblèmes fa-
« meux, les signes inconnus du profane, les mythes inex-
« plicables, le texte obscur du livre des oracles. Enfin le
« mystère est répandu partout, dans le rite, dans le culte,
« dans le costume du prêtre, dans le vêtement du pontife,
« dans tous les ornements du temple. Le sacerdoce est là avec
« tous ses secrets, son Dieu inconnu du vulgaire, son langage
« incommuniquable, ses mystères non dévoilés, ses présages
« redoutés, ses auspices heureux, ses augures sinistres, ses
« prodiges étonnants, ses sacrifices pompeux, ses suppliants
« holocaustes. »

Dans le culte païen, on sait que le Dieu le plus
puissant étoit l'aveugle *Destin*, maître absolu du sort
des fragiles mortels. La Religion chrétienne, au contraire, admire surtout dans la Divinité cette *Providence* toute maternelle, qui ne manque jamais à sa
foible créature. Le temple grec, comme le temple
égyptien n'offroit qu'un dogme obscur et des mystères
glacés : l'esprit humain gémissoit sous leur poids. Mais
dans nos Églises, la vérité se cache sous les apparences
les plus touchantes; l'âme tressaille d'une joie pure à la
vue de la Divinité attentive à sa prière. Aussi quand
la Liturgie romaine emprunta au rite païen quelque
usage pieux, quelque ornement sacré, elle leur laissa
ce caractère grave et mystérieux que le genre masculin
traduit si exactement; tandis qu'elle sembla rechercher
les expressions féminines, pour la plupart des institutions qui se sont élevées sous son influence bienfaisante :

« Voyez la vieille cathédrale et son architecture gothique !
« c'est là que triomphe cette Religion divine, élevée dans les

« cryptes et les catacombes de Rome ! Voyez ses larges mu-
« railles aux masses grisâtres, son immense façade toute
« sculptée, ses tours menues, ses flèches découpées, ses ar-
« ches, ses frises, ses architraves, ses corniches, ses ogives,
« ses fenêtres longues, ses rosaces aux mille couleurs, ses
« nervures délicates, ses portes déchiquetées, ses pyramides
« légères, ses gouttières grotesques, ses statues multipliées, ses
« figures immobiles dans des niches, les dentelles des sculp-
« tures, la légèreté, l'élégance, la variété des gravures, des
« ciselures, des découpures ! Écoutez dans l'énorme tour la
« pesante sonnerie annonçant à la cité pieuse une pompeuse
« solennité ! Entrez dans cette vaste basilique, aux nefs mys-
« térieuses et sombres, aux voûtes sonores, aux parois grises,
« aux pierres sépulcrales ; aux gigantesques harmonies des
« orgues ; aux colonnes effilées et réunies en gerbes ; aux
« tribunes ornées de grilles, de colonnettes et de balustrades ;
« aux chapelles silencieuses consacrées à la Mère des douleurs ;
« aux châsses ornées de pierreries, où repose la relique vé-
« nérée, dépouille mortelle de la jeune Vierge, patronne de
« la cité. Admirez la chaire de vérité, la bannière flottante,
« et la croix encore levée, comme à l'heure de la croisade !
« Prêtez l'oreille aux molles ondulations, aux mélodies sim-
« ples et pures de la musique sacrée, aux hymnes religieuses,
« répétées par mille voix qu'inspire la reconnaissance ! En-
« tendez les actions de grâces rendues à la bonté divine !
« Que de grandeur, que de gravité, dans cette musique
« ravissante qui élève l'âme, dans ces belles harmonies de
« toute une foule qui psalmodie les paroles de la prière ! Que
« de poésie répandue dans ces antiques solennités de la Pen-
« tecôte, de la Trinité, de la Fête-Dieu ! Quelle scène plus
« attendrissante qu'une première communion, où la jeunesse
« toute brillante de beauté, de piété et de ferveur, verse des
« larmes et des prières, en faisant l'action la plus touchante
« de la vie ! La coupe baptismale est là avec toute son inno-

« cence, les eaux de la pénitence avec leur puissance régé-
« nératrice, la Table sainte avec toute sa pureté, la Foi avec
« toute sa force, l'Espérance avec ses hautes consolations, la
« Charité avec ses ardeurs toutes célestes ! O méditatives
« extases ! ô jouissances ineffables ! ô solitude divine ! c'est
« en vous que l'âme chrétienne se fortifie pour quitter la
« terre, et pour s'élever vers les régions éternelles, où elle
« se plonge dans une mer de délices, en présence des splen-
« deurs de la Divinité. »

Nous offrons encore ici au lecteur deux exemples
où l'emploi de l'un des deux genres est exclusif. Nous
sommes bien loin de les citer comme modèles, nous
les offrons seulement comme harmonies. En égard au
style, ces exemples sont nécessairement défectueux.
Car, si l'expression féminine a de la douceur et de la
grâce en elle-même, employée exclusivement elle répand dans la phrase une sorte de mollesse, de fadeur
qui détruit la force et l'énergie que le style réclame.
L'expression masculine, si elle est exclusive, amène
le défaut opposé : trop souvent dure et robuste, elle
donne au style quelque chose de sauvage et d'agreste.
Il faut que les deux genres s'unissent comme la grâce
s'unit à la force, pour que le style se trouve dans les
proportions voulues. Les exemples de cette harmo-
nieuse union sont nombreux : nous allons en emprunter
un à Bossuet; c'est l'Exorde de l'oraison funèbre de la
Reine d'Angleterre :

« Celui qui règne dans les cieux, et de qui relèvent tous
« les empires, à qui seul appartient la gloire, la majesté,
« l'indépendance, est aussi le seul qui se glorifie de faire la
« loi aux Rois, et de leur donner, quand il lui plaît, de
« grandes et de terribles leçons. Soit qu'il élève les trônes,

« soit qu'il les abaisse ; soit qu'il communique sa puissance
« aux princes, soit qu'il la retire à lui-même, et ne leur
« laisse que leur propre foiblesse, il leur apprend leurs de-
« voirs d'une manière souveraine et digne de lui. Car, en
« leur donnant la puissance, il leur commande d'en user,
« comme il fait lui-même, pour le bien du monde ; et il leur
« fait voir, en la retirant, que toute leur majesté est em-
« pruntée, et que, pour être assis sur le trône, ils n'en sont
« pas moins sous sa main et sous son autorité suprême. C'est
« ainsi qu'il instruit les princes, non-seulement par des dis-
« cours et par des paroles, mais encore par des effets et par
« des exemples, etc. »

L'exorde tout entier est de ce style admirable : l'emploi alternatif des deux genres contribue beaucoup à
son éclat, à sa pompe et à sa magnificence.

Ici se présente une grande difficulté dont le manque
de solution a toujours fait époque dans les annales
grammairiennes. Comment se fait-il, s'écrient nos
grammairiens, que la langue françoise se soit mise en
opposition avec toutes les autres langues, en laissant
au masculin tous ces noms *auteur*, *amateur*, *docteur*,
géomètre, *général*, *graveur*, *professeur*, *philosophe*,
poète, *traducteur*, etc., lors même que ces noms
désignent des femmes ?

« Marguerite d'Anjou, femme de Henri VI, roi d'An-
« gleterre, fut active et intrépide, *général et soldat.* (*Thomas*),

Et les femmes *docteurs* ne sont pas de mon goût.
(*Molière*).

« Madame Dacier *est un des plus fidèles traducteurs* d'Ho-
« mère. » (*Girault-Duvivier*).

« Hypathia enseignoit elle-même la doctrine d'Aristote et
« de Platon ; on l'appeloit *le Philosophe.* » (*Chateaubriand*).

« Quelques-uns des ouvrages de mademoiselle Bernard
« ont de la légèreté et de la délicatesse ; *ce poète* peut tenir
« rang parmi les Scudéri et les des Houlières. » (*P. Ruffier*).

> Et l'épée à la main, tout le peuple s'écrie
> En se dressant : « Mourons pour *notre roi* Marie-
> Thérèse, et pour son fils.
> <div align="right">(<i>Léon Guérin</i>).</div>

> Un fanatisme aimable à leur âme enivrée
> Disoit : La Femme est *Dieu*, puisqu'elle est adorée. »
> <div align="right">(<i>Legouvé</i>).</div>

Avant d'essayer de rendre raison de cette masculinité qui paroît inexacte, qu'il nous soit permis d'expliquer quelques exemples bien connus, où le genre
féminin a été employé, et dont on s'est toujours servi
pour accuser d'erreur ou d'arbitraire la masculinité
précédente.

> Vais-je épouser ici quelque *apprentie auteur ?*
> <div align="right">(<i>Boileau</i>).</div>

« A Paris le riche sait tout, il n'y a d'ignorant que le
« pauvre. Cette capitale est pleine d'amateurs et surtout
« d'*amatrices* qui font leurs ouvrages, comme monsieur
« Guillaume faisoit ses couleurs. » (*J.-J. Rousseau*).

« J'aime mieux m'abstenir de caresser les enfants que de
« leur donner de la gêne ou du dégoût. Ce motif, qui n'agit
« que sur les âmes vraiment aimantes, est nul pour tous nos
« docteurs et *doctoresses*. » (*Id*).

> De lui sourire au retour ne fit faute,
> Ce fut *la peintre*. On se remit en train.
> <div align="right">(<i>La Fontaine</i>).</div>

> A votre fille aînée
> On voit quelques dégoûts pour les nœuds d'hyménée :
> C'est *une philosophe*.
> <div align="right">(<i>Molière</i>).</div>

Dans ces exemples souvent cités, le féminin est à sa
place ; l'ironie explique tout. Le but des auteurs est

d'exprimer un ridicule : or, la masculinité, comme
nous l'avons vu jusqu'ici, annonce toujours une idée
grande et noble ; elle eût été déplacée ici sous la
plume satirique de nos grands écrivains. Le féminin
est donc vénu là, parce que le masculin n'y pouvoit
être. Les exemples d'expressions féminines, dans l'ironie, sont très-nombreux. En effet, veut-on peindre
d'un seul trait un guerrier qui manque de courage,
on l'appelle ironiquement *une femme !* Cette ironie
est de la dernière injustice, il est vrai ! mais enfin elle
explique les peuples qui s'en servent et les langues
qui l'emploient. En France, l'ironie est féminine. On
connoît ces formules qui désignent les élèves paresseux :
buse, rosse, sotte espèce, etc. Un homme n'est-il
plus à la hauteur de l'époque? on l'appelle *ganache,
perruque,* etc. Une maison est-elle en mauvais état? on
dit que c'est *une baraque, une cambuse, une souri-
cière,* etc. Voit-on une figure peu agréable? on s'écrie :
quelle face ! quelle frimousse ! etc. Enfin le féminin ne
domine-t-il pas encore dans toutes ces expressions
ironiques : *canaille, crapule, rapsodie, frappouille,
populace, soldatesque, ribaudaille,* etc. Il y a bien
de la différence entre ces deux expressions, *La misère
en lambeaux, la misère en guenilles :* la première
est du style noble, la seconde est l'ironie toute pure.
On a reproché à La Fontaine d'avoir employé le
mot *dupe* au masculin : c'étoit une faute réelle ; le féminin étoit nécessaire. Le masculin est vicieux là,
comme dans cette phrase d'une petite fille : *mon grand
frère est un bête.* En France, nous le répétons, l'ironie est féminine, parce que le masculin est toujours

noble dans son emploi. Du reste l'ancienne grammaire
avoit admis cette vérité, en lui donnant cette forme si
connue : *Le masculin est plus noble que le féminin.*

Maintenant revenons à la masculinité, dont l'emploi est presque un scandale aux yeux de notre école
grammairienne. La solution de cette difficulté de notre
langue se trouve, comme on le présume déjà, dans
nos mœurs, dans nos lois; car tout est là.

S'il est une contrée sur la terre, où la femme jouisse
de toutes les glorieuses prérogatives de la beauté et
de la vertu, c'est bien dans notre belle patrie,

> Où d'un peuple poli les femmes adorées
> Reçoivent cet encens que l'on doit à leurs yeux;
> Compagnes d'un époux et reines en tous lieux.   (*Zaïre.*)

Mais, dans cette France si polie, on a toujours
fléchi le genou devant l'idole tyrannique de l'orgueil
masculin! Fidèle à son origine germanique, le Frank
considéré soit dans l'état barbare, soit dans l'état civilisé, a toujours eu pour la femme le plus grand respect; ses lois, ses coutumes, son histoire, en sont
autant de preuves vivantes. Cependant, malgré cette
admiration, le Frank ne descendit jamais jusqu'à la
femme; dans ses mœurs, c'eût été s'humilier. D'ailleurs
il croyoit beaucoup plus honorer la femme, en l'élevant
jusqu'à lui. Cette sorte de servage a passé dans nos lois.
L'émancipation de la femme est un fait bien éloigné
d'être accompli; l'on sait comment notre législation
écrase la femme, tandis qu'elle respecte l'homme, comme un être bien supérieur. Cette intéressante opprimée,
qui jouit d'un pouvoir absolu au foyer domestique,

est réduite à la dernière impuissance, dès qu'elle sort
des limites si étroites de la famille ! Est-elle épouse ? la
loi tyrannique l'enchaîne à la volonté absolue de son
époux ? Est-elle veuve ? la loi infamante va jusqu'à se
défier de sa tendresse maternelle : un subrogé-tuteur est
nommé pour défendre des enfants contre le cœur d'une
mère ! Si au contraire elle est fille et noble tout à la
la fois, qu'arrive-t-il si l'époux, qui se présente, ne sort
pas des rangs de la noblesse ? En vain cette femme a
reçu de ses pères, avec une fortune immense, la noblesse
la plus illustre, elle ne peut déposer aux pieds de son
époux que ses trésors. L'époux en roture consent bien
à élever jusqu'à lui l'opulence de sa noble dame, mais
il refuse hautement d'accepter la noblesse dont elle est
revêtue ; il fait plus, il l'en dépouille. Pourquoi ? parce-
que si la Femme pouvoit conférer à l'homme sa noblesse,
ou la conserver pour elle-même, quand il la refuse,
elle auroit un pouvoir que le François lui a toujours
refusé. En France, l'homme, comme un fier conqué-
rant, s'est emparé de tout par la force : il a tout pouvoir en main. Il consent bien à accepter la femme pour
sa compagne, mais il ne veut pas qu'elle ait une puissance indépendante de la sienne. Maître absolu, il
exige que les lois, le pouvoir, *les titres* surtout, soient
sa propriété, et n'émanent que de lui seul ; en un mot
le François ne veut pas *relever* d'une femme. Mais
généreux autant que poli, il est heureux de partager
sa puissance et sa gloire avec cette compagne de sa vie.
Ainsi en France, un Roi peut abaisser ses regards sur
une de ses sujettes, l'élever jusqu'à son trône, et lui
faire partager les honneurs du pouvoir suprême. Cette

vérité a été admirablement traduite par Racine, dans
ce touchant récit, où madame de Maintenon, sous les
traits d'Esther, raconte tout ce qu'a fait pour elle Louis
XIV, qu'elle nomme Assuérus :

> Enfin on m'annonça l'ordre d'Assuérus.
> Devant ce fier monarque, Élise, je parus.
> Dieu tient le cœur des rois entre ses mains puissantes;
> Il fait que tout prospère aux âmes innocentes,
> Tandis qu'en ses projets l'orgueilleux est trompé.
> De mes foibles attraits le roi parut frappé.
> Il m'observa long-temps dans un morne silence;
> Et le ciel, qui, pour moi fit pencher la balance,
> Dans ce temps là sans doute agissoit sur son cœur.
> Enfin avec des yeux où régnoit la douceur :
> « Soyez reine, » dit-il; et dès ce moment même
> De sa main sur mon front posa le diadème.
> Pour mieux faire éclater sa joie et son amour,
> Il combla de présents tous les grands de sa cour,
> Et même ses bienfaits, dans toutes ses provinces,
> Invitèrent le peuple aux noces de leurs princes.

Mais cette puissance n'est que d'emprunt. Si la mort
vient à frapper de ses coups cet Époux-roi, la Reine
veuve, fut-elle du sang le plus illustre ou de la condition la plus humble, est obligée de descendre de ce
trône qu'elle étoit admise à partager. *Le roi est
mort.... vive le Roi!* Telle est la loi exprimée par
toute la nation. « Et la veuve de François II, l'infor-
« tunée Marie-Stuart s'en retournoit dans une terre
« demi-sauvage, le cœur plein de l'image du jeune
« époux qu'elle avoit perdu ; elle portoit le deuil en
« blanc, chantoit des élégies, qu'elle composoit elle-
« même, en s'accompagnant du luth :

> Si je suis en repos
> Sommeillant sur ma couche,
> J'oy qu'il me tient propos,

Je le sens qui me touche.
En labeur, en reçoy,
Toujours est près de moy. (*Études historiques.*)

« La terre de France restoit visible au lever de l'au-
« rore. Marie, inspirée par la douleur laissa échapper
« ces adieux touchants au pays qu'elle ne doit plus
« revoir :

Adieu, plaisant pays de France !
O ma patrie
La plus chérie,
Qui as nourri ma jeune enfance !
Adieu, France, adieu nos beaux jours !
La nef, qui disjoint nos amours,
N'a cy de moy que la moitié :
Une part te reste, elle est tienne :
Je la fie à ton amitié,
Pour que de l'autre il te souvienne.

« Elle contemple l'horizon de France qui se pare des plus
« riantes couleurs. Puis retournant soudain la tête, elle re-
« marque avec inquiétude que l'horizon opposé est encore
« dans l'ombre, et que des nuages d'un gris sombre s'amon-
« cellent du côté de l'Écosse. »   (*Narrations françoises*).

Grammairiens ! O trop froids grammairens ! c'est
dans ces touchants épisodes de notre histoire qu'il faut
aller retrouver l'expression fidèle de nos mœurs natio-
nales ! Le François est là tel que la nature l'a fait !
Abusant de sa force, il a tout saisi, tout envahi dans
l'état ! Lois, mœurs, pouvoir, tout est son domaine.
Il n'a laissé à la Femme que l'empire absolu de ses vertus au foyer domestique. Là, elle peut porter les titres
de reine, d'impératrice, de princesse : l'homme est
heureux de pouvoir orner sa compagne de ces titres
glorieux, parce qu'ils sont un signe de sa puissance,

parce qu'ils émanent uniquement de lui, et surtout
qu'ils cessent avec lui. En France, dès que le Roi n'est
plus, la Reine disparoît.

Mais il est une puissance qui est à l'abri du despotisme de l'homme ! puissance qui émane des cieux, et
que rien ne peut abattre ! puissance, qui grandit dans le
malheur, qui devient colossale et forte contre tout,
sous l'oppression ! C'est le génie, souvent redoutable,
quand il tombe aux mains d'une femme ! On n'a
pas encore oublié le long duel entre Bonaparte et
madame de Staël ; on croit voir encore le vainqueur
de l'Europe pâlir, quand l'auteur de Corinne le pei-
gnoit mettant le pied sur le cou des rois, et faisant dire
aux rois, sous les vestibules de son palais :

Qu'ils se font trop attendre et qu'Attila s'ennuie.

Le génie dans une femme est d'autant plus puissant,
qu'elle peut joindre à la force d'un géant toutes les
grâces d'un ange.

Toutefois, en France, *être femme* et *avoir du génie*,
semblent aussi impossibles qu'*être femme* et *monter
sur le trône*. Le génie est regardé comme une royauté
dont le noble diadême ne doit ceindre que le front
d'un homme. On voit par là que la loi salique a passé
dans les mœurs, et que la croyance est en harmonie
avec la loi. Aussi paroît-il une de ces femmes richement
dotée par la nature, et joignant à la grandeur du génie
la noblesse du caractère? le François ne voit plus en
elle une femme, ce n'est point dans ses mœurs. Il ne
peut, il est vrai, lui refuser le génie, cette puissance
descendue des cieux, qu'aucune force humaine ne
peut atteindre ; mais la loi salique sera-t-elle violée? la

croyance en l'unique pouvoir de l'homme sera-t-elle anéantie ? non : la Femme-génie régnera comme une Femme-roi ! elle dominera indépendante de l'homme, puisqu'elle ne relève que de Dieu ! mais elle deviendra un *être masculin!* Le François lui dira, comme Henri IV à Élisabeth :

Dans ce sexe, après tout, vous n'êtes point comprise.
Et l'Europe vous compte au rang des plus grands hommes.

Telle est l'influence de la loi salique dans notre langue.

Il n'est plus nécessaire de venir expliquer maintenant ces expressions tout-à-fait françoises : *Hypathia le philosophe, Marie-Thérèse, notre roi, la Femme est Dieu, etc.;* elles se traduisent d'elles-mêmes. Mais on doit remarquer que ces expressions n'existent point chez les autres nations; cette masculinité, traduction fidèle d'une loi, est unique ; elle n'existe que dans notre langue. Il ne faut donc plus la regarder comme une forme absurde, comme un abus de l'usage, mais bien comme l'expression de nos mœurs.

Ce n'est pas ici le lieu de se demander quelles grandes causes, quels grands intérêts ont pu commander aux François Iᵉʳ, aux Henri IV, aux Louis XIV, d'abandonner la femme écrasée sous le despotisme humiliant de la loi salique ! ce n'est pas le moment de juger si cette loi n'enlève point à la femme toute son énergie, en rendant propriété de l'homme ces dons qu'une nature bienfaisante et juste prodigue souvent à pleines mains à une foible femme, qui reste inconnue ! Toutefois, notre France admira-t-elle jamais ses Sémiramis, ses Zénobie, ses Christine, ses Marguerite, ses Élisabeth, ses Catherine II, ses Marie-Thérèse ? Nous

n'osons prononcer le nom de l'infortunée Jeanne-d'Arc,
qui eut à peine le temps de mettre la main sur son épée
et sur son époque, avant de monter au bûcher ! Nous
n'avons qu'une héroïne, et elle fut *le martyr* de la valeur :

> Ici, d'un siècle entier les Preux sont éclipsés;
> Charles pleuroit en vain ses débris dispersés.
> Soudain Jeanne se lève et court sauver la France;
> Et belle de valeur et belle d'innocence,
> Prouve à l'anglois, tremblant sous son bras indompté,
> Que la victoire est femme et sœur de la beauté. (*Chants du siècle.*)

Mais on peut se demander si la France, en couron-
nant un jour une Corinne, victorieuse d'un Pindare, une
Sapho, qui eût des temples, une Hypathia, touchante
victime de la science et de la beauté ; si la France, en
ceignant leurs fronts du laurier qui ne meurt point,
les ornera *d'un titre* à elles, indépendant du déspo-
tisme masculin? L'avenir, il est vrai, est là avec tous
ses impénétrables mystères ! D'autres temps, d'autres
mœurs; c'est encore vrai! Mais on peut assurer que
tant que la loi salique sera debout, la masculinité qui
l'exprime, subsistera comme un fait nécessaire: leur
chute, si jamais elle arrive, aura lieu à la même heure.

Nous terminerons ces harmonies du genre avec le
cœur de l'homme, par quelques réflexions sur les langues scientifiques.

Les savants pour la plupart, ayant toujours éloigné
de leur esprit la main de Dieu, comme un voile obscur,
avoient déclaré dans leur sagesse, qu'aux temps primitifs, l'homme jeté nu sur la terre nue, par les mains
indifférentes de l'aveugle hasard, s'étoit créé jadis, *à sa
guise*, le langage qu'il parle, et qu'il l'avoit ensuite

transmis, avec toutes ses misères, en héritage à sa famille infortunée. O savants ! si l'on vous eût demandé
d'après quelles admirables lois, et à quelle époque
fixe, cette sublime création avoit eu lieu, qu'eussiez-
vous répondu? Vous eussiez sans doute répété, avec
Condorcet : « On ignore le nom et la patrie des hommes
« de génie, des bienfaiteurs de l'humanité qui ont fait
« des découvertes si merveilleuses. » Toutefois cette
prétendue création humaine resta pour vous comme
prouvée, et vous l'accusâtes de bien des erreurs. Entre
autres choses, vous disiez : « Si la différence du genre
« n'est point une absurdité, c'est du moins une diffi-
« culté très-inutile, et dont on se seroit bien passé
« surtout dans notre langue ! Et de plus, que n'existe-
« t-il une *langue universelle*, qui exprime les besoins
« de l'homme dans tous les coins du globe ? »

En effet, une langue universelle étoit le rêve de nos
sages ! Pour cela, il falloit écraser l'antique langue de
France, comme on vouloit alors écraser son antique religion sous les débris de son antique monarchie. Tant il est
vrai que tout s'enchaîne dans un peuple, tout, jusqu'aux
crimes, jusqu'aux révolutions ! Une partie de la langue est-
elle menacée? c'est qu'une partie de la nation souffre.
Une forme du langage est-elle altérée ? c'est qu'une vérité
nationale se détruit. Une expression tombe-t-elle en
désuétude ? c'est qu'une époque de la vie du peuple est
finie. Harmonie divine, qu'on auroit au moins dû res-
pecter ! Mais non ! « Entêtés de leurs calculs, tous ces
« géomètres-manœuvres, qui ont un mépris ridicule pour
« les arts d'imagination ; qui sourient de pitié, quand
« on leur parle de Littérature, de Morale, de Religion ;

9

« qui connoissent, disent-ils, la nature », tous ces insensés avoient juré dans leur cœur la chute violente et
simultanée de la langue de nos pères ! En supposant
que cette chute fût au pouvoir de l'homme, ne seroit-
ce pas le moment de nous écrier avec Ch. Nodier :
« Détruire *notre vieille langue*, dites-vous? Et de quel
« droit détruiroit-on une langue que Dieu a inspirée
« comme toutes les langues? et de quel moyen se ser-
« viroit-on pour y parvenir? sait-on seulement ce que
« c'est qu'une langue, quelles profondes racines elle a
« dans le génie d'un peuple, et quelles touchantes har-
« monies elle a dans ses sentiments ! sait-on qu'une lan-
« gue c'est un peuple, et quelque chose de plus qu'un
« peuple, c'est-à-dire son intelligence et son âme?
« une langue ! le sceau que Dieu lui-même a imprimé
« à l'espèce pour la tirer de l'ordre des brutes, et l'éle-
« ver presque jusqu'à lui, vous penseriez à l'effacer !
« Que d'extravagance et de misère ! Quand on est
« parvenu à de pareilles théories, il faut avoir au moins
« l'affreux courage d'en adopter les conséquences ! *Il*
« *faut anéantir les villages avec le feu ; il faut ex-*
« *terminer les habitants avec le fer ; il faut se tenir*
« *en armes au bord du fleuve !* » Grand Dieu ! n'est-
ce pas là notre histoire à la fin du dernier siècle? n'est-
ce pas là le récit de nos malheurs? c'est bien le tableau
de notre infortunée patrie, baignée dans le sang de ses
enfants ! Catastrophe épouvantable, que notre langue
auroit pu prédire, par la ruine totale dont elle étoit
menacée ! Grammairiens, songez-y ! Quand vous verrez une langue attaquée dans ses formes, et mise en
lambeaux, attendez-vous à voir le peuple, qui la parle,

attaqué dans ses droits, et blessé au cœur. Le dernier
cri d'une langue qu'on étouffe, c'est la voix d'un peuple
à l'agonie.

Mais poursuivons les détails du rêve de nos sages :

Environné de tous les trésors de la science, entouré
de l'admiration de tous les hommes, mais guidé par
une idée fausse, Leibnitz, cet immortel génie, avoit
annoncé au monde savant *une langue universelle*.
Certes, l'entreprise étoit grande, pour ne pas dire
impossible ; cependant l'ouvrier-géant, qui s'avançoit,
avoit la taille voulue : sa force faisoit époque ; c'étoit
l'athlète le plus robuste des temps modernes ; la
science l'appeloit son fils aîné ; la philosophie le couronnoit son chef ; tout le monde savant le suivoit avec
enthousiasme. Enfin, il est arrivé cet âge d'or, s'écrioient
les philosophes, où tous les peuples de l'univers, qui
respirent le même air et voient le même soleil, parle-
ront la même langue ! honneur à la philosophie ! elle
va abaisser tous les obstacles, aplanir toutes les difficultés ! A sa voix philantropique, toutes les nations de
la terre vont s'entendre et se réunir en une immense
famille !

O ! enfants des hommes, que dites-vous donc ? quoi !
ces langues si nombreuses, ces langages si variés, ces
idiomes si divers, ces dialectes si différents, qui paroissent, se forment, se modifient et se perdent avec
les peuples dans l'océan des âges, porteroient-ils dans
votre âme la terreur et l'effroi ? vous feroient-ils l'effet
de vagues diluviennes, qui, s'élevant furieuses, mena-
cent de submerger dans leurs flots votre raison épou-
vantée ! Faut-il donc une langue pour refuge à votre

raison en péril, comme il fallut une tour pour asile à
là terreur des petits-fils de Noé? et cette langue sera
universelle, dites-vous? elle sera donc immortelle
aussi?.... O homme! tu meurs demain, et tu veux
léguer l'immortalité à ton ouvrage! tu vis une heure,
et tu prétends donner à tes œuvres l'éternité pour
durée!..... Mais regarde, tes espérances sont vaines!
le monde entier est déçu! La mort, qu'on ne consulte
jamais, a tout fait disparoître d'un souffle! elle a passé
à son heure, et tout est devenu silencieux et morne,
comme une plaine déserte! Leibnitz est dans la tombe;
son génie a failli; en vain il avoit frappé la terre, la
terre fut sourde : les langues, pas plus que les armées,
ne sortent du sol que l'on frappe. Leibnitz a été
vaincu, comme Pompée; sa promesse avoit passé sa
puissance! Les entrailles de l'homme sont trop étroites,
sa vie est trop courte pour suffire aux longues douleurs
de l'enfantement d'une langue.

Cependant, pour le bien de plusieurs et pour l'ins-
truction de tous, essayons de lever un coin du voile
que le temps a déjà abaissé sur les traces de cette
langue de création humaine : demandons à la Renom-
mée ce qu'elle en a retenu; recherchons les essais du
génie éclipsé par l'ombre de la mort; enfin tâchons
de rassembler les fragments épars, de ressaisir les
pensées perdues, les conceptions impuissantes de cette
gigantesque entreprise.

Dans cette langue universelle, la vie étoit exprimée,
dit-on, par une progression géométrique; la suite infinie des termes négatifs figuroit le passé, ce négatif
Infini, qui n'est plus en notre pouvoir; l'unité, dont

le logarithme est zéro, exprimoit le Présent, dont
nous abusons toujours; et la suite infinie des termes
positifs représentoit le Futur, cet Infini positif, qui
s'offre tout entier à notre imagination et souvent l'épouvante. Une pensée eût été mise en équation, et, après
les permutations, les transpositions, les simplifications,
les réductions, les éliminations et les extractions
d'usage, on auroit eu la pensée réduite à sa plus
simple expression. Une formule auroit donné la valeur
d'un sentiment, d'une affection, comme elle donne
la valeur d'une tangente, d'un sinus. « Il me paroît
« absurde, disoit Voltaire, en parlant de ces philo-
« sophes, de faire dépendre l'existence de Dieu, d'a
« plus b divisé par z. Où en seroit le genre humain,
« s'il falloit étudier la dynamique et l'astronomie pour
« connoître l'Être-Suprême !.... il ne faut que des
« yeux et point d'Algèbre pour voir le jour. » —
« Les Encyclopédistes, disoit encore Frédéric II, sont
« une secte de soit-disant philosophes formée de nos
« jours; ils se croient supérieurs à tout ce que l'an-
« tiquité a produit en ce genre. A l'effronterie des
« Cyniques, ils joignent la noble impudence de dé-
« biter tous les paradoxes qui leur tombent dans l'es-
« prit; ils se targuent de géométrie, et soutiennent
« que ceux, qui n'ont pas étudié cette science, ont
« l'esprit faux; que par conséquent, ils ont seuls le
« don de bien raisonner. Leurs discours les plus com-
« muns sont farcis de termes scientifiques. Si on leur
« propose une promenade, c'est le problème d'une
« courbe à résoudre. S'ils ont la colique néphrétique,
« ils s'en guérissent par les règles de l'hydrostatique.

« Si une puce les a mordus, ce sont des infiniment
« petits du premier ordre qui les incommodent ; s'ils
« font une chute, c'est pour avoir perdu le centre de
« gravité...... Les poésies sont des frivolités dont il
« faut exclure les fables ; un poète ne doit rimer avec
« énergie que les équations algébriques. » Malgré ces
critiques, nos philosophes tinrent toujours le même
langage. Les passions, disoient-ils, se fortifient en
raison directe du quarré des temps, et les vertus en
raison inverse du quarré de distances. L'attraction figure
l'amitié, et la répulsion la haine. La force centri-
fuge exprime la séparation et le départ, la force cen-
tripète exprime la réunion et le retour. Un binôme
représente l'hymen, le polynome la famille ; le coeffi-
cient et l'exposant donnent le nombre des enfants et des
petits enfants. L'aïeul et le petit-fils, qui ne peuvent se
rencontrer que dans l'éternité, sont figurés par deux
lignes parallèles qui se touchent à l'infini. Une quantité
négative doit exprimer le bonheur, cette vaine chimère ;
la douleur doit être une quantité positive : le sommeil
comme la joie, est égal à zéro. La tendresse, l'amitié,
la douceur, la générosité, la bienfaisance et autres
choses semblables s'élèvent au quarré, au cube, suivant le degré ou la puissance de tension des nerfs,
ces récipients homogènes, ces leviers actifs, ces puissants véhicules de l'âme, cet autre être problématique,
dont la position, si pourtant il en est une, pourra être
un jour déterminée enfin par un système exact de
coordonnées et d'abcisses...... Quel langage affreux !
O Racine ! O Chateaubriand ! que vos chants divins,
que vos sublimes accords, heureux dons des cieux, viennent charmer nos oreilles flétries, et ranimer notre âme

abattue ! Qu'un voile bien épais s'abaisse à jamais sur les traces dégoûtantes de cette langue de création humaine ! Que tout souvenir de cette langue s'éloigne comme souvenir d'un songe sinistre ! O savants ! qu'aviez-vous donc tenté-là ? n'en fûtes-vous pas vous-mêmes épouvantés ! Sachez qu'il est aussi impossible de voir une langue sans une longue origine, que de voir une société sans racines, un peuple sans aïeux.

Ainsi l'homme avoit erré en se croyant capable de céer une langue. Il dut être bien détrompé ! Les peuples seuls ont le droit de se donner une langue ; c'est une puissance qui leur vient de Dieu. Un seul homme ne peut usurper cette puissance colossale, car elle l'écraseroit de sa masse. Cette forte voix d'un peuple briseroit ses foibles poumons, comme le soleil obscurcit sa vue, quand elle ose se fixer sur cet astre éblouissant.

Encore aujourd'hui, l'homme est le jouet d'une grave erreur. De même qu'il s'est cru l'inventeur de la parole, de même il se croit l'inventeur de la lettre, c'est-à-dire de la parole fixée par l'écriture. « Un « puissant génie, dit Ch. Nodier, se trouva, le plus « hardi et le plus prodigieux, sans aucune espèce de « comparaison, qui ait jamais influé sur les destinées « futures de l'humanité, et il inventa la lettre. La « lettre enfanta la diffusion des langues et celle des « sociétés, la guerre et le despotisme. L'âge d'or étoit « fini, et l'homme sortoit pour la seconde fois du para- « dis terrestre. Je ne rechercherai pas si les lettres furent « inventées par Adam ou par Seth, par Mercure, par « Prométhée ou par Memnon, etc. » Mais quoi, cette croyance en l'origine humaine de la lettre aboutit au doute le plus complet ! L'auteur en est inconnu ! Quoi ! encore des ténèbres sur le fait le plus extraordinaire, sur l'invention la plus sublime ! Il faut donc s'écrier de nouveau avec Condorcet : « On ignore le nom et la « patrie des hommes de génie, des bienfaiteurs de « l'humanité qui ont fait des découvertes si merveil- « leuses. » Mais comment supposer que des générations qui ont conservé le souvenir des inventeurs des premiers arts, ait oublié l'auteur du plus grand des bienfaits ? Rien que cet oubli absolu doit à lui seul faire révoquer en doute l'origine humaine de la lettre : cet oubli de la part de tant de générations est impossible, car il seroit le comble de l'ingratitude. A-t-on jamais fait un crime aux peuples d'avoir oublié le nom et la patrie de l'inventeur de *la liberté* ? Jamais. La liberté est l'œuvre de Dieu. Mais demandez-leur qui a inventé l'esclavage, ils vous répondront peut-être.

Oui ! c'est une erreur que d'attribuer à l'homme l'invention de la lettre, quand ce même homme n'a pu et ne pourra jamais former un simple alphabet. Qui ne connoît, pour cela, les travaux des Volney, des Leibnitz ! tous leurs efforts ont été vains ; l'alphabet rationel n'existe pas et n'existera jamais. L'auteur, cité plus haut, l'avoue : « La lettre, dit-il, est la plus « sublime des inventions et l'alphabet la plus sotte « des turpitudes. » Oui, sans doute : car la lettre vient de Dieu, et l'alphabet vient de l'homme : à l'œuvre on reconnoît l'artisan. Celui qui a fixé la parole par l'écriture, est celui-là même qui a dit « *Fiat lux : que* « *la lumière soit.* » Chercher ailleurs l'origine de la lettre, c'est s'enfoncer dans des discussions qui n'aboutissent qu'aux plus grandes incertitudes, appuyées sur les plus vagues hypothèses. Philosophes de toutes les époques, rendez donc à Dieu ce qui est à Dieu, et à l'homme ce qui est à l'homme : laissez à Dieu sa puissance, et à l'homme sa foiblesse. Dites-vous à vous-mêmes ces paroles de Duclos : « *L'Écriture est née tout-à-* « *coup et comme la lumière.* » Voilà la vérité pure et simple ! C'est sur les sommets d'un Sinaï qu'il faut aller chercher la source de toutes les grandes verités de l'humanité : c'est dans une nue mystérieuse, qu'il faut découvrir l'origine de la parole et de l'écriture : toutes deux, elles sont l'œuvre et le don de Dieu.

Convaincus, par le fait même, de leur impuissance dans la création d'une langue nouvelle, les savants se crurent du moins assez forts pour modifier à leur guise la langue vivante, comme on modifie un vêtement qui n'est plus de mode. Dans cette modification factice, leur erreur fut de ne consulter ni les mœurs, ni les lois de la nation, ni le génie de la langue. Pour nous renfermer dans les étroites limites de la question du Genre, montrons combien les savants ont erré, seulement pour avoir interverti arbitrairement les lois du Genre des Noms, dans toutes leurs nomenclatures scientifiques.

Une chose remarquable dans les nomenclatures c'est que le masculin y domine d'une manière bien sensible. On peut concevoir, il est vrai, que toujours fidèle au penchant découvert dans son cœur, l'homme peut aller jusqu'à déterminer le genre des noms de sciences, suivant le degré de *force* qu'il suppose devoir

être employé pour acquérir ces sciences elles-mêmes.
Il peut donc se faire que ce soit une jouissance réelle
pour le savant d'être entouré de termes masculins en
Algèbre, en Géométrie, en Chimie, etc. Peut-être
encore le savant, par cet emploi fréquent du masculin,
exprime-t-il, sans le savoir, une harmonie bien remarquable. En effet, le sexe féminin s'occupe rarement de sciences abstraites, à quoi bon alors les termes
féminins dans les sciences? Car la langue qui exprime
tout, ne doit-elle pas exprimer aussi l'absence de la
femme dans les sciences? Or, cette absence ne seroit-
elle pas fidèlement traduite par l'absence de la féminité dans les termes scientifiques? Nous pourrions cependant objecter à cette hypothèse qu'il ne faut pas
que cette absence de la féminité des termes aille jusqu'au ridicule. Or bien souvent la terminaison, l'analogie, une règle générale, quelquefois même l'usage
établi déjà depuis bien long-temps se réunissent pour
donner le genre féminin à un nom de sciences, les
savants s'y opposent et rien ne peut contre leur volonté
arbitraire. Ainsi *scolie*[1], qui signifie *remarque*, est
toujours féminin en grammaire; mais en géométrie, il
est entièrement masculin. *Espace* et *interligne* tous
deux féminins chez le simple imprimeur, deviennent
de droit et de fait masculins chez l'illustre savant. *Automne*, féminin dans la foule du peuple, s'empresse
de redevenir masculin chez le solitaire astronome.
Bronze étoit jadis féminin, les savants l'ont forcé d'être
masculin contrairement à l'usage. *Pendule* marque
l'heure au féminin chez l'horloger, tandis qu'il bat les

[1] Quelques dictionnaires ont fait disparoître cette différence.

secondes au masculin chez le physicien; n'est-ce pas là
de l'arbitraire à plaisir? Pourquoi *Mode* est-il féminin
en sortant d'un riant magasin de nouveautés, tandis
qu'il est masculin en rentrant à la sombre Sorbonne?
Pourquoi *Moufle* toujours féminin quand il désigne
une sorte de fourrure, a-t-il été masculinisé par
quelques-uns de nos savants, qui l'ont appliqué à un
système de poulies? Pourquoi d'autres savants ont-ils
négligé le masculin, pour lui laisser le genre féminin
qu'il avoit dans l'origine? Pourquoi cette incertitude?
Enfin tous les grammairiens et tous les dictionnaires
avoient toujours regardé comme féminin le nom *Losange*. Pourquoi donc, sans égard pour toutes ces
autorités bien compétentes, les géomètres ont-ils fait
ce nom masculin? mais où est donc le droit? où est
donc l'arbitraire?

La langue françoise avoit toujours regardé comme
féminins tous ces noms: *décime, quadragésime, sexa-
gésime, etc.*, comme le prouve ce passage de Brantôme :

« Charles IX avoit exigé de *grandes décimes* de l'Église. »

Quand les savants vinrent à établir le système métrique, ils détruisirent cette loi observée par notre langue; ils soumirent tous leurs termes au genre masculin :

« Le *décime* est le *dixième* d'un franc. »

Il ne seroit peut-être pas inutile d'indiquer ici une
harmonie remarquable, par laquelle il sembleroit que
l'expression d'un fait est contraire à la langue, quand
ce même fait est contraire à la nature. Nous venons de
voir que la nomenclature décimale embarrasse le génie
de notre langue. Nous allons voir maintenant que le

fameux système métrique, dont elle est l'expression, n'a pas pour base la nature : « Le calcul décimal peut « convenir à un peuple mercantile; mais il n'est ni « beau, ni commode dans les autres rapports de la « vie, et dans les équations célestes. La nature l'em- « ploie rarement : il gêne l'année et le cours du soleil; « et la loi de la pesanteur ou de la gravitation, peut- « être l'unique loi de l'univers, s'accomplit par le « *carré*, et non par le *quintuple* des distances.... On « sait maintenant, par expérience, que le *cinq* est un « jour trop près, et le *dix* un jour trop loin pour « le repos. La Terreur, qui pouvoit tout en France, « n'a jamais pu forcer le paysan à remplir la décade, « parce qu'il y a impuissance dans les forces humaines, « et même, comme on l'a remarqué, dans les forces « des animaux. Le bœuf ne peut labourer neuf jours « de suite : au bout du sixième, ses mugissements « semblent demander les heures marquées par le Créa- « teur pour le repos général de la nature [1]. »

Cette harmonie de laquelle il résulteroit qu'une expression ne blesse la langue, que lorsqu'elle repré- sente un fait contraire à la nature, seroit tout-à-fait remarquable. Mais poursuivons.

Aphélie, périhélie, apogée, périgée, colure, axe, hémisphère, planisphère, etc., sont évidemment mas- culins, contre toute analogie, puisque, *anomalie, parélie, aranée, épure, parallaxe, sphère, atmos- phère, etc.*, sont régulièrement féminins.

Dans son traité des minéraux, Buffon avoit dit :

« *La manganèse* paroît souvent *cristalisée* dans sa mine.

« *La molybdème* est une concrétion talqueuse.

[1] Génie du Christianisme.

« *La pyrite* est un minéral, etc., *les stalactites transpa-*
« *rentes*, *la zéolite*, *etc.* »

Buffon avoit dit surtout au féminin :

« Il n'y a pas un demi-siècle que *la Platine* est *connue* en
« Europe. »

S'appuyant de ces exemples nombreux du genre
féminin donnés par un écrivain si célèbre, quelques
grammairiens voulurent regarder comme féminins plusieurs termes de chimie, de minéralogie, etc., tels
que, *chlore*, *chlorure*, *sulfate*, *carbonate*, *carbone*,
séléniures, *fluate*, *nitrite*, *nitrate*, *etc.* Mais ce fut
bien en vain ! Les savants s'abandonnant tout entiers
à leur penchant pour le masculin, tombèrent dans les
abus les plus étranges. Ils masculinisèrent d'abord tout
ce qu'on leur proposoit de féminiser ; puis ils firent plus :
oubliant tout ce qu'ils devoient de respect à la langue et
aux savants écrivains qui les avoient précédés, ils allè-
rent jusqu'à réformer ce qu'ils appeloient des erreurs,
c'est-à-dire le genre des noms employés avant eux.
Buffon avoit dit : *la manganèse*, *la molybdène*, *la
platine*, *etc.*, les savants sont arrivés, corrigeant Buffon
et disant : *le manganèse*, *le molybdène*, *le platine*,
etc. Pour éviter un pareil scandale, quelques grammairiens, entre autres Boiste, avoient proposé d'appeler ce dernier métal *Platin*, et les règles de la langue n'auroient pas été violées : mais non ! le mot *platine*
a été choisi, et quoique féminin dès l'origine, quoique
employé comme tel par Buffon, il a été arbitrairement
masculinisé. Si du moins les savants avoient tout soumis à l'empire du masculin, on auroit applaudi peut-
être à cette règle générale qui eût déterminé le genre

de tous les termes de sciences. Mais que nous sommes
loin de là! Tandis qu'ils ont masculinisé *nitrate*, *alu-*
nite, *pyroxène*, *tellure*, *platine*, *arachnéolithe*,
zoolithe, etc., etc., ils ont laissé au féminin *agate*,
lignite, *galène*, *soudure*, *tourmaline*, *argyrolithe*,
œdélithe; etc., etc. Quel arbitraire! quel abus de pouvoir! Savants, qui vous faites un jeu de fouler ainsi aux
pieds ces grandes lois suivies par les langues, soyez
donc au moins conséquents! Si vous avez foi dans
vos principes, si vous croyez fermement qu'à l'exemple
de Dieu, qui peut changer la voûte céleste comme un
pavillon vieilli, vous pouvez changer, comme un vêtement peu commode, la langue de l'homme, eh bien!
simplifiez! arrangez! faites enfin disparoître le désordre! redescendez jusqu'aux bases de la langue! appro-
chez vos puissants leviers, secouez, bouleversez l'édifice! faites preuve de force! montrez-nous par des
ruines que l'édifice est de main d'homme! Que la différence des genres, cette vieille erreur des temps passés,
soit enfin anéantie, au moins au sein des sciences exactes! Masculinisez toutes vos nomenclatures de chimie,
de physique, de géométrie, d'astronomie! alignez les
rangs, nivelez la langue! qu'à votre voix, chaque mot
s'élève ou s'abaisse au noble genre *du mètre*, *commune*
mesure! Puis, assis sur des ruines, nouveaux Volneys,
vous évoquerez l'ombre de la Palmyre déchue, et l'admirable Uniformité, portant l'Ennui, son fils, dans
ses bras, vous apparoîtra, comme un génie tutélaire!

O vous tous, Grammairiens! protestez hautement
contre ces langues factices, où toutes les lois divines et
humaines du langage ont été violées! Soyez toujours

debout! veillez à la sûreté de la langue, comme le
fidèle magistrat veille à l'inviolabilité des lois! Repoussez
à jamais du sanctuaire de notre langue françoise ces
nomenclatures dont les sciences ont avorté! Extraites
de la froide poussière des langues anciennes, mortes
depuis tant de siècles, elles ne sont qu'une sorte de
cadavres; elles ont conservé l'horrible puissance des
tombeaux, d'où elles sont sorties, car elles tuent tout
ce qu'elles touchent. Si jamais notre belle langue leur
tendoit les bras en signe d'adoption, ces filles cruelles
blesseroient à mort leur mère en l'embrassant.

« Je l'ai déjà fait pressentir, dit Ch. Nodier, et je
« ne sais pourquoi je ne le dirois pas ouvertement. Ce
« qui tue les langues dans leur principe le plus vital,
« c'est cette pléthore de mots dont la science vraie et
« surtout la science fausse les bourrent et les étouffent.
« Une fois qu'un nomenclaturier a mis le nez dans *le*
« *jardin des racines grecques*, n'attendez plus de lui
« un mot françois en françois. Le monstre ne sait pas
« le grec, mais il exigera que vous sachiez le grec pour
« l'entendre. Du françois de votre mère, il n'en est
« plus question. Le latin même est trop vulgaire pour
« son inintelligibilité systématique. Vous aimiez à voir
« une couronne de reines-marguerites s'arrondir dans
« les blonds cheveux de votre petite fille! oh! cela
« étoit charmant. Mais halte-là! cette reine-margue-
« rite, c'est un leucanthème! Et qu'est-ce qu'un leu-
« canthème, s'il vous plaît? Voyez *le jardin des racines*
« *grecques;* c'est une *fleur blanche*. Misérable, qui n'a
« vu qu'une *fleur blanche* dans la reine-marguerite.
« Faites et conservez des langues avec de pareils ou-
« vriers!

« Vous est-il arrivé dans votre enfance de découvrir
« au pied d'un chêne à demi-calciné par le temps, *in*
« *ilice cavâ*, un vigoureux et noble insecte, qui brille
« de tout l'éclat de l'écaille polie, de lier une soie
« légère à une des tarses de sa dernière paires de pattes,
« et de l'abandonner à son essor, avec la certitude
« triomphante de le ramener à vous ? Le pédant la-
« tiniste l'appellera un *lucane*, pour apprendre peut-
« être aux pédants comme lui que ce bel animal habite
« les bois (*lucos*), et il se gardera bien de l'appeler
« un *sylvain*, parce que *sylvain* est trop connu. Le
« pédant helléniste l'appellera un *platycère*, pour
« faire savoir à ceux qui savent le grec que son scarabée
« a de larges cornes. Ne vous inquiétez pas de la ter-
« minologie de ces gens-là. Demandez au premier ber-
« ger, et vous saurez que cet insecte est un *cerf-volant*,
« nom pittoresque, expressif, complet, et françois
« par-dessus toutes choses, qui caractérise l'espèce, et
« ses habitudes, et ses facultés, par une heureuse mé-
« tonymie et par un juste attribut ; la plus juste, peut-
« être, de toutes les métaphores du peuple ! Les fa-
« bricants de méthodes s'en soucient bien !

« Il n'y a que le peuple qui sache nommer les êtres
« créés, parce que c'est à lui qu'il a été donné de
« faire les langues, etc. Le modèle des nomenclatures,
« c'est la nomenclature astronomique, *le chemin de*
« *lait, le chariot, le dragon, l'étoile du berger,*
« etc. Aussi ce sont des bergers qui l'ont faite. »

Les savants ont enrichi cette nomenclature si simple et si belle ; ils y ont placé avec emphase *la ma-*
chine électrique, le laboratoire de chimie, le réticule,

le loch, etc. Que de poésie dans ces additions savantes ! Que l'auteur cité ci-dessus a donc eu bien
raison de dire : « L'homme naturel a le don de faire
« les langues, l'homme de la civilisation n'est capable
« que de les corrompre. » En effet le premier, simple
comme la nature, suit la voie que Dieu a tracée ;
il est sûr de ne pas errer. Ignorant le grand œuvre qu'il
accomplit, il ne cherche point à substituer ses idées
foibles et impuissantes aux desseins de Dieu. Aussi la
langue, qui résulte de ce travail secret et inaperçu, est-
elle pure comme la source d'où elle s'écoule. L'homme
civilisé veut au contraire tout soumettre à son jugement
si étroit, à ses calculs si bornés : il veut substituer
l'homme à Dieu. Alors, sans s'en apercevoir, il décompose, au lieu de composer comme il le croit. C'est le
chimiste qui altère les métaux pour en connoître la
nature : c'est le botaniste qui anéantit l'éclat et le par-
fum de la fleur qu'il étudie ; c'est l'anatomiste qui tue
l'homme et cherche dans sa mort les secrets de sa vie.
Encore le chimiste, le botaniste, l'anatomiste n'aspi-
rent-ils pas à créer ; ils se bornent à connoître pour être
utiles. Mais en fait de langues, connoissez, et ne cherchez pas à créer, c'est l'impossible.

Jusqu'ici nous n'avons envisagé que le côté gram-
matical des nomenclatures, oserons-nous maintenant
jeter un regard sur leur côté moral ? Oserons-nous
bien sonder toute la profondeur de la plaie qu'elles
peuvent laisser dans la société ? Car enfin, Buffon l'a
dit : « *Le style c'est l'homme !* » Jugé d'après cette
grande règle, qu'il avoit posée lui-même, Buffon fut
trouvé avoir plus d'éloquence que de sensibilité. La

10

sécheresse de la philosophie avoit étouffé en lui cette
tendresse exquise que la religion avoit inspirée à Rousseau. « Le Christianisme, dit Chateaubriand, a mis
« au-dedans du style de Rousseau le charme, l'aban-
« don et l'amour; et au-dehors du style de Buffon
« l'ordre, la clarté, la magnificence.... Buffon sur-
« prend par son style, mais rarement il attendrit. Lisez
« l'admirable article du chien ; tous les chiens y sont :
« le chien-chasseur, le chien-berger, le chien sauvage,
« le chien grand-seigneur, le chien petit-maître, etc.
« Qu'y manque-t-il enfin? Le chien de l'aveugle. Et
« c'est celui-là dont se fût d'abord souvenu un chré-
« tien. » Voilà Buffon, jugé d'après son style.

Et nous ! grand Dieu ! qu'oserons-nous dire des
faiseurs de nomenclatures? comment les juger d'après
leur style? Il y a de quoi reculer ! Ils n'ont pas oublié, eux, *le chien de l'aveugle !* ils l'ont assommé,
disséqué, empaillé, et rangé parmi les *quadrupèdes
carnivores mammifères !* Voilà, chez eux, cet ami
avec lequel l'infortuné partage le morceau de pain de
la charité ! Ils n'ont donc jamais entendu ce cri du
pauvre aveugle :

Qui m'aimera, dit-il, si mon chien ne me reste?

Il n'est rien dans toute la nature, que le nomenclaturier ne flétrisse; tout ce que sa main vient à toucher, se fane, se décolore et tombe en lambeaux.
L'être le plus gracieux se convertit sous ses yeux en
une créature souvent repoussante. Vous savez déjà
l'histoire du *leucanthème* et du *platycère:* c'est peu.
En vous promenant pendant l'été, entre deux champs
voisins de blé jaunissant, vous vous rappelez sans

doute avoir vu bien souvent un petit animal aux couleurs brillantes de ver, de rouge et d'or, traversant, en se hâtant et comme épouvanté de vos pas, l'étroit sentier que vous suiviez. Parmi les noms harmonieux qu'il a reçus dans les campagnes, le berger du vallon et l'enfant du hameau l'ont appelé *cheval du bon Dieu!* Nom charmant, qui rappelle le plus touchant dialogue de petits enfants dans Bernardin de Saint-Pierre! Allez maintenant ouvrir une nomenclature, et quand vous y rencontrerez *insecte scarabée coléoptère cryptocéphale*, ce sera le synonyme du nom inventé par le berger du vallon et l'enfant du hameau. Quelle horrible synonymie !

Qui ne connoît cette jolie plante aux petites gerbes de fleurs bleu de ciel, aux aréoles d'or, merveilleux bouquet appelé par les Allemands, *ne m'oubliez pas;* par nos jeunes villageoises, *plus je vous vois, plus je vous aime;* et par toute la France, *les yeux de la sainte Vierge;* noms gracieux, s'il en existe ! Le nomenclaturier, qui ne s'inquiète guère du gracieux, a appelé ce végétal, *myosote scorpioïde;* mots grecs qui signifient *l'oreille de souris à physionomie de scorpion.* Expression affreuse ! Oui, c'est une infamie d'oser flétrir ainsi la nature ! il y a crime de lèse-majesté, car tout est foulé aux pieds !

Dieu avoit placé l'homme à la tête de la création, il l'avoit fait roi de toute la nature. Buffon, comme les grands génies de tous les temps, lui avoit laissé cette royauté sublime. Aujourd'hui l'homme est déchu; il n'est plus le roi de la création : le nomenclaturier a dit que c'est *un animal bipède mammifère de la classe*

des singes, des chauves-souris et des paresseux.......
J'ai vu assis au tombeau de ses pères, où il vantoit le
néant, un jeune chimiste saisir un os gisant à ses pieds,
et le croquer *pour voir*, disoit-il, *quels sels ce fossile
renfermoit....* Ici les expressions manquent, le commentaire n'est plus possible.

Mais pourquoi chercher là une morale absolue? Pourquoi vouloir juger d'après une loi rigoureuse? Il en est
peut-être des Nomenclatures scientifiques comme des
Drames modernes! On sait que les drames les plus
affreux, les plus barbouillés de sang, les plus farcis de
crimes et de meurtres sont souvent écrits par de jeunes
hommes, dont la figure ingénue et l'air candide révèlent une âme pure. On pardonne à plusieurs, car plusieurs ne savent ce qu'ils font! Peut-être aussi les nomenclatures, ces tristes langues de débris, de becs,
de dents, d'os, d'oiseaux empaillés, de cadavres dissé-
qués, ces langues sans poésie, sans religion, sans Dieu,
loin de révéler une société martérialiste, irréligieuse
et athée, ne sont qu'un mensonge que l'époque dé-
ment, comme elle renie le drame immoral, arrosé de
sang et flanqué de cadavres! Peut-être les auteurs des
nomenclatures sont-ils excusables! Peut-être faudra-t-il
pardonner à plusieurs, car plusieurs n'ont su ce qu'ils
faisoient! « L'abus du langage scientifique, s'écrie Con-
« dorcet, change en une science de mots ce qui devroit
« être une science de faits! » Ajoutons que là nomenclature n'est que l'écho du matérialisme et de l'athéisme, tandis qu'elle devroit être la voix de l'amour et
de la reconnoissance envers l'Éternel!

Pour nous, persuadé que ces nomenclatures bourrées

de latin et de grec, ne sont que le dernier écho de
l'époque désastreuse où elles ont paru, de cette époque
fatale qui vouloit relever d'un seul coup dans notre
patrie, la tribune, les autels et les Dieux d'Athènes et
de Rome, nous ne les regardons plus que comme un
organe artificiel, que comme un *argot* savant qui restera à jamais ignoré de la foule. Plein de foi dans
un avenir meilleur, nous espérons que le voile de l'oubli s'abaissera peu à peu sur ces langues factices, et que
ce voile sera enfin leur linceul. On verra reparoître
sans doute alors le langage si simple, si naturel et si
touchant des Tournefort, des Rousseau, des Bernardin
de Saint-Pierre! et quand on opposera ce divin langage de la nature aux nomenclatures scientifiques, qui
pourra s'empêcher de dire : « Oh! que la nature est
« sèche, expliquée par des sophistes! mais combien
« elle paroît pleine et fertile aux cœurs simples, qui
« n'en recherchent les merveilles que pour glorifier le
« Créateur! ' »

' Génie du Christianisme.

HARMONIES
DU GENRE
AVEC LE GÉNIE DE NOTRE LANGUE.

> Une bonne Théorie n'est qu'une prati-
> que raisonnée.
>
> BOISTE.

On a demandé sérieusement si , *au seul aspect d'un
nom*, on peut dire sur-le-champ quel en est le genre. Certes ceux qui ont fait cette demande , n'ont guère réflé-
chi sur les difficultés nombreuses qui entourent cette
grande question de grammaire ; ils n'ont guère songé
aux longues veilles des Domergue , des Lamare , des
Girault-Duvivier ! Si le genre des noms eût dépendu
uniquement de la *forme matérielle*, eût-il été si long-
temps insoluble ? Tous ces grammairiens si actifs, si pa-
tients , si érudits eussent-ils reculé devant cette bar-
rière qu'ils ont crue insurmontable ? ne seroient-ils pas
facilement parvenus à un système aussi simple qu'exact
où tous les noms de *formes semblables* eussent été clas-
sés d'un manière rigoureuse ? La *forme matérielle* est

donc bien loin de suffire dans la question du genre ;
elle seule au contraire a induit en erreur tous nos grammairiens : ils s'étoient confiés à elle, comme à un guide
infaillible ; mais trompeuse de sa nature, elle les a
tous égarés. Pourquoi nos grammairiens avoient-ils
donc oublié cette grande vérité, qu'en grammaire,
comme partout, *la lettre tue ?*

Pour nous, envisageant le genre des noms dans toutes ses harmonies avec la nature, avec le cœur de
l'homme et le génie de notre langue, nous croyons
que la condition d'absolue nécessité, pour déterminer
le genre, c'est avant tout de bien connoître la *signification* du nom. Sans elle on ne peut rien. Elle seule
indique si le nom désigne un être animé ou inanimé,
et par conséquent quelle loi il faut suivre dans la détermination du genre. Car chez les êtres animés, le
genre est le résultat immédiat d'une loi de la nature,
tandis que chez les êtres inanimés, il est une pure imitation, résultat de l'imagination de l'homme. Différence immense, que nos grammairiens n'ont jamais
bien comprise, et qui pourtant résout presque à elle
seule, toute la question du genre !

Quant à la *Forme matérielle*, elle est un levier
très-puissant, il est vrai ; mais elle est entièrement
subordonnée à la signification du nom, toujours l'unique point de départ. La Forme avec ses mille variétés,
ses mille nuances, ses familles nombreuses, ses dési-
nences infinies, est une partie très-délicate à traiter ;
elle exige une touche légère et hardie, un coup d'œil
pur et exercé : qualités aussi rares qu'exquises. Sans
doute, si notre langue n'avoit pas plusieurs origines,

si elle n'étoit pas formée de plusieurs idiomes différents, il seroit moins difficile de trouver une formule générale de ses terminaisons. Mais, du reste ce n'est pas encore là la plus grande difficulté du genre ! Il en est une autre d'une délicatesse extrême, dont nos grammairiens n'ont pas même soupçonné l'existence, et dont, par conséquent, ils n'ont pas cherché la solution ! C'est sans doute cette existence méconnue et ce manque de solution qui les ont conduits à croire le genre insoluble. En effet, il arrive dans certains cas que la signification et la forme sont entièrement insuffisantes pour déterminer le genre d'un nom. Or, comme la signification et la forme étoient les seuls guides de nos grammairiens, ils ont dû conclure de leur insuffisance, que le genre est souvent arbitraire, et conséquemment souvent insurmontable. Mais dans ces cas si difficiles, il faut faire ce que nous avons indiqué dans nos harmonies du genre avec le cœur de l'homme, il faut considérer la *position relative* du nom, c'est-à-dire le rôle qu'il joue dans la phrase ; il faut examiner l'influence de la pensée sous laquelle il se trouve, observer tout ce qui précède et tout ce qui suit, en un mot ne laisser échapper aucun détail de l'ensemble. Cette opération est délicate, mais enfin il faut la faire, et ce n'est pas une difficulté invincible. Ce qu'on fait alors, pour déterminer le genre d'un nom, peut très-bien se comparer à ce qu'on fait pour trouver le nom d'une étoile sur l'horizon. En effet, il ne suffit pas pour cela de voir l'étoile, ni même d'en déterminer l'éclat et la grandeur apparente, il faut surtout en considérer la *position relative*, c'est-à-dire la place qu'elle occupe dans la phrase céleste : on sait que c'est là tout le secret. Or, l'application n'en est pas moins heureuse pour déterminer le genre d'un nom, que pour trouver la dénomination d'une étoile.

Du reste, dans ces harmonies du genre avec le génie de notre langue, nous ne serons pas exclusifs. Tout en nous efforçant d'exposer les formes, qui, en françois, servent à déterminer le genre, nous emprunterons aux harmonies du genre avec la nature la toute-puissance de la signification, et aux harmonies du genre avec le cœur de l'homme les admirables effets de la position relative, où la lettre est nulle, où la pensée est tout. Ainsi, dans cette dernière partie de notre ouvrage, nous parviendrons à réunir tous les *résultats pratiques* de la Signification, de la Position et de la Forme : par là nous obtiendrons peut-être que notre Théorie ne soit qu'*une pratique raisonnée*. Du moins, est-ce vers ce but que se sont toujours dirigés nos efforts.

Maintenant, nous devons tourner nos pas vers le sanctuaire de notre langue, sanctuaire moderne aussi grand, aussi majestueux que ces sanctuaires antiques, où reposent, ensevelis dans la gloire et l'admiration des siècles, les Virgile et les Homère ! Toutefois, n'entrons point dans l'enceinte de l'édifice ; laissons dormir en paix tous ces génies fameux, dont le noble front est ceint de l'immortel laurier. Notre but à nous n'est point de reconnoître, et de célébrer les chefs-d'œuvre, qui éterniseront notre langue; tout cela est fait, est bien fait. Notre but à nous est tout simplement de rechercher ce qui, dans *ses formes*, la distingue des autres langues qui l'entourent. Ainsi contemplons à distance le bel édifice de notre langue françoise ; admirons en

les gracieuses proportions et les formes variées ; essayons
de terminer l'ordre constant ou la disposition arbitraire de chacune de ses parties ; ou plutôt, efforçons-
nous de juger d'un coup d'œil de tout cet ensemble
admirable, de découvrir et de bien saisir le style tout
particulier, la coupe toute nationale, en un mot le
génie matériel de son architecture. Par là, nous arri-
verons facilement aux formes propres à notre langue.

C'est une vérité généralement reconnue que chaque
langue porte avec elle un je ne sais quoi dans sa structure, qui revêt tous ses mots d'une sorte d'uniforme
qui les fait reconnoître. Ce caractère distinctif et tout
matériel des langues se manifeste surtout dans les noms
propres. En effet, qu'on entende prononcer des noms
étrangers tels que *Romulus*, *Épaminondas*, *Paganini*,
Mahmoud, *Kellermann*, *Menzikoff*, *Buckingham*,
Fernandez, *Sobieski*, on les reconnoît aussitôt chacun,
suivant son rang, pour romain, grec, italien, turc,
allemand, russe, anglois, espagnol, polonois. Mais
entendons-nous prononcer *Montaigne*, *Descarte*,
Corneille, *Racine*, *Molière*, *Voltaire*, *La Fontaine*,
La Bruyère, *La Harpe*, *Fontenelle*, *Mallebranche*,
La Grange, *Legendre*, *Millevoie*, *Delille*, *La Mar-*
tine, *Delavigne*, *Fontane*, etc., nous nous écrions,
animés d'un noble enthousiasme : « Ceux-là sont fran-
« çois ! » Eh bien ! saisissons le moment où notre langue se trouve opposant les noms de ses grandes célébrités aux noms fameux des célébrités étrangères. Qu'y
a-t-il de plus frappant dans la forme de ces noms françois ici rassemblés ? quelle forme toute particulière les
distingue évidemment des noms étrangers ? La réponse

ne sauroit être difficile; il suffit d'une légère attention pour voir qu'ils se terminent par *un e muet*. Il est vrai que tous les noms françois n'ont pas cette terminaison muette; mais notre langue n'en a pas moins répandu par millions cette sourde voyelle dans les nombreuses familles de mots, qui composent son magnifique domaine. En effet, qu'un mot nous arrive de la langue latine, notre langue le termine presque toujours par un *e* muet : *porta* porte, *tumultus* tumulte, *templum* temple. Il en est de même des noms propres, qui nous viennent d'autres langues : *Alexandre, Sophocle, Homère, Socrate, Démosthène, Archimède, Aristote*, etc. *Camille, Auguste, Phèdre, Horace, Virgile, Pompée, Tacite, Marc-Aurèle*, etc. *Le Tasse, Le Dante, Pétrarque*, etc. *Lacédémone, Rome, Athènes, Naple, Londre, Constantinople, Vienne*, etc. *Irlande, Suisse, Autriche, Allemagne*, etc. *Tibre, Tage, Danube*, etc. Il est facile de s'assurer que dans leur propre langue, ces noms n'offrent aucune trace de cette terminaison toute françoise. Souvent même, quand elle n'a pas terminé un nom étranger par son *e* muet en l'écrivant, notre langue adopte une prononciation, qui semble annoncer la présence de l'e muet final. Tels sont : *Gessner, Cook, Hoffmann, Neker*, etc., que nous prononçons, *Gessnère, Cooke, Hoffmanne, Nekère*, etc.

Dans notre langue, *franciser* un mot étranger c'est le terminer par un *e* muet.

Cependant nos grammairiens déplorent l'abus de cette voyelle finale, et ils ont raison. Elle attaque l'harmonie de la langue, et l'empêche d'être sonore. « Je « regrette, dit Ch. Nodier, que nous ayons si ridicu-

« lement *francisé* la plupart des noms anciens. *Tite*
« seroit barbare aujourd'hui, en parlant de l'empereur
« *Titus ;* et *Titus* ne le seroit pas moins en parlant de
« l'historien *Tite-Live.* D'où vient cette irrégularité ?
« de l'usage, dira-t-on ; mais ce n'est pas de l'usage
« d'Amyot, de Montaigne, de Charron, des bons
« écrivains de notre langue naissante. » En effet, lisez
Amyot, Montaigne, etc., et vous verrez qu'ils ont laissé
aux noms latins leurs terminaisons si harmonieuses et
si sonores. Vous trouverez dans Amyot, *Pompéius,*
Ptoloméus, Philippus, Lysippus, Aristobolus, Achil-
las, Cornélia, etc.

  « Qui es-tu, mon amy, qui fais cest apprest pour les funé-
« railles du grand Pompéius ? Philippus lui respondit qu'il estoit
« un sien affranchy.... Les cendres du corps de Pompéius
« furent depuis rapportées à sa femme Cornélia, laquelle les
« posa en une sienne terre, qu'il avoit près la ville de Alba. »

  De même vous trouverez dans Montaigne, *Épicurus,*
Diodorus, Antigonus, Perséus, Iphigénia, Livia, etc.

  « Titus-Livius dict vray que le langage des hommes, etc. »
  « César-Augustus ayant esté battu de la tempeste sur mer,
« se prinst à deffier le Dieu Neptunus. »
  « Pour accoutumer, disoit Lycurgus, le bas populaire, les
« femmes, les enfants, etc. »

  Nos premiers écrivains alloient jusqu'à laisser l's qui
termine plusieurs mots grecs, tant leur respect pour
l'orthographe traditionnelle étoit grand ! ils écrivoient
Socrates, Thucidides, Alcibiades, etc.

  « Après dîner nous lisions par forme de jeu Sophocles ou
« Aristophanes, ou Euripides ; ou quelquefois Démosthènes,
« Cicéron, Virgilius, Horatius. »   (*Henri de Mesme*).

  Notre langue primitive n'avoit pas non plus beaucoup de sympathie pour l'*e* muet final; comme on peut le voir dans l'admirable traité des langues de l'Europe latine de Raynouard. On y trouve:

« Je en *apel* celui qui se fera devant Dieu. » (*Chroniques*).

« Por çou que *j'aim* ceste contrée. » (*Marie de France*).

.« Je te *conjur* de Dieu le Tout-Puissant. » (*Chroniques*).

« Si *com* je suis et *com* je croi. » (*Bible Guiot*).

« Uns *hom* astoit en la terre. » (*Trad. de St. Grégoire*).

« La corone *impérial* li mist au chief. » (*Gestes de Louis-le-Débonnaire*).

« Si que il n'i paroît que l'erbe *vert*. » (*Joinville*).

> « On ne voit champ , tant soit *fertil* ,
> « S'il n'est poitry de labourage ·
> « Qu'à la fin ne vienne *inutil*. »
>   *(Ronsard).*

« Il fut recueilly à *grand* gloire et à *grand* obéissance. » (*Comines*).

Aujourd'hui, l'affinité de notre langue pour cette voyelle jadis si oubliée, est immense, puisqu'elle est devenue le signe distinctif de sa forme, ou plutôt, de son *génie matériel*, qu'on nous passe cette expression. Mais quelle peut donc être la cause puissante d'une révolution si grande dans la langue? Fidèle à nos principes, faudra-t-il donc aller fouiller nos annales, pour découvrir l'origine de l'influence *d'une voyelle?* oui, parce que tout est là, et rien que là! Une grammaire est une partie de l'histoire d'un peuple, où l'on a oublié la chronologie : il faut donc aller rechercher dans les faits historiques la véritable date des faits de la langue : concordance admirable, plus exacte

qu'on ne croit. C'est un malheur pour la science grammaticale, que le grammairien, depuis deux siècles se
soit cru réduit à indiquer *l'accord de l'adjectif ou
du verbe avec le sujet !* Fonctions mesquines, qui ont
ravalé le grammairien, et qui n'ont péniblement enfanté
que des idées rabougries ! Grammairiens, sortez donc
de cette ornière tant rebattue, tant vieillie, et en sortant comme d'une terre maudite, secouez la poussière
de vos pieds ! reconnoissez enfin la grandeur de vos
fonctions ! Puisqu'une langue est tout un peuple, étudiez donc le peuple pour connoître la langue ! allez,
avec l'historien, mesurer du regard les champs de bataille, parce que là un principe a pu être enseveli avec
les héros qui le défendoient, et que la partie de la
langue, qui exprimoit ce principe, a succombé avec
lui ! Allez, avec le philosophe, sonder la profondeur
des croyances religieuses du peuple, afin d'être initié
aux sources mystérieuses de la poésie de la langue !
car toute religion n'est que poésie ! l'idée de Dieu est
le type du beau ! Allez, avec le moraliste, examiner
avec attention les vérités ou les erreurs, la pureté ou
la dissolution des mœurs populaires, afin de découvrir
le véritable génie de la langue ! En un mot, si vous
voulez connoître la langue dans toutes ses formes, contemplez le peuple sous toutes ses faces ! Pour nous,
dans la question qui nous occupe, nous sommes réduits
à aller fouiller les antichambres des Mignons, des
Valois, les gardes-robes des courtisannes ! c'est dans les
boudoirs qu'à cette époque le grammairien doit aller
chercher l'histoire de la langue, comme l'historien va
chercher l'histoire de la nation ! C'est jusque là qu'il

faut s'abaisser et redescendre pour comprendre que *l'influence de la voyelle dans notre langue* a commencé au même lieu et à la même époque que *l'influence de la femme dans notre nation!* c'est là qu'on trouve que ces deux influences, identiques et compléments l'une de l'autre, ont commencé avec l'italienne Catherine de Médicis, et qu'elles ont quitté leur puissance absolue avec l'italienne Marie de Mancini; c'est entre ces deux tristes époques, qu'il faut placer la révolution des mœurs qui a fixé la double influence de la femme sur la nation et de la voyelle sur la langue. Ici la vérité est évidente; les deux faits se traduisent l'un par l'autre; la grammaire s'appuie sur l'histoire, et pour qu'il n'y ait aucun doute sur cette origine grammaticale, notre voyelle est restée depuis, en françois, le signe distinctif du féminin. C'est rester fidèle à son origine.

Quand une influence est une fois établie, rien ne peut contre elle. De même que Bossuet avoit vainement attaqué les mœurs *efféminées* de son siècle, de même Corneille s'étoit vainement élevé contre la langue de son époque : il passa sous le joug et termina par le fatal *e* muet presque tous les noms romains qu'il fit monter sur sa scène sublime : *Rème, Romule, Procule, Murène, Maxime, Manlie, Valère, Décie, Pompone, Lépide, Icile, Crispe, Brute, Sexte, Tite, Cassie, Tulle, Cosse, Agrippe, Crasse,* etc.

> Mais respecte une ville à qui tu dois Romule....
> Leur plus bouillante ardeur cède à l'avis de Tulle....
> Regarde le malheur de Brute et de Cassie....
> Vous qui me tenez lieu d'Agrippe et de Mécènes...
> Veuve du jeune Crasse et veuve de Pompée ...
> Ainsi l'ont autrefois versé Brute et Manlie....

Corneille a prouvé par là qu'un homme de génie,
quand il paroît, n'apporte point au monde une langue
nouvelle ; il accepte la langue que le peuple lui offre.
Seulement il se charge de l'élever jusqu'à lui.

Le dernier, le plus complet, et le plus frappant
exemple de l'influence de notre voyelle se montre dans
ce vers de La Fontaine, où elle est triplement despoti-
que :

> Quel combat ? dit le singe avec un front sévère.
> L'éléphant repartit : quoi ! vous ne savez pas
> Que le Rhinocéros me dispute le pas,
> *Qu'Éléphantide a guerre avecque Rhinocère ?* (F. 21. Ch. XII.)

Cependant ce despotisme absolu étoit passé. Ce
n'étoit plus une Catherine de Médicis qui régnoit,
c'étoit Louis XIV. Racine d'abord et ensuite Voltaire
furent frappés de ce grand vice de l'e muet final, qui
affoiblissoit la langue dans son organe, et la réduisoit
à une sorte de mutisme. Ces deux grands écrivains
s'empressèrent d'en diminuer l'influence, en rendant
à tous ces noms romains leurs terminaisons latines
plus harmonieuses, plus pleines, et plus sonores :

> D'un côté l'on verra le fils d'un Empereur
> Redemandant la foi jurée à sa famille,
> Et de *Germanicus* on entendra la fille :
> De l'autre l'on verra le fils d'*Enobarbus*,
> Appuyé de Sénèque et du tribun *Burrhus*. (*Britannicus.*)
>
> *Brutus* et *Cassius* me suivront en Asie...
> Je donne à *Décimus* la Grèce et la Lycie,
> A *Marcellus* le Pont, à *Casca* la Syrie. (*Mort de César.*)

Toutefois Racine et Voltaire eurent recours à l'e
muet final, quand la stucture du vers sembloit devenir
par là plus facile. Ainsi, dans une même scène, Racine

emploie les deux noms *Claude* et *Claudius* pour désigner le même Empereur romain :

> Quand de Britannicus la mère condamnée
> Laissa de *Claudius* disputer l'hymenée....
> .... Eussiez-vous pu prétendre
> Qu'un jour *Claude* à son fils dût préférer son gendre?
> *Claude* vous adopta, vaincu par mes discours....
> Cependant *Claudius* penchoit vers son déclin.

Voltaire, dans une même scène, emploie aussi les deux noms *Décimus* et *Decime,* pour désigner le même sénateur romain :

> Je donne à *Décimus* la Grèce et la Syrie...
> .... Approchez Cassius,
> Cimber, Cinna, *Décime*, et toi mon cher Brutus.

Ces deux grands écrivains furent encore forcés de sacrifier à l'*e* muet, quand l'usage le vouloit. En effet, notre oreille se seroit sans doute difficilement habituée à entendre tout-à-coup *Sénéca* au lieu de *Sénèque,* comme elle entendit *Agrippa* au lieu d'*Agrippe*? Nous avons fait de *Pompéius* un nom commun, et de *Pompée* un nom propre. Cet usage, une fois établi, change rarement : les écrivains sont obligés de s'y soumettre :

> *Burrhus* conduit son cœur, *Sénèque* son esprit.
> *(Racine.)*
> *Marius* fut consul et *Pompée* empereur.
> *(Voltaire.)*

Chateaubriand, dans ses Études historiques, a imité Racine et Voltaire. Il a remplacé par *Mérovigh, Klother, Khlovigh, etc.* ces noms qu'on écrivoit *Mérovée, Clotaire, Clovis,* (prononcez *Clovisse*). Cependant il fut obligé de plier devant l'usage. « J'avoue,

« dit-il, que j'ai été foible à l'égard de Charlemagne ;
« il m'a été impossible de le changer en *Karle-le-*
« *Grand*, excepté en citant le moine de S. Gall. Que
« voulez-vous ? On ne peut rien contre la gloire. Quand
« elle a fait un nom, force est de l'adopter, l'eût-elle
« mal prononcé. »

.Un exemple frappant et pourtant bien peu remarqué des grammairiens, où une terminaison forte et
sonore remplaça une terminaison foible et muette,
s'offre dans ces deux noms fameux, qu'il suffit de prononcer pour exprimer tout ce que la grandeur du
génie, la gloire et l'infortune ont eu de plus sublime,
Bonaparte et *Napoléon*. On sait que depuis plusieurs
siècles le second des enfants de la famille Bonaparte
portoit le nom de Napoléon, comme le fils aîné de
nos anciens rois portoit le nom de Dauphin. Ce nom
venoit de l'alliance des Bonapartes avec le célèbre Napoléon des Ursins, illustre parmi les guerriers d'Italie.
Aussi, enfant, élève à Brienne, sous-lieutenant, général, en un mot tant que la redingote grise couvrit
les épaules du Petit-Caporal, Bonaparte fut le nom
historique de cet homme de génie que l'Italie vaincue
admira. Mais le jour où Béranger put chanter à la
France :

> Un conquérant dans sa fortune altière,
> Se fit un jeu des septres et des lois ;
> Et de ses pieds on peut voir la poussière
> Empreinte encor sur le bandeau des Rois.

Le jour, où saisissant d'une main forte l'Europe et
son époque, comme une proie digne de son génie,
le héros dépouilla la redingote populaire et le petit

chapeau pour revêtir le manteau des Césars et ceindre leur laurier, ce jour-là le nom du général Bonaparte s'éclipsa dans l'auréole de gloire du nom de l'empereur Napoléon ! Nom sans égal parmi les noms des hommes, il s'inscrivoit de lui-même sur les murs du Louvre, des Tuileries, de Notre-Dame, sur tous les rivages qui le faisoient redire à tous leurs échos, chez tous les peuples qui ne le prononçoient qu'en tremblant ! D'un bout à l'autre de l'Europe, toute labourée des boulets de nos armées victorieuses, un seul cri se faisoit entendre : « *Vive l'Empereur ! Vive Napoléon !* » Le peuple de France, dans l'ivresse de son bonheur et de sa gloire, cria-t-il jamais « Vive Bonaparte ! » Non, ce mot sonne mal : il n'a pas assez de voix pour exprimer l'élan d'une foule ivre d'enthousiasme. « Vive Napoléon ! » voilà l'expression populaire.

« Quand les flots de l'anarchie se retirèrent, Napoléon « parut à l'entrée d'un nouvel univers, comme ces géants que « l'histoire profane et sacrée nous peint au berceau de la « société et qui se montrèrent à la terre après le déluge.

(Chateaubriand.)

Remplacez Napoléon par Bonaparte, et le sublime de cette période est détruit ! En effet, Bonaparte ne nous rappelle que l'Italie vaincue. C'est le génie militaire dans toute sa gloire ! Napoléon s'avance, à travers les âges, environné de la double grandeur de la gloire et de l'infortune ; le Louvre est caché derrière le roc de Ste.-Hélène. Cette harmonie mystérieuse de la puissance et du malheur satisfait notre cœur jaloux : une grandeur constante nous aigrit autant qu'une infortune constante nous abat. Ici, nous pouvons admirer le trône de l'Empereur triomphant, et pleurer sur le tombeau de l'infortuné proscrit. Napoléon fut grand, mais il expia sa gloire. L'humanité ne lui en veut plus.

De ce bel exemple ainsi que de ceux de Racine, de Voltaire et de Chateaubriand, nous pouvons conclure que l'élan semble être donné pour faire disparoître, autant que possible, l'*e* muet final des noms propres d'hommes : *Romulus, Brutus, Manlius, Agrippa, etc. Mérovigh, Klother, Khlovigh, etc :* et de terminer par cette inévitable voyelle les noms propres de femmes : *Octavie, Pauline, Bérénice, Hermione, Andromaque, etc., Klothilde, Brunehilde, etc.,*

> Une femme.... peut-on la nommer sans blasphème ?
> Une femme.... c'étoit Athalie elle-même.
> (*Racine*).

« Véritables mœurs barbares, qui n'excluent pas la man- « suétude des mœurs chrétiennes, mêlées dans Klothilde aux « passions de sa nature sauvage. » (*Chateaubriand*).

Cette décision tacite de nos grands écrivains est parfaitement en harmonie avec le génie matériel de notre langue, et même elle le sanctionne d'une manière solennelle.

En effet, refuser l'*e* muet final aux noms masculins et l'accorder aux noms féminins, c'est reconnoître la vérité *pratique* de cette règle de nos poètes anciens et modernes :

1.° Toute rime est *féminine*, quand elle est terminée par un *e* muet :

> On diroit que pour plaire, instruit par la *nature*,
> Homère ait à Vénus dérobé sa *ceinture*.
> (*Boileau*).

2.° Toute rime est *masculine*, quand elle n'est pas terminée par un *e* muet :

> Son livre est d'agréments un fertile *trésor :*
> Tout ce qu'il a touché se convertit en *or*.
>
> *(Boileau)*.

Nous, grammairien, nous faisons remarquer avec une sorte de bonheur que les deux noms *nature* et *ceinture*, de la rime féminine, sont réellement féminins ; de même que les deux noms *or* et *trésor*, de la rime masculine, sont réellement masculins.

Toutefois cette puissance immédiate de l'*e* muet final pour déterminer le genre des noms, ne nous appartient point exclusivement ; presque tous les grammairiens l'ont reconnue.

Du Marsais a dit formellement : « L'*e* muet est *fé-* « *minin*, parce qu'il sert à former le féminin dans les « adjectifs, ou parce qu'il forme en vers la rime fémi- « nine. »

Lemare, dans son traité du genre, avoit divisé les noms en *masculiformes* et *féminiformes*. Division remarquable, qui repose uniquement sur la présence ou l'absence de l'*e* muet final.

Bien plus, Girault-Duvivier, dans sa grammaire des grammaires, a dit au sujet des noms de géographie : « Les noms d'État, d'Empire, de Royaume, « de Province, sont masculins pourvu que leur ter- « minaison ne soit pas un *e* muet : *Danemark*, *Pié-* « *mont*, *Brandenbourg*. Mais *France*, *Espagne*, « *Hollande*, *Italie*, *Allemagne*, qui finissent par un « *e* muet, sont féminins. »

Quelques grammairiens, admirant cette règle si

simple et si exacte, cherchèrent à la généraliser en l'appliquant à tous les noms de la langue. Mais quoique pénétrés de la puissance de l'*e* muet final pour déterminer le genre dans une multitude de cas, ils furent forcés de reconnoître qu'une seule règle ne pouvoit suffire, qu'il y avoit une foule d'autres cas qui leur échappoient et que la cause efficiente du genre ne reposoit point uniquement sur la terminaison du nom.

Nous avons indiqué trois moyens de solution, *la signification*, *la forme* et *la position relative;* c'est à eux que nous allons avoir recours.

Pour exposer plus clairement la question du genre, nous avons cru devoir diviser tous les noms françois en quatre grandes familles : 1.° *Noms des êtres animés.* 2.° *Noms des êtres inanimés.* 3.° *Noms des êtres intellectuels.* 4.° *Noms de Géographie.* Cette division, facile à saisir, répandra beaucoup d'ordre et de clarté sur la discussion du genre.

RÈGLE GÉNÉRALE.

Dans les harmonies du genre avec la nature, on a vu que les noms des êtres animés devroient en quelque sorte avoir seuls la distinction des genres, puisque les êtres qu'ils désignent ont seuls la distinction des sexes. La règle, qui les concerne, peut donc être considérée comme l'unique règle *naturelle:* les autres règles ne sont qu'imitatives et presque *artificielles.* La nature a dicté la première; la science a péniblement enfanté les autres; aussi les comprendrons-nous sous le titre de *règles particulières*. Voici la règle générale, telle que nous l'avons déjà donnée :

GENRE MASCULIN. Tout nom, qui désigne *un homme*, ou bien *un mâle* chez les animaux, est masculin :

    Ex. *Alexandre, Lion, Tigre.*

GENRE FÉMININ. Tout nom, qui désigne *une femme*, ou bien *une femelle* chez les animaux, est féminin :

    Ex. *Alexandrine, Lionne, Tigresse.*

Dans cette règle, on voit que la signification détermine à elle seule le genre. Cependant la Forme l'a emporté sur elle dans le genre de *sentinelle, védette, estafette, personne, etc.*, qui sont féminins malgré leur signification. Cependant la signification a souvent repris ses droits, comme on le voit dans ces exemples :

Ces postes menaçants, ces nombreux sentinelles.
                          (*Delille*).

On a trouvé le sentinelle mort dans sa guérite.
                          (*Académie*).

Un estafette, arrivé, ce matin, annonça que, etc.
                          (*Anonyme*).

Personne n'est plus heureux que vous.
                          (*Th. Corneille*).

La position relative a seule aussi déterminé le genre masculin des noms *auteur, professeur, philosophe*, etc., quand ils désignent des femmes ; et l'on a vu que la signification ne parvient à faire reparoître le féminin, que dans l'ironie.

Quoique la Forme influe peu sur le genre des noms des êtres animés, on peut remarquer cependant qu'elle s'harmonise avec lui. Autrefois *homme* et *femme* s'écrivoient très-régulièrement *hom* et *fame* ; et l'har-

monie entre la Signification et la Forme étoit parfaite.
Aujourd'hui quand un nom masculin n'est pas terminé
par un *e* muet, il en prend ordinairement un au féminin : *Roi*, *Reine*, *Duc*, *Duchesse*, *Empereur*, *Impératrice*, *Pastoureau*, *Pastourelle*, *Chameau*, *Chamelle*, etc.

     « Les mœurs arabes sont conservées ; les femmes boivent
« du lait de *chamelle*. »   (*Chateaubriand*).

> D'autres, joyeuses comme elles,
> Faisaient jaillir des mamelles
> De leurs dociles *chamelles*
> Un lait blanc sous leurs doigts noirs.
>   (*Orientales*).

Cette affinité naturelle de l'*e* muet pour le féminin
va nous aider puissamment à résoudre la première des
grandes difficultés qui ont embarrassé nos grammairiens.

RÈGLES PARTICULIÈRES.

1.º NOMS DES ÊTRES ANIMÉS.

Quand notre langue emploie deux noms pour désigner séparément, chez les animaux, le mâle et la femelle, comme *Cheval*, *Jument*, le genre est sans aucune difficulté, puisqu'il dépend de la signification :
la masculinité de *Cheval* est aussi naturelle que la féminité de *Jument*. Mais quand il n'y a qu'un seul nom
pour désigner deux êtres si distincts, qui peut alors
déterminer le genre? Ainsi *Éléphant* désigne aussi bien
la femelle que le mâle, pourquoi est-il donc exclusivement masculin! De même, pourquoi *Baleine* est-il
exclusivement féminin, quoiqu'il désigne le mâle au-

tant que la femelle? La Signification est donc nulle ici, la Forme est donc tout! On peut donc établir la règle suivante :

GENRE MASCULIN. Tout nom, qui désigne en même temps le mâle et la femelle chez les animaux, est masculin quand il n'est pas terminé par un *e* muet :

Ex. *Éléphant, Colibri, Rossignol.*

GENRE FÉMININ. Tout nom, qui désigne en même temps le mâle et la femelle, chez les animaux, est féminin, quand il est terminé par un *e* muet :

Ex. *Alouette, Baleine, Chèvre.*

Dans cette règle très-simple, on voit que la Forme, si puissante pour déterminer le genre, est d'abord subordonnée à la Signification, qui doit toujours être le point de départ.

Les exceptions du masculin sont : *Buffle, cygne, crocodile, dromadaire, merle, lièvre, singe, zèbre,* qui avec quelques autres peu connus, sont masculins, quoique terminés par un *e* muet.

Cependant Buffon a eu égard à la terminaison, quand il a employé *Buffle* au féminin :

« Le gardien qui veut traire *la buffle,* est obligé de tenir « son petit auprès d'*elle,* ou s'il est mort, de *la* tromper, en « couvrant de sa peau un autre petit buffle quelconque. »

C'est à la forme qu'il faut attribuer cette féminité, car jamais Buffon n'auroit dit *la Rhinocéros.*

Renne et *Sarigue* sont masculinisés par tous les naturalistes. Cependant on trouve dans plusieurs ouvrages d'histoire naturelle cette féminité régulière :

« *La Sarigue* est un petit animal du nouveau monde, etc.

« *La Renne* est naturellement sauvage, intraitable, etc. »

Gattel indique *Renne* féminin, ainsi que Boiste, qui pourtant le masculinise quand il l'écrit *Rhenne*. Ceci est arbitraire. Plusieurs traités d'astronomie féminisent aussi *Renne*, constellation boréale ; plusieurs au contraire l'emploient au masculin. On devroit faire cesser cette incertitude et s'en rapporter à la Forme.

Nos grammairiens n'ont jamais pu expliquer la masculinité de *Bécard*, nom qui désigne la femelle presque ignorée du Saumon. Mais ici tout s'explique. Une forme évidente l'a emporté sur une signification peu connue. L'absence de l'*e* muet final a forcé ce nom peu commun d'être masculin.

Fourmi, *Perdrix*, *Souris* sont les seuls noms qui, désignant en même temps le mâle et la femelle, soient féminins, sans être terminés par un *e* muet :

> La *Fourmi* n'est pas *préteuse*;
> C'est là son moindre défaut....
> Le lièvre et *la perdrix*, concitoyens d'un champ,
> Vivoient dans un état, ce semble assez tranquille....
> Comme il voit que dans leurs tannières
> *Les souris* étoient *prisonnières*....
>
> *(La Fontaine).*

Ici nous devons déclarer que nous nous renfermerons toujours dans les strictes bornes de *la langue usuelle*. Nous n'admettrons donc jamais aucune des exceptions que nous offrent les nomenclatures d'un art ou d'une science.

2.° NOMS DES ÊTRES INANIMÉS.

On a vu que le genre des noms des êtres inanimés n'est qu'une imitation. Avec un peu de hardiesse, on pourroit en conclure que ce genre doit suivre la même

règle que celui des noms des êtres animés qu'il imite.
C'est en effet ce qui a lieu. Cette imitation du genre,
qui a entraîné avec elle l'imitation de la forme, est une
harmonie tout à fait remarquable. Nous pouvons donc
imiter la règle précédente :

Genre masculin. Tout nom, qui désigne un être
inanimé, est masculin, quand il n'est pas terminé par
un *e* muet :

Ex. *Air, Bal, Col.*

Genre féminin. Tout nom, qui désigne un être inanimé, est féminin, quand il est terminé par un *e* muet :

Ex. *Aire, Balle, Colle.*

Ici, il faut l'avouer, les exceptions sont nombreuses.
Si notre langue étoit primitive, tout ce qu'elle possède
lui appartiendroit en propre, et il seroit peut-être
possible de parvenir à une formule générale du genre.
Mais on connoît l'histoire de sa naissance.

Ce qui a surtout contribué à compliquer la question
du genre, c'est l'influence de la langue latine. En effet,
il arrive très-souvent que lorsqu'on veut établir le
genre d'un nom françois, on se demande quel est le
genre de son primitif en latin, et l'on se sert de ce
genre exotique, comme s'il étoit en harmonie avec le
génie de notre langue ! D'où il résulte qu'on a souvent
un nom masculin, avec une terminaison féminine ; puis
viennent les incertitudes d'un genre que l'usage semble
admettre et que la forme repousse ; viennent les expressions prétendues vicieuses de la foule, les erreurs des
écrivains, les discussions des grammairiens, les contradictions des dictionnaires ! Il faut espérer que cette influence meurtrière cessera, et qu'avec le temps le
genre suivra une loi plus rigoureuse, et plus naturelle.

Nous allons réunir tout ce que la langue usuelle offre d'exceptions, et pour plus de simplicité, nous donnerons tout de suite les exceptions du féminin.

Boisson, chair, chaux, chanson, cloison, cour, croix, dent, dot, eau, faim, faux, fleur, fin, fois, forêt, glu, hart, main, maison, mer, nef, poix, nuit, part, paroi, peau, poix, prison, soif, saison, toison, toux, tribu, vis, voix, sont féminins, quoique non terminés par un *e* muet.

Passons maintenant aux exceptions du masculin, et faisons d'abord remarquer que, dans une foule de noms masculins, l'*e* muet final, qu'ils ont contrairement à notre règle, se trouve entièrement dissimulé par une prononciation forte et presque âpre. Ainsi, dans *âtre, antre, acte, axe, crâne, hâle, hâvre, monstre, ordre, pacte, râle, rôle, sépulcre, spectre, tonnerre,* etc., cette prononciation si dure repousse la féminité qui recherche surtout les expressions gracieuses ; toutes ces articulations rauques semblent nécessiter l'emploi du masculin. Du moins les deux noms *mânes* et *manne* offrent une différence de prononciation, qui semble être en parfaite harmonie avec la différence de leur genre.

En prenant donc pour guide l'influence de la langue latine et de la prononciation, on peut aborder les dix classes d'exceptions suivantes :

Sont masculins : 1.° Tous les noms terminés par *me*. Exemples : *abîme, baume, costume.*

Cependant, âme, arme, berme, brume ; cime, crême, dîme, écume, enclume, énigme, estame, épigramme, escrime, ferme, flamme, forme, frime, gamme, gomme, gourme, lame, larme, lime, maxime, palme, pantomime, paume, plume, pomme, prime, rame, réforme, rime, trame, victime, sont régulièrement féminins.

2.° Tous les noms terminés par *ge* précédé d'une voyelle. Exemples : *âge, bouge, collége.*

Cependant, cage, image, loge, plage, page, nage, neige, tige, toge, sont régulièrement féminins.

3.° Tous les noms terminés par *cte, ste, xe, xte.* Exemples : *acte, faste, axe, texte.*

Cependant, cataracte, épacte, secte, caste, peste, veste, liste, piste, baliste, batiste, sont régulièrement féminins.

4.° Tous les noms terminés par *re* précédé d'une consonne. Exemples : *astre, beurre, centre.*

Cependant, ancre, chambre, balafre, cendre, dartre, escadre, encre, épître, fièvre, fenêtre, gaufre, guêtre, huître, lèpre, lèvre, lettre, mitre, montre, nacre, ombre, outre, poudre, poutre, ténèbres, terre, vître, sont régulièrement féminins.

5.° Tous les noms terminés par *tère,* ou *aire.* Exemples : *baptistère, sommaire.*

Cependant, artère, affaire, chaire, glaire, grammaire, haire, paire, sont régulièrement féminins.

6.° Tous les noms terminés par *ble, cle, gle, fle,* etc. Exemples : *cable, miracle.*

Cependant, étable, fable, table, bible, débacle, bésicle, boucle, escarboucle, épingle, sangle, règle, moufle, pantoufle, perle, sont régulièrement féminins.

7.° Tous les noms terminés par *ice.* Exemples : *précipice, supplice, artifice.*

Cependant, cicatrice, épices, immondices, lice, matrice, milice, notice, police, prémices, sont régulièrement féminins.

8.° Tous les noms terminés par *ile* ou *yle*. Exemples : *asile*, *domicile*, *style*.

Cependant, argile, bile, file, huile, pile, île, tuile, sont régulièrement féminins.

9.° Les diminutifs en *ule* suivent le genre des noms dont ils sont formés. Ainsi *animal*, *mont*, *globe* ont donné les diminutifs masculins *animalcule*, *monticule*, *globule* : tandis que *cicatrice*, *partie*, *peau* ont donné les diminutifs féminins *cicatricule*, *particule*, *pellicule*.

De même *décompte*, *mécompte*, *interrègne*, sont masculins comme *compte* et *règne* dont ils sont formés ; tandis que *antichambre* est féminin, comme *chambre* son primitif.

Nous ne parlons pas ici des noms composés parce qu'ils semblent ne suivre d'autre loi que l'usage. En effet *perce-neige*, *perce-feuille*, *perce-muraille*, sont régulièrement féminins, tandis que *perce-oreille*, *perce-meule*, *perce-chaussée*, composés des mêmes éléments, sont masculins. Peut-être y a-t-il, entre la masculinité de ces noms et les êtres qu'ils désignent, une harmonie qui nous échappe.

10.° Enfin voici les noms qui ne se rapportent à aucune des familles précédentes :

Antidote, bagne, cantique, casque, carosse, cimetière, colosse, commerce, coude, chêne, conte, crépuscule, cierge, décalogue, domaine, divorce, dialogue, dimanche, genre, grade, groupe, faîte, frêne, ébène, fleuve, foie, incendie, intervalle, jeûne, linge, libelle, masque, murmure, modèle, monde, négoce, organe, parapluie, parafe, préambule, phénomène, principe, patrimoine, pôle, pouce, peigne, reverbère, remède, ridicule, rêve, sacerdoce, signe, songe, site, symbole, saule, tumulte, type, ulcère, vestibule, verbe, véhicule, vermicelle, vote.

Dans cet exposé des exceptions, nous nous sommes strictement renfermé dans le cercle de la langue usuelle, en éloignant tout terme d'art ou de science et même tout terme peu connu. Ainsi, par exemple, nous n'avons point parlé des noms terminés en *oir* et *oire*. Car tant qu'on reste dans la langue usuelle, notre règle est d'une exactitude parfaite. En effet, *bouilloir, couloir, fouloir, perçoir, baignoir, polissoir*, sont régulièrement masculins, de même que *bouilloire, couloire, fouloire, perçoire, baignoire, polissoire* sont régulièrement féminins. Mais hors de la langue usuelle, il semble que cette harmonie n'existe plus. Ainsi dans la langue du Droit, *interrogatoire, répertoire, réquisitoire, etc.*, sont masculins, tandis que dans la langue usuelle ces noms seroient sans doute régulièrement féminins, comme *battoire, écritoire, échappatoire*. Du reste nous ne nous écrions point ici contre l'arbitraire ; car il peut se faire que ces noms offrent, à ceux qui les emploient, une harmonie du genre que nous ne sommes pas en état d'apprécier. Il y a dans une langue mille nuances, mille convenances, mille rapports délicats qu'on ne peut pas toujours saisir.

3.º NOMS DES ÊTRES INTELLECTUELS,

Quand notre langue aujourd'hui si belle se formoit, on sait qu'elle reçut en héritage de la langue latine sa mère, une foule de noms qui font son plus

bel ornement. Mais comme une légion étrangère qui
ne consent à passer au service d'une patrie nouvelle,
qu'à condition que l'ancien uniforme sera conservé,
tous ces noms, transplantés sur notre sol, gardèrent
leur forme, leur signification, leur genre et presque
leurs terminaisons. Ces noms que la langue de Cicéron et de Virgile nous transmit comme un bien de famille, ne voulurent point déroger à leur illustre
naissance; semblables à ces soldats de la Suisse et
de l'Écosse, qui laissoient à nos troupes françoises les
fatigues sur la frontière, se réservant l'honneur de garder la personne de nos rois aux portes du Louvre et
des Tuileries, ces noms d'origine romaine et patri-
cienne abandonnèrent à nos mots d'extraction plé-
béienne et gauloise le soin de la société matérielle, et
s'emparèrent de la société intellectuelle, se chargeant
d'exprimer nos plus beaux sentiments, *Liberté, Gloire*
et *Patrie!* Il n'appartenoit qu'à la langue des Césars
d'exprimer les nobles pensées de France.

De nombreuses familles de ces noms d'origine étrangère ne se conforment point au génie matériel de notre
langue. Cependant comme nous tenons beaucoup à la
simplicité de notre règle, fondée uniquement sur la
présence ou l'absence de l'e muet final, nous avons
mis ces familles au nombre des exceptions. Par là nous
n'avons pas altéré la généralité de notre formule.

Genre masculin. Tout nom, qui désigne un être intellectuel, est masculin, quand il n'est pas terminé par
un e muet :

Ex. *Abandon, conseil, effroi.*

Genre féminin. Tout nom, qui désigne un être intellectuel, est féminin quand il est terminé par un *e* muet :

Ex. *Abondance, Barbarie, Censure.*

Les exceptions du masculin se rapportent à celles de la règle précédente. En effet, les noms terminés par *me*, par *ge*, précédé d'une voyelle, par *tère, ice, cide, bre*, etc., sont masculins, tels que *athéisme, enthousiasme, courage, mystère, caprice, fratricide, ordre, opprobre, meurtre, massacre.*

Cependant amertume, coutume, estime, rage, avarice, justice, injustice, malice, sont régulièrement féminins.

Sont encore masculins, malgré leur terminaison, ces quelques noms isolés : *génie, doute, mensonge, mérite, reproche, scandale, scrupule, zèle.*

Les exceptions du féminin se réduisent à *foi, loi, mœurs, vertu*, féminins sans être terminés par un *e* muet. Puis enfin viennent ces nombreuses familles toutes féminines, terminées par *é, té, eur, ion*, comme *amitié, bonté, candeur, dilection.* Ici, cette féminité est d'origine latine. Elle n'offre aucune discussion. Cependant il ne faut pas confondre ces noms d'êtres intellectuels, avec des noms d'êtres animés et inanimés, tels que *traité, cœur, porteur, bastion*, qui sont régulièrement masculins.

C'est une preuve nouvelle que, dans la solution du genre, la signification est indispensable, et que la forme lui est entièrement subordonnée.

4.° NOMS DE GÉOGRAPHIE.

« On a dit plaisamment, rapporte Ch. Nodier, qu'il « y avoit cent mille mots françois qui n'avoient pas de

« genre : ce sont les noms de ville, qui sont cependant susceptibles de prendre de temps en temps l'adjectif.

« L'usage, qui vaut une règle académique, donne « communément le féminin à ceux qui finissent par « e muet, et le masculin aux autres. Mais Racine, « plus puissant que l'usage, a dit :

Une Jérusalem nouvelle, etc.

« C'est un italianisme ; nous disons encore *la Jé-* « *rusalem délivrée,* et tous les noms de villes sont fé- « minins en italien. Je voudrois bien savoir décidément « ce qu'ils sont chez nous. »

La réponse n'étoit pas difficile, et nous l'avons soulignée plus haut : aussi, malgré les exceptions apparentes, nous répondrons tout simplement par **notre** règle ordinaire :

GENRE MASCULIN. Tout nom de géographie est masculin, quand il n'est pas terminé par un *e* muet :

Ex. *L'Anjou, le Brésil, le Cantal.*

GENRE FÉMININ. Tout nom de géographie est féminin, quand il est terminé par un *e* muet :

Ex. *L'Angleterre, la Bretagne, la Corse.*

Cette règle est si simple qu'il semble qu'on doive révoquer en doute sa généralité. Voici quelques exemples à son appui :

« *Constantinople chrétienne* reçut l'idolâtrie, ainsi que « *Rome païenne* avoit reçu l'Évangile. (*Études historiques.*)

« *Avignon fut détruit* de fond en comble. » (*Idem.*)

« Celui qui commande à la mer fit cesser le vent par qui « la flotte sembloit être favorisée ; il en envoya un autre qui « la refoula violemment sur *la Cornouailles;* on jeta l'an « cre. » (*Idem.*)

« *Cherbourg* fut *incendié;* le château se défendit ; *Mon-*

«febourg, Valogne, *Carentan* furent *renversés* de fond
« en comble. »   (*Idem.*)

« *La nouvelle Athènes* a oublié la langue d'Homère,
« comme *elle* a abandonné les portiques du Parthénon. »
(*Itinéraire.*)

« *Horeb* et *Sinaï*, le *Carmel* et le *Liban*, le torrent *du*
« *Cédron* et la vallée de Josaphat redisent encore la gloire de
« l'habitant de la cellule, et de l'anachorète du rocher. »
(*Génie du Christianisme.*)

> Cinq ans *Marseille volée*
> A son juste possesseur,
> Avoit langui *désolée*
> Aux mains de cet oppresseur.
(*Malherbe*).

Les noms masculins, terminés par un *e muet*, sont
Bosphore, *Capitole*, *Caucase*, *Danube*, *Elbe*, *Euphrate*, *Gange*, *Rhône*, *Tage*, *Tibre*, *Tigre*, et
quelques autres qui ne sont pas de la langue usuelle,
tels que *Olympe*, *Parnasse*, *Pinde*, *Cocyte*, *Tartare*,
Permesse, *Xanthe*, etc.

> Le *Bosphore* m'a vu, par de nouveaux apprêts,
> Ramener la terreur du fond de ses marais.
(*Racine.*)

> Tels du fond *du Caucase* ou des sommets d'Athos,
(*Voltaire.*

Les noms féminins, malgré l'absence de l'*e muet* final,
sont *Aunis*, *Lys*, *Jérusalem*, *Tyr*, *Sion*, *Ilion*,
Albion, *Tunis*, *Memphis*, *Argos*, *Lesbos*, *Pylos*,
etc. Cependant ce genre doit nous paroître régulier,
car nous donnons à tous ces noms une prononciation
féminine : *Aunisse*, *Jérusalemme*, *Argose*, etc.,

> O *malheureuse Tyr* en quelles mains es-tu *tombée* ?
(*Fénélon.*)

> *Jérusalem* renaît plus *charmante* et plus *belle*.
(*Racine.*)

> Et déjà, *pâle* d'effroi,
> *Memphis* se pense *captive*.
(*Malherbe.*)

Je ne vous dis rien de *la Tunis* des anciens.

(*Chateaubriand.*)

Il faut aussi compter parmi les noms féminins de géographie les noms de rivières terminés par *a*, tels que *la Bérézina*, *la Plata*, *la Néva*. Cependant les noms de la même terminaison, qui désignent une ville, un pays, une montagne, sont régulièrement masculins, tels que *le Canada*, *le Jura*, *le Carla*.

INFLUENCE DIRECTE DE L'*E* MUET FINAL.

Après l'exposition des règles du Genre et de leurs exceptions, il y auroit à faire un chapitre très-intéressant sur les contradictions des dictionnaires. C'est-là que nous verrions ces oppositions de genre si brusques, qui mettroient à découvert l'incertitude où flottèrent toujours les grammairiens, relativement à la question si délicate du Genre des Noms. Peut-être ici faudroit-il, pour être impartial, faire la part de l'imperfection involontaire de la typographie. Les erreurs typographiques sont d'une grande portée, surtout dans un dictionnaire; mais elles sont presque inévitables. Car il n'est pas de dictionnaire qui ait été l'objet de soins plus constants que la huitième édition de Boiste; et cependant cette édition si soignée offre des fautes graves sur le Genre. *Alibi*, *augure*, *bruit*, *etc.*, y sont indiqués du genre féminin; tandis que *charge*, *drachme*, *obole*, *etc.*, y sont indiqués du genre masculin. Cependant comme cet exposé d'erreurs matérielles ne présente aucune considération philosophique, nous nous en dispenserons, pour passer à l'influence directe de l'*e* muet final.

L'*e* muet a une telle puissance pour déterminer le genre, le peuple est tellement soumis à son influence, que, si dans son langage journalier il estropie le genre d'un nom, c'est presque toujours relativement à cette voyelle finale, surtout quand la prononciation en détermine bien la présence ou l'absence. Ainsi on lui entend dire : *la belle arbre, la belle petite carosse, les bonnes légumes, une grosse orage, une grande incendie, la cimetière, la négoce utile, ma belle parafe, la grande esquelette, la jolie uniforme, j'ai la rhume, un souris-volant, quel toux affreux, quels grands dents. etc.* Ces expressions populaires ne sont point à mépriser, car *arbre, carosse, légume, orage, incendie, cimetière, négoce, parafe, squelette, uniforme, rhume,* sont irrégulièrement masculins; tandis que *souris, toux, dent,* sont irrégulièrement féminins. Quand on se dépouille des vieux préjugés de notre grammaire encore toute superbe, on dédaigne moins les expressions populaires; on s'aperçoit bientôt que, dans sa marche, le peuple suit toujours une grande loi, et qu'il l'observe souvent très-religieusement quand nous le croyons dans l'erreur. C'est surtout en cherchant à nous rendre compte de ces écarts si frappants du langage populaire, que nous nous sommes fortifiés dans notre foi en la puissance de l'*e* muet sur la langue usuelle.

Cette puissance est reconnue même des étrangers, car c'est fort souvent à la présence ou à l'absence de notre voyelle finale, qu'on peut attribuer leurs fautes sur le Genre des Noms françois. Questionnez en effet un de ces pauvres israélites brocanteurs dans toute l'Europe, qui portent leur modeste boutique de Beaucaire à Francfort, de là à Leipsic et peut-être à Mos-

cou; demandez-lui ce qu'il fait pour vivre, il vous
répondra en son mauvais françois : « *Moi faire la*
« *commerce.* » L'*e* muet final est presque toujours
son guide. Nous n'avons jamais pu oublier cette phrase
adressée, un jour de pluie, par un jeune alsacien à ses
condisciples « *Il fait une fort mauvaise tempse.* » On
eut peut-être tort de se moquer de lui, car enfin il étoit
conséquent : le genre féminin lui sembloit indispensable, dès qu'il employoit l'*e* muet final. On connoît
aussi l'histoire de cet allemand, qui, voyant tomber sa
malle du haut de la diligence, crioit au conducteur :
ma coffre! ma coffre! Le conducteur rioit de *la coffre*
du bon allemand, dont la faute étoit pourtant la sanc-
tion d'un des plus grands principes de notre grammaire.

Aussi rien n'est souvent moins naturel, dans Molière,
que les scènes plaisantes, où il fait parler les Suisses,
les Allemands, etc, en leur faisant mettre tout justement au masculin ce qui est féminin en françois, ou
bien au féminin, ce qui est masculin :

> S'il être *son fame*, ou s'il être *son sœur....*
> Ou bien pour temanter à *la palais* choustice.
> *La procès* il faut rien! il coûter tant d'archant!
> *La procureur* larron, l'afocat bien méchant. (*L'Étourdi*).

Molière vouloit faire rire, mais on peut douter qu'il
soit exact. Il y a bien plus de naturel dans ce couplet
du chansonnier royal où l'on fait dire à un anglois :

> Goddam! Goddam! *le nuit* dernier'
> Quel joli *rév'* je havais fait!
> Sur *le plac'* de grève d'Angleterre,
> *La bourreautte elle* me pendait.

L'*e* muet est là tout puissant; c'est ce qu'on désire
souvent dans Molière. Cependant Molière voulant faire

dire à un suisse, « *Je vois à votre visage que vous*
« *êtes nouveau dans cette ville, entrez dans ma petite*
« *maison* », le lui a fait dire d'une manière très-na-
turelle :

Fous nouveau dans *sti fil*, moi voir à *la fissage*,
Entre fous, entre fous, dans *mon petit maison*.

Toutefois, cette influence de l'*e* muet final n'est pas
une loi absolue. L'homme cherche toujours à rapporter
les choses qu'il ignore à celles qu'il connoît. Ainsi, un
étranger qui étudie notre langue, s'efforce de la rapporter à la sienne autant que possible, afin de diminuer le nombre des difficultés, et il donne aux noms
françois le genre qu'ils auroient dans sa propre langue.
C'étoit la pensée de Domergue, quand il disoit : « Deux
« obstacles surtout arrêtent l'étranger, qui désire être
« initié dans notre langue; d'abord, cette foule in-
« nombrable de noms où le sexe n'indiquant pas le
« genre, *dans l'absence totale de la raison*, chacun
« s'abandonne *au caprice* de son propre idiome, et
« calque sur la langue qu'il sait, la langue qu'il veut
« savoir. Ainsi l'Italien dit *le peur* et *la corosse*; l'Al-
« lemand *le lune* et *la soleil*; l'Anglois *le chandelle* et
« *la chandelier*; le Provençal *de l'huile fin* et *de bonnes*
« *anchois*. Je dois mettre ici au rang des étrangers, les
« François qui sont étrangers à langue françoise. » On
pourroit même y mettre quelques grammairiens.

C'est sans doute à ce principe qu'il faut rapporter
cette aventure curieuse arrivée entre un Turc savant
et astronome, et Chateaubriand à Alexandrie. *Ah!*
mon cher Atala, et ma chère René! s'écria le bon
disciple de Mahomet, en voyant notre illustre Écrivain.

« Aly-bey, dit en souriant l'auteur d'Atala, me parut
« digne, en ce moment de descendre du grand Sala-
« din. Je suis même encore un peu persuadé que c'est
« le turc le plus savant et le plus poli qui soit au
« monde, quoiqu'il ne connoisse pas bien le genre des
« noms en françois; mais *non ego paucis offendar*
« *maculis.* » Cependant l'erreur de ce turc s'explique.
La masculinité qu'il attribue à *Atala*, dut lui paroître
en harmonie avec les terminaisons des noms turcs
Aga, Pacha, allah, fellah, etc. Rien de plus puissant qu'une terminaison bien connue. Rien surtout
de plus embarrassant que d'être pris à l'improviste!
Nous avons prié plus de vingt personnes prises séparément de nous dire sur-le-champ et sans balbutier quel est l'amant ou l'amante dans *Procris* et
Céphale, ce qui revenoit à déterminer *le genre de
ces deux noms.* Ces personnes, questionnées en divers
lieux, ont toutes répondu que *Céphale* est l'amante,
et *Procris* l'amant. Erreur complète! La faute d'Aly-
bey fut reproduite en françois par des François. C'est
que la puissance de la terminaison est immense! La
même erreur, ou plutôt une incertitude complète se
manifesta au sujet des noms *Vertumne* et *Pomone*.
Comment distinguer le genre? où est le masculin? où
est le féminin? se disoit-on. Enfin on eut recours au
dictionnaire de la fable pour s'assurer s'il falloit dire
la belle Vertumne, le beau Pomone, ou bien *le
beau Vertumne, la belle Pompone.* Il est vrai qu'il
faut compter pour beaucoup la brusquerie de la question, et la rapidité forcée de la réponse. Mais enfin
il falloit bien se mettre dans la position d'Aly-bey. Revenons à l'influence de notre voyelle.

Puisque l'*e* muet se plaît à terminer les noms fé—
minins, notre orthographe pourroit profiter de cette
observation dans une foule de cas dont voici quelques
exemples :

Air, Aire.	Lieu, Lieue.
Bill, Bille.	Mur, Mûre.
Courroi, Courroie.	Oubli, Oublie.
Dîné, Dînée.	Polissoir, Polissoire.
Éclair, Éclaire.	Ratissoire, Ratissoire.
Fil, File.	Sel, Selle.
Gaz, Gaze.	Statut, Statue.
Heur, Heure.	Vol, etc. Vole, etc.

On nous a demandé sérieusement si nous désirerions
que l'usage admît cette loi si simple de l'*e* muet, et
qu'il fît par là disparoître cette foule importune d'exceptions qui embarrassent tant les étrangers. D'abord
nous devons dire qu'on se fait de l'étude du Genre une
difficulté monstrueuse, et surtout qu'on s'y prend mal
pour la vaincre. Ce n'est ni dans une grammaire, ni
dans une théorie, qu'on apprend facilement le Genre
des Noms ; c'est dans nos bons écrivains qu'il faut aller
le chercher. C'est-là qu'on voit l'emploi fixe du nom,
et l'harmonie du genre avec sa forme ou avec la pensée
qu'il exprime. On apprend peu ou mal la botanique
avec un herbier : c'est sur une belle pelouse, ou dans
une vaste prairie tout émaillée de fleurs, qu'il faut aller
surprendre les secrets de la nature. Un jeune Anglois,
se livrant à l'étude de la langue françoise, vouloit,
pour vaincre la difficulté du Genre, étudier sur-le-
champ notre Théorie : c'étoit une résolution courageuse ; mais il y avoit erreur. Nous lui conseillâmes

d'étudier d'abord quelques pages d'un de nos grands écrivains, d'y bien observer le Genre des Noms, et surtout de s'efforcer d'en reconnoître les lois. En peu de temps il sut toute *Athalie*. Qu'arriva-t-il? il savoit non-seulement le Genre, c'eût été peu, mais il savoit encore le françois, et il le parloit purement! Car dans Athalie se trouve la langue françoise tout entière. Non-seulement il *savoit* le Genre, mais il le *comprenoit*; différence immense! Aussi quand il revint à notre Théorie, il s'étonna qu'elle lui fût presque familière et presque entièrement connue. En général, dans l'étude des langues, on se plaît encore à méconnoître les prodigieux effets de quelques pages bien fixées dans la mémoire et bien soumises à l'observation.

Quant à ce qui concerne les modifications qu'on pourroit faire subir aux noms pour les ramener à la loi si simple de l'*e* muet, nous sommes bien éloigné de l'admettre. Nous savons qu'on cite l'exemple de Boileau, qui a réduit la terminaison de *chèvrefeuille* à celle de *cerfeuil :*

> Antoine, gouverneur de mon jardin d'Auteuil,
> Qui diriges chez moi l'if et *le chèvrefeuil.*

Nous pourrions dire que c'est en grammaire une exception de moins, comme on a dit qu'en poésie c'est une rime de plus; mais nous repoussons un pareil système de réforme. Il est dans les langues de mystérieuses harmonies que nous faisons disparoître, dès que nous voulons toucher à quelque forme délicate que nous comprenons à peine ; et nous voyons souvent une erreur, là où plus éclairés et plus attentifs nous devrions admirer une beauté. D'ailleurs on sait combien est puissaute dans la nature la loi des contrastes; peut-être y a-t-il une beauté réelle dans un nom masculin qui a une terminaison féminine; peut-être y a-t-il dans ce contraste un charme que l'habitude détruit en nous. Un nom féminin, qui a une terminaison masculine, nous offre peut-être l'emblème inaperçu d'une beauté *mâle*, ou plutôt la réunion de la grâce et de la force: harmonie touchante entre un genre et une forme qui se repoussent, et dont l'ensemble seroit pourtant une beauté. Il nous semble qu'avec un peu d'amour pour sa langue, on parviendroit, autant qu'il est permis à l'homme, à y découvrir ces harmonies mystérieuses, ces beautés méconnues, ces teintes suaves, ces touches gracieuses et ignorées, dont les mille détails nous échappent, et que la main divine y a répandues avec une profusion infinie. Mais oublions ce beau rêve et rentrons dans la froide réalité.

Le nom *mœurs* a une terminaison évidemment masculine. Il paroît même qu'il étoit jadis entièrement masculin, comme le prouveroient ces quelques vers du vieux roman de la Rose :

> Briefment, en fame a tant de vice,
> Que nus ne puet *ses mœurs pervers*
> Conter par rime ne par vers.

Peut-être est-il maintenant féminin, parce que nous le prononçons *mœurses*, comme s'il étoit terminé par un *e* muet. Toutefois sa forme est essentiellement masculine. Aussi Boileau, l'infaillible Boileau s'y est-il lui-même trompé; il a fait *mœurs* masculin dans les premières éditions de son art poétique :

> Que votre âme et *vos mœurs peints* dans tous vos ouvrages.

Quand on lui fit remarquer son erreur, il s'empressa
de corriger et mit :

Que votre âme et *vos mœurs peintes* dans vos ouvrages.

Mais quel ne fut pas son étonnement, en reconnoissant qu'il avoit commis une telle faute ! « Pourrez-
« vous bien concevoir, écrivoit-il à un de ses amis, ce
« que je vais vous dire, qui est pourtant très-vérita-
« ble ? Que cette faute, si aisée à apercevoir, n'a pour-
« tant été aperçue ni de moi, ni de personne avant
« M. Gibert, depuis plus de trente ans qu'il y a que
« mes ouvrages ont été imprimés pour la première fois;
« que M. Patru, c'est-à-dire le Quintilius de notre
« siècle, qui revit exactement ma Poétique, ne s'en
« avisa point ; et que dans tout ce flot d'ennemis qui a
« écrit contre moi, et qui m'a chicané jusqu'aux points
« et aux virgules, il ne s'en est pas rencontré un seul
« qui l'ait remarquée. Cela vient, je crois, de ce que
« le mot de *mœurs* ayant une terminaison masculine,
« on ne fait point réflexion qu'il est féminin. » La
remarque de Boileau est très-juste. Mais combien est
puissante une simple terminaison, pour tromper non-
seulement Boileau et ses amis, mais encore ses ennemis; car rien de plus intelligent que la haine. Pour
nous, grammairien, nous admirons cette toute-puissance d'une forme grammaticale, et nous sommes
heureux de voir que l'absence de l'*e* muet final en avoit
imposé à tout le siècle de Louis XIV.

Molière fit une faute opposée; il donna à *épiderme*
la féminité que sa terminaison exige, et que l'usage
lui refuse :

La beauté du visage est un frêle ornement,
Une fleur passagère, un éclat d'un moment,

Et qui n'est attaché qu'à *la simple épiderme.*

(*Femmes savantes*).

On doit remarquer que Molière ne se corrigea pas. Cette féminité, qu'on critique, ne lui parut donc pas vicieuse. Peut-être Molière et son grand siècle sanctionnoient-ils par leur silence la puissance d'une terminaison toute féminine.

Quand Boileau dans son incertitude s'écrioit :

> De quel genre te faire *équivoque maudite*
> Ou *maudit* ?....

On peut remarquer qu'il fit d'abord *équivoque* féminin ; son oreille étoit son guide ; il sembloit donner la préférence à la féminité et exclure la masculinité, comme étant contraire à la forme. Cette exclusion est aujourd'hui réalisée ; *équivoque* est entièrement féminin.

Minuit fut, dit-on, très-long-temps féminin, à cause du mot *nuit* dont il est composé, et surtout à cause de la particule *mi*, qui est toujours accompagnée de la féminité, comme dans *la mi-Juillet*, etc. Cependant la terminaison l'a emporté, et *minuit* est régulièrement masculin.

Après-midi est féminin dans plusieurs dictionnaires, à la fois masculin et féminin dans quelques-uns, enfin uniquement masculin dans quelques autres. Le féminin étant contraire à la forme doit être rejeté.

Cigare vient de l'espagnol *cigaro*, nom masculin. Nous avons transporté ce nom dans notre langue en le terminant, suivant notre louable coutume, par notre inévitable *e* muet ; puis nous lui avons laissé la masculinité qu'il avoit dans sa propre langue. C'est une erreur que quelques dictionnaires ont déjà fait disparoître en indiquant *cigare* féminin. Nous sommes de cet avis.

On sait que jadis *Bronze* étoit féminin, comme *Platine*, etc. Cette phrase de Voiture le prouve :

« Elles ne se peuvent non plus comparer à elle, que la *Bronze* à l'or.

On sait aussi que les savants ont masculinisé ce nom, comme bien d'autres.

Horloge étoit jadis masculin, en voici un exemple tiré de Froissard :

« *Lequel horloge* fut *amené* et *charroyé* en la ville de « Digeon, en Bourgongne, et fut la *remis* et *assis*, et y sonna « les heures 24 entre jour et nuict. »

Si le texte que nous avons sous les yeux est fidèle, Voltaire auroit encore employé ce nom au masculin dans sa correspondance générale :

« Il est aussi ridicule de dire que l'arrangement du monde « ne prouve pas un artisan suprême, qu'il serait impertinent « de dire qu'*un horloge* ne prouve pas un horloger.

Toutefois ce nom est aujourd'hui régulièrement féminin :

« Dieu est un profond secret; l'homme créé à son image « est pareillement incompréhensible. C'étoit donc une inef- « fable harmonie de voir ses jours réglés par des *horloges* « aussi *mystérieuses* que lui-même.

(Génie du Christianisme).

Le mot *Érysipèle* est désigné par tous les dictionnaires comme masculin. Jadis on l'écrivoit *Érésipèle* et alors il étoit féminin :

« *Une grande érésipèle* à la jambe la faisoit beaucoup « souffrir. » (*Girault Duvivier*).

Nous ne voyons pas ce qui a pu faire changer ainsi ce genre.

Le génie même n'est pas à l'abri de l'influence de l'*e* muet. Chateaubriand nous en offre un nouvel exemple. Cet Écrivain illustre sait très-bien, et il nous l'a prouvé plusieurs fois, que le mot *Calque* est masculin : c'est une irrégularité, il est vrai ; mais enfin elle est bien établie dans la langue. Cependant, séduit par la trompeuse voyelle, Chateaubriand a employé *calque* au féminin, dans son admirable préface des études historiques :

« Peut-être aujourd'hui met-on trop de prix à la ressem-
« blance et pour ainsi dire *à la calque* de la physionomie de
« chaque époque. »

Ici la féminité est trés-harmonieuse. Remplacez la par le masculin, et l'harmonie est détruite ; la phrase est à refaire. Singulier pouvoir d'une terminaison !

Le mot *Oasis* n'a pas un genre fixe. Comme nous le prononçons *Oasisse*, c'est de là sans doute que lui vient la féminité que lui accordent Boiste, Gattel, etc., et que l'usage a admise.

La grande Oasis a toujours dépendu de l'Égypte.
                                    (*Malte-Brun*).

Quelques dictionnaires indiquent *Oasis* masculin, peut-être à cause de sa forme. Chateaubriand semble consacrer ce genre par ce passage de l'Itinéraire :

« C'étoit une espèce d'*Oasis civilisé*, une Palmyre au mi-
« lieu des déserts et de la barbarie. »

On voit qu'ici l'ambiguité du genre repose sur une forme matérielle et positive, et sur une forme relative parce qu'elle n'est que vocale. Trévoux a adopté le masculin.

Amiante est un nom d'une terminaison essentiellement féminine, et qui a été forcément masculinisé par les savants. Ce qui a fait dire au spirituel Ch. Nodier : « Il n'est pas certain que *l'amiante* soit absolument « inaltérable au feu, et il est moins certain encore que « ce soit un substantif masculin, car il est toujours « féminin dans l'usage. » Pourquoi les savants foulent-ils donc aux pieds le génie de notre langue? C'est sans doute pour tout concilier que quelques grammairiens ont indiqué ce nom comme étant des deux genres. Trévoux l'indique d'abord masculin et féminin tout à la fois, puis uniquement féminin. Nous adoptons cette dernière décision.

Le mot *Dot* offre les deux genres : l'un est le résultat de sa forme, et l'autre de sa prononciation. Montaigne a dit au masculin :

« D'aller chercher une femme qui le charge *d'un grand dot.*

Comme nous prononçons *dotte*, nous le faisons féminin :

« Une nation n'appartient point en propre.... une nation « n'est pas une *dot.* » (*Fénélon*).

Pendule a les deux genres. S'il désigne une horloge, il est régulièrement féminin :

« Les philosophistes, en voulant analyser la société, ont « imité les enfants, qui démontent *une pendule* pour en voir « le grand ressort. (*Boiste*).

Mais s'il désigne le balancier d'une pendule, ou bien cet instrument que le Physicien fait osciller pour me-

surer la durée, il est alors masculin. Est-ce une erreur?
est-ce une beauté? l'usage a presque décidé la question, dans ce bel exemple :

« L'astre, enflammant les vapeurs de la cité, sembloit
« osciller lentement dans un fluide d'or, comme *le pendule*
« de l'horloge des siècles.   (*Chateaubriand*).

Ovale, terme d'architecture, est irrégulièrement
masculin, comme bien des termes de sciences. Le peuple a donné ce nom à un petit instrument propre à
tordre la soie, mais il l'a fait féminin. Au moins il est
conséquent.

Triomphe, trouble, manque, etc., sont masculins
dans la langue usuelle ; mais le peuple a féminisé tous
ces mots dans ces phrases qui sont à lui : *Jouer à la
triomphe, pêcher à la trouble, il y a une manque
dans cette dentelle, etc.*

Relâche, qui signifie temps de repos, est aujour-
d'hui masculin. Mais jadis il étoit féminin :

« Le pauvre peuple avoit été tellement pillé, vexé, sac-
« cagé, rançonné et subsidié sans *aucune relâche.* »
                              (*Vie des Valois*).

Les matelots, dans leur langue simple et naturelle,
ont conservé ce genre si régulier :

« Le port de Baldivia n'est pas *une très-bonne relâche.*
                              (*Trévoux*).
« Nous fîmes *une relâche* de quinze jours au Brésil.
                              (*Gattel*).

Jadis *chanvre* étoit féminin, et une grande partie
du peuple a conservé cette régularité. Dans les campagnes, on dit encore : *semer, arracher la chanvre.*

Le bon La Fontaine, a imité le peuple, naturel comme lui :

> Il arriva qu'au temps où *la chanvre* se sème....
>
> *La chanvre* étant tout-à-fait *crue:*....

Sur quoi Ch. Nodier a dit : « La Fontaine a fait « *chanvre* féminin sans nécessité, pour la mesure ou « la rime. Il faut que les étrangers connoissent cette « exception, d'ailleurs fondée sur l'étymologie : *can-* « *nabis* est féminin. » Il est à parier mille contre un que La Fontaine ne s'est jamais guère inquiété de l'existence de *cannabis*, et surtout du genre qu'il a en latin ! Qu'importe en effet à un nom françois le genre d'un nom étranger? D'ailleurs *chanvre* pourroit aussi bien avoir pour racine *cannabum*, qui est neutre ; et alors que devient l'étymologie dans cette question du genre? Encore une fois, l'influence de l'étymologie doit être nulle ; elle seule a altéré le genre d'une foule de noms françois, qui, sans elle, auroient le genre qu'exige leur terminaison.

Le mot *tige* est régulièrement féminin :

> « Le plaisir est une fleur qui naît sur *la tige* de la vertu.
>
>   (*Young*).

Autrefois ce nom étoit masculin. On lit dans la Satyre Ménippée:

> « Le roy que nous demandons est desjà faict par la natu « re, né au vray parterre des fleurs de lis de France, jetton « droit et verdoyant *du tige* de sainct-Loys. »

« Il est inutile, reprend Ch. Nodier, de dire que *tige* « n'est plus masculin, et qu'on ne voit pas ce qui a pu « lui faire changer de genre, puisqu'il vient selon toute « apparence du latin *tegimen*. » Ce respect de nos savants pour l'étymologie est funeste au génie de notre langue. Heureusement, le peuple ignore les secrets de l'étymologie ; et, quand il veut déterminer le genre d'un nom françois, il ne va pas fouiller le sépulcre d'une langue morte ; il ne consulte que sa propre langue et ne se trompe point.

« *Dialecte*, dit encore Ch. Nodier, est indiqué
« dans quelques dictionnaires comme un substantif de
« genre douteux. Danet, Richelet, le *Novitus* le font
« féminin, et la méthode grecque de Port-Royal,
« masculin : préface de l'édition de 1695, p. 17, 28,
« etc. en quoi elle est suivie presque universellement.
« Il semble qu'on auroit dû se conformer au procédé
« des latins qui lui ont donné le même genre qu'en
« grec. »

Mais où en serions-nous donc, s'il falloit aller de-mander non-seulement à la langue latine, mais encore à la langue grecque, le genre d'un nom françois ? *Dialecte* doit-être féminin, à cause de sa terminaison. C'est sa forme qui a guidé Ch. Nodier lui-même, quand il a dit, dans son examen critique des dictionnaires :

« Je ne pense pas cependant que le V ait appartenu *à la dia-*
« *lecte propre* d'Homère ; ou, comme l'avance quelque part
« un savant, que *toutes les dialectes* aient encore été *confon-*
« *dues* dans une seule langue à l'époque où il écrivoit. »

Cette féminité est gracieuse ; cependant Ch. Nodier se laissa bientôt influencer, puisque, balançant entre l'usage et la forme, il a dit quelques pages après :

« Il reste des traces de sa première valeur dans le bas-bre-
« ton, dans le gallois, dans plusieurs langues du nord, et
« même dans le *dialecte* ou *la dialecte* de Toscane. »

Enfin cédant totalement à l'usage, et oubliant entièrement la forme ; Ch. Nodier, dans sa linguistique, rejeta le féminin , et dit :

« Il avance, en parlant d'*un de ces dialectes*, qu'il n'y
« en a point de plus *substantiel* et de plus philosophique
« parmi les langues les plus perfectionnées de l'Europe. »

Si l'usage étoit une chose qu'on pût vaincre, nous dirions que *dialecte* est féminin, à cause de sa forme. Cependant la masculinité, que l'usage a adoptée, pourroit peut-être s'expliquer par la prononciation. En effet, nous prononçons ce mot comme *correct, indirect.* La prononciation absorbe donc l'*e* muet final, et c'est ainsi sans doute que la féminité a disparu.

Le mot *coche*, synonyme de *voiture* est aujourd'hui masculin :

> Dans un chemin montant, sablonneux, malaisé
> Et de tous les côtés au soleil exposé,
> Six forts chevaux *tiroient un coche.*
> (La Fontaine).

Autrefois il étoit régulièrement féminin. Une lettre de Henri IV à Sully nous l'apprend. Ce bon roi dit à son ministre qu'il n'a pu aller le voir, parce qu'il n'avoit pas *sa coche.* Cette féminité étoit très-régulière.

Dans ses nombreuses additions au dictionnaire de Boiste , Ch. Nodier offre comme très-usité en province le mot *Mét*, désignant un pétrin ; et il l'indique féminin. Or ce genre n'est pas d'accord avec la forme du mot. Mais pourquoi ne l'avoir pas écrit comme précédemment *Mée* ou *Maie.* Du moins cette orthographe régulière avoit été consacrée par J.-J. Rousseau :

« Un jour que j'étois seul dans la maison, je montai sur *la*
« *maie* pour regarder dans le jardin des hespérides ce précieux
« fruit dont je ne pouvois approcher. »

Nous ne signalons que cette anomalie, parce que les autres ne nous offrent aucune autorité chez nos écrivains, pour les combattre. On pourroit de beaucoup étendre l'empire de l'*e* muet final, dans la question du genre.

Espace est masculin très-irrégulièrement.

« Pour être heureux, il faut peu changer de place et tenir peu d'*espace*. (*Fontenelle*).

« Ce nom, dit ironiquement Lemare, ne peut être « féminisé que par *quelques garçons imprimeurs* ! » Lamare a tort, car Gattel nous observe que *Espace* étoit autrefois entièrement féminin., comme le prouve ce passage de Montaigne :

« Il me montra *une espace* pour signifier que c'estoit autant « qu'il en pourroit en *une telle espace*.

Le *garçon imprimeur* est donc resté fidèle à la tradition et surtout à la forme ! Que penser maintenant de l'ironie insultante de Lemare ! En fait de langue, un *garçon imprimeur* vaut peut-être mieux qu'un grammairien ! Car enfin, n'écoutant que le génie de sa langue; il agit sans système, et n'impose pas pour loi absolue ce qui lui passe par le cerveau.

Ce sont encore *quelques garçons imprimeurs* qui ont conservé à *Interligne* la féminité que quelques grammairiens lui ont ôtée, et que la forme et l'étymologie réclament.

Ici, on pourroit se livrer un instant à des réflexions bien graves. Tout ce qui précède doit nous convaincre d'une grande vérité; c'est que, relativement à notre langue, le peuple, loin d'avoir jamais fait autorité, a été pour les grammairiens un objet constant de mépris et d'insulte. La grammaire se ressent encore de cette époque fameuse, où la royauté absolue disoit : « *La France, c'est moi.* » Mais le peuple, en s'appropriant cette expression, lui a rendu sa signification unique. La grammaire dit donc encore aujourd'hui : « *La langue, c'est moi.* » Et il semble que le peuple, nouvellement rentré dans ses droits, n'a pas encore eu le temps de lui prouver que *la langue, c'est la nation.* Expression belle de vérité, signification positive, qui révèle les desseins de Dieu ; et qui annonce hautement que les langues, comme les rois, ne sont faites que pour les peuples.

On doit déplorer amèrement l'obstination du grammairien françois à dédaigner le langage populaire, qui doit être l'unique base des observations grammaticales. Quand l'homme de génie veut approfondir son art, agrandir sa pensée, surprendre la nature dans ses secrets, il ne se plonge point dans un isolement absolu ; il ne se perd point dans l'idéal, dans le vague ; il ne travaille point dans le vide ; au contraire, il recherche l'homme du peuple, pour l'observer ; il se mêle à la foule pour l'entendre : c'est là qu'il puise de sublimes inspirations ; c'est là qu'il trouve d'immortels chefs-d'œuvre ! Grammairiens, voulez-vous donc connoître votre langue? Fuyez la science systématique et guindée ; attachez-vous au peuple, car c'est là qu'est la loi ! attachez-vous à la foule simple et naïve, car c'est là qu'est la nature ! Étoit-ce donc à la savante Académie que Molière alloit lire ses grands chefs-d'œuvre, avant la représentation? Dédaignant l'exactitude du grammairien, et l'expérience du littérateur, il se confioit à un domestique ignorant, à une pauvre cuisinière. Voila les juges de Molière, qui les regardoit comme infaillibles. Cet homme de génie exigeoit surtout que des enfants assistassent aux répétitions de ses pièces ; et il ne jugeoit du succès futur que d'après les émotions présentes du naïf auditoire.

C'est donc surtout au langage des enfants du peuple que le grammairien devroit s'attacher, comme à une source pure de vérités grammaticales. Là, tout est exempt de système, tout est dans la simple nature. Le penchant de l'enfant à généraliser, joint à son admirable ingénuité, révèle souvent de grands secrets dans les langues. En effet, ces expressions populaires *J'étions*, *J'avions*, etc. avoient été pour nous l'objet de recherches aussi fréquentes qu'infructueuses. Nous ne pouvions découvrir la source d'une faute, que pourtant tout le peuple a admise. Si cette faute n'eût été que partielle, attachée à telle ou telle province, nous l'eussions négligée, comme un fait isolé qu'on explique rarement ; mais comme elle étoit générale, elle n'étoit plus à dédaigner. Cette généralité nous sembloit tout-à-fait remarquable ; elle étoit pour nous un fait oublié, méprisé peut-être, mais qui devoit renfermer une vérité méconnue. Enfin un enfant nous mit sur la voie. Il s'agissoit d'une dispute toute récente, dont il nous donnoit les détails. Les autres enfants debout écoutaient le petit orateur. Pendant son récit très-animé, ses gestes excitèrent surtout notre attention. Bientôt nous remarquâmes que toutes ces expressions *J'étions*, *J'avions*, etc., étoient traduites par l'enfant en deux gestes aussi remarquables que distincts. Le premier geste traduisoit le *Je*,

signe positif de l'individu qu'il désignoit parfaitement,
de l'individu qui racontoit au nom de tous. Aussi ce
geste si expressif, si direct, nous rappela-t-il ce vers
de Racine, où Oreste dit à Pyrrhus :

> Avant que tous les grecs vous parlent par ma voix.

Le second geste, plus grand, plus large, plus développé que le premier, traduisoit le *étions*, signe
réel d'une société présente qu'il désignoit évidemment,
d'une société qui agissoit d'un commun effort, par celui
qu'elle s'étoit choisi pour chef. Aussi trouvâmes-nous
une énergie rare dans ces expressions, qui offrent d'un
seul trait l'union intime, indissoluble de la société et
de l'individu, surtout de l'individu qui agit au nom
de toute la société, et qui pourroit disposer de la force
de cette société, comme il dispose de ses formes du
langage, qu'elle lui confie, quand il parle en son nom.
Car il faut remarquer que *j'étions*, *j'avions* ne sont
pas des expressions uniques, exclusives : on dit aussi,
dans le peuple, *j'étois*, *j'avois*, etc., et ces expressions
différentes ne s'emploient pas l'une pour l'autre : elles
sont toujours en harmonie avec la pensée qui domine ;
en un mot, l'emploi de *j'étions*, *j'avions*, etc. n'est
pas arbitraire ! Rarement l'homme du peuple s'isole ;
il met en pratique ce passage de l'Écriture : *Il n'est
pas bon que l'homme soit seul.* Quand il agit, il croit
toujours prendre part à une action générale ; et cette
idée fixe de l'individualité jointe à la généralité, d'une
manière indissoluble, est exactement traduite par ces
formes populaires tant ridiculisées, et dont l'énergie
et la précision ne se remplaceront jamais. Le savant qui,

dans l'intérieur de son cabinet, se dit « *Je travaille* »,
nous peint son isolement, la constance de ses efforts et
l'unité de sa force. Mais le pauvre mercenaire, qui,
au fond d'une carrière ou d'une mine, dit « *J' tra-*
« *vaillons* », nous raconte *en* un seul mot sa propre
histoire, et celle de la foule infortunée, qui, comme
lui, gagne son pain à la sueur de son front.

Peut-être, cette solution ne plaira-t-elle pas à tous;
mais au moins, elle prouvera qu'en fait d'expressions
populaires, il ne faut pas recourir à un injuste mépris.

Il n'est pas jusqu'aux *T* et aux *S* que le peuple emploie si souvent, qu'on ne puisse expliquer d'une manière très-heureuse. Ici l'injustice est criante ! Si c'est
la langue savante qui emploie ces consonnes, on les
appelle *euphoniques ;* si c'est le peuple, on les traite de
ridicules. Oui, si un homme de talent, se dépouillant
des préjugés de la science, pouvoit se décider à passer
sa vie dans le peuple et à parler uniquement la langue
du peuple, il découvriroit bientôt de grandes vérités,
d'admirables harmonies, là où la science orgueilleuse
et vaine n'aperçoit qu'erreur et désordre !

Dans la vie des langues, comme dans la vie des
peuples, Dieu suscite des hommes à l'âme forte, à la
haute capacité, qui viennent, à la fin d'un siècle, unir
l'époque qui finit, à l'époque qui commence. Fidèles
aux traditions de l'ère passée, ils ne comprennent pas
toujours l'ère qui va s'ouvrir ; souvent même ils la mé-
connoissent, et s'effraient de l'avenir, tandis que l'époque nouvelle, entonnant des hymnes joyeux, marche
vers des destinées inconnues. Il y a donc encore debout,
sous nos yeux, de ces hommes à haute mission, qui,

fidèles aux traditions pures du grand siècle de Louis
XIV, voudroient voir notre époque ranimer la muse
de Racine, et la voix de Bossuet ! Prévoyance touchante de ces hommes qui désireroient léguer à leur
postérité le magnifique héritage qu'ils avoient reçu de
leurs pères ! Mais prévoyance inutile ! Le temps à marché : il ne recule jamais. La langue de Racine et de
Bossuet est une langue morte : nos enfants l'étu-
dieront, comme celle de Virgile et d'Homère.

Il est aussi dans chaque époque de ces hommes nouveaux, à vue étroite, à courte taille, qui, comprenant
mal l'époque passée, voudroient voir disparoître ce qu'ils
appellent des abus, refaire la langue, rendre ses formes
plus naturelles et plus simples selon eux. Insensés, qui
ignorent que l'histoire des langues a aussi ses transitions
délicates, qu'elle rejette les passages trop brusques d'un
fait à un autre, et qu'elle ne souffre pas que l'on déchire
la page qui lie deux époques ! Ce n'est pas dans la volonté
impuissante d'un homme qu'il faut aller chercher la
source des changements d'une langue, c'est dans les
révolutions du peuple. Quand la Réformation religieuse
eut envahi le seizième siècle, notre langue s'altéra dans ses
formes, et se renouvela comme la société qui s'en servoit.
Lorsqu'une langue a changé, c'est qu'une époque finit.

Notre siècle est sous l'influence d'une révolution immense ; notre langue s'altérera donc pour subir une
réforme ; mais cette réforme sera lente et inaperçue.
Résultats immédiats des événements, les changements
arriveront sans être brusques ; tout se modifiera sans
précipitation, tout jusqu'à la simple orthographe ; et
ces modifications seront toujours en harmonie avec les

temps. La suppression d'une simple lettre pourra traduire la suppression d'un grand abus ; comme l'admission d'une nouvelle forme dans la langue pourra exprimer l'admission d'une vérité jusque là méconnue dans le peuple. Ainsi, sujettes à des modifications continuelles, les langues se décomposent, se renouvellent sans cesse, et elles n'arrivent à l'immobilité que dans la tombe.

Mais revenons à l'influence de l'*e* muet final.

Le peuple féminise toujours le mot *ongle*. La Fontaine, qui pensoit et parloit si naïvement, a imité le peuple ; il a dit dans sa fable de l'Autour, l'Alouette, etc.

> Lorsque, se rencontrant sous la main de l'oiseau,
> Elle sent *son ongle maligne*.

« Ce n'est pas ici une autorité, dit Ch. Nodier, car « c'est plus qu'une liberté. C'est une faute, puisqu'à « cette expression près, *ongle* est partout masculin, « comme *unguis*, dont on le tient dérivé. » Mais encore un fois, qu'importe le genre d'un nom latin au genre d'un nom françois ? Le peuple françois parle sa langue, comme le peuple latin a parlé la sienne, chacun suivant son génie. D'ailleurs on pourroit disputer ici sur les origines, et dire que *ongle* vient du latin *ungula*, qui est féminin. *Ongle* devroit donc être féminin à cause de son étymologie et de sa forme. Du reste, il étoit autrefois féminin dans l'usage, puisque Montaigne a dit :

« Ailleurs où l'on ne coupe que *les ongles* de la droite, « *celles* de la gauche se nourrissent par gentillesse. »

On lit dans Lemare : « Les dictionnaires disent *de*

« *l'orge mondé*, *de l'orge perlé*; hors de là, *de la*
« *belle orge*, *etc.*, cette distinction est ridicule. Do-
« mergue, d'après l'étymologie, fait toujours *orge* mas-
« culin. » Oui, sans doute, toutes ces distinctions sont
ridicules, et l'étymologie est plus ridicule encore. *Orge*
devroit être féminin dans tous les cas; le génie de notre
langue l'exige. Toutefois, l'Académie s'est prononcée :

« Dans ces deux phrases *orge mondé*, *orge perlé*, et dans
« ces deux phrases seules, *orge* prend le genre masculin. »

Cependant, malgré cette décision, on trouve le
féminin employé même dans les deux phrases ci-dessus.

On ignore si Bernardin de St.-Pierre a employé le
masculin ou le féminin dans cette phrase :

« *L'orge*, *destinée* aux lieux secs, a des feuilles larges et
« ouvertes à leur base, qui conduisent les eaux des pluies à
« sa racine. »

Quelques éditions indiquent l'emploi du masculin,
d'autres l'emploi du féminin. Nous avons adopté le
genre qui nous paroît le plus naturel. Les exemples
suivants justifient notre choix :

« Les chevaux de Perse sont robustes et très-aisés à nour-
« rir; on ne leur donne que de *l'orge mêlée* avec de la paille
« hachée mince. (*Buffon*).

On doit couper *l'orge*, quand *elle* est bien *mûre*.

                    (*L'abbé Rozier*).

On sait cependant que Roucher, dans son poëme
des Mois, a masculinisé ce mot :

    Le prodigue semeur suit d'un pas mesuré ;
    Il verse le blé noir et le millet doré,
    Et *l'orge*, *ami* d'un sol mêlé d'un peu d'arène.

Mais cette masculinité ne doit pas être imitée.

Il y avoit jadis en France des états de la langue d'*Oc*, et de la langue d'Oyle. On disoit alors *la langue d'Oc*. Plus tard on en fit le nom d'un pays, et comme il n'étoit pas terminé par un *e* muet, on le fit masculin : *le Languedoc.*

Acabit, clergé, départ, entresol, parloir, pistolet, ripopé, trafic, régulièrement masculins, ont pourtant été féminins; mais alors ou les écrivoit : *acabie, clergie, départie, entresole, parloire, pistole, ripopée, trafique :*

> Afin que rien ne l'en console,
> Trouver partour *une entresole.*
> *(Trévoux)*

« Moult fut piteuse *la départie.* (*Vie de Duguesclin*).

« Nous ne voulions nous amuser à ouyr *toutes leurs par-* « *loires.* (*Satyre Ménippée*).

« Soudain coururent à nous les dicts six guetteurs, chacun « *la pistole* en main, et le chien abattu. (*Id*).

« Délibérer d'abandonner *cette trafique.* (*Montaigne*).

Dans tous ces exemples on doit reconnoître la puissance immédiate de l'*e* muet.

On dit encore *les Instituts* ou *les Institutes* de Justinien, et ces deux expressions ont chacune le genre qui convient à leur terminaison.

Bonheur, malheur, régulièrement masculins, sont formés des adjectifs *bon* et *mal* (inusité), et du vieux nom masculin *heur :*

> *Quel plus grand heur* pouvoy je me promettre
> Que de fouler aux pieds la couronne et le sceptre!
> Mais, hélas! *ce grand heur* n'a pas long-temps duré.
> *(Satyre Ménippée.)*

A la bonne heure, à la male heure ou *malheure,*

sont régulièrement féminins, comme le nom *heure*, dont ils sont formés :

« Le comte de Foix tenoit *à la male heure* un petit long « coutel. (*Froissard*).

> Allez à *la malheure*, allez, âmes tragiques,
> Qui fondez votre gloire aux misères publiques.
>
> (*Malherbe*).

Honneur étoit autrefois féminin :

« *Toute honneur* étoit là dedans *trouvée.* » (*Froissard*).
« La Duché de Nike qui ére *une des plus altes honors* de « la terre de Romanie. (*Ville Hardouin*).
« Le Roi son mari lui en recorda assez et du grand état « qu'il avoit trouvé, et des *honneurs* qui étoient en France, « *auxquelles* de faire, ni de l'entreprendre à faire, nul autre « pays ne s'accomparaige. (*Chroniques*).

Aujourd'hui ce nom est régulièrement masculin :

« *Le véritable honneur* est d'être juste. (*Boiste*).

Poison, régulièrement masculin, étoit jadis féminin. « En effet, dit Ménage, c'est de ce genre qu'il « devroit être, selon son étymologie latine *potio*, qui « est féminin. »

> D'où s'est *coulée* en moi *cette lâche poison.*
>
> (*Malherbe*).

« Mais nous savons bien *la contre-poison*, si cela advient. (*Satyre Ménippée*).

Ch. Nodier dit, en citant le vers de Malherbe : « Je « rapporte cet exemple dans la seule intention de prou- « ver que la langue du peuple, si *grossière* et si *défec- « tueuse*, n'a point de locution qui n'ait son autorité. « C'est là qu'il faut rechercher tous les archaïsmes de « la langue littéraire. »

La langue du peuple peut être *défectueuse* relativement à l'usage existant, mais elle est bien loin d'être
grossière. Si la foule dit encore *de la poison*, c'est
qu'elle est restée fidèle à la tradition. D'ailleurs ce mot
appartient à une famille encore entièrement féminine :
cloison, foison, toison, pamoison, etc. Dès lors, il
n'est plus étonnant que le peuple féminise encore *poison*, malgré l'absence de l'*e* muet final; car une tradition et une forme féminine l'y autorisent.

N'est-ce pas Ch. Nodier qui a dit ailleurs; « C'est
« le peuple, qui, sans s'en douter, parle la langue sa-
« vante; parce que plus fidèle aux traditions, il ne re-
« çoit que fort tard les modifications du langage. »
Nous souscrivons de tout notre cœur à de si sages paroles.

Doute étoit jadis régulièrement féminin :

Nos *doutes* seront *éclaircies*....
C'est *la doute* que j'ai qu'un malheureux m'assaille....
(*Malherbe*).

Cependant ce genre ne paroît pas avoir été généralement adopté, puisque Montaigne avoit dit avant Malherbe :

« Le mien fut qu'on évitast surtout de donner aucun té-
« moignage de *ce doubte*. »

Peut-être l'*e* muet final a-t-il trompé Malherbe, comme
il a trompé bien d'autres écrivains.

Montaigne nous offre un bien plus grand exemple de la
puissance de la terminaison; il a employé *Mensonge*
au féminin :

« Certes je ne m'asseure pas que je peusse venir à bout de
« moi, à guarentir un danger évident et extresme, par
« une *effrontée et solennelle mensonge*. »

Si jamais nous avions proposé de féminiser ce mot, à cause de sa terminaison, n'auroit-on pas crié à l'abus des théories, à la fureur des systèmes ! Et cependant, un de nos premiers écrivains nous offre un exemple de cette féminité régulière.

Que ne diroit-on pas, si nous proposions de féminiser *âge, inventaire, auditoire, ordre, reste, risque?* et cependant on en trouve des exemples :

> Henri, de qui les yeux et l'image sacrée,
> Font un visage d'or à *cette âge ferrée.*
> (*Malherbe*).
> Outre *l'âge* en tous deux un peu trop *refroidie.*
> (*Corneille*).

« Or entre les hardes de la valize, dont *l'inventaire* fut *faicte*. (*Satyre Ménippée*).

> Icist chanoines que je dis
> Ont *bone ordre.* (*Bible Guiot*).

« Il résolut de tenter *la risque.* (*Brantôme*).

« L'état mal assuré, *la risque* d'un vaisseau.

> (*Satyre Ménippée*).

« Les roytelets et autres oisillons du ciel font la guerre à « *toute reste.* (*Id.*).

Autrefois l'Académie avoit féminisé *auditoire*, désignant le lieu où l'on s'assemble. Peut-être est-ce à la prononciation qu'il faut attribuer la disparition de cette féminité régulière; car on doit remarquer qu'elle absorbe presque entièrement l'*e* muet final.

L'usage tend puissamment à masculiniser *Rouge-gorge* :

« *Le rouge-gorge* répète sa petite chanson sur la porte de « la grange, où il a placé son gros nid de mousse.

> (*Chateaubriand*).

Pourquoi donc dépouiller ce nom de la féminité

que lui accordent le peuple, son étymologie et sa forme.

Panache est irrégulièrement masculin :

« L'heure est donc venue où la France doit couvrir d'un
« voile *son superbe panache*, et laisser tomber sa tête dans
« le giron de l'Angleterre.

(*Jeanne d'Arc de Shakspeare*).

Cependant l'*e* muet a fait souvent rentrer ce nom dans la règle générale, surtout dans l'ironie :

« Ils ont bonne grâce à porter *la panache* au bonnet, pour
« effrayer les mouches.   (*Satyre Ménippée*).

Tous les dictionnaires indiquent *Losange* régulière-ment féminin. Nous avons déjà observé que les géomè-tres ont masculinisé ce mot. L'usage adopte ce genre, et même il est d'un bel effet dans ce passage d'Atala :

« Cependant l'obscurité redouble ; les nuages abaissés en—
« trent sous l'ombrage des bois. Tout-à-coup la nue se dé-
« chire, et l'éclair trace *un rapide losange* de feu. »

Ce genre nous semble irrégulier ; mais s'il est en har-monie avec la pensée, il subsistera malgré le féminin qu'on lui oppose.

Tour est régulièrement masculin :

En faisant des heureux, un roi l'est *à son tour.*

(*Voltaire*).

Plus il est près de quitter ce séjour,
Plus on lui trouve et d'esprit et de charmes.
Enfin, pourtant il a passé *le Tour.*

(*Gresset*).

Cependant, lorsque *Tour* désigne cette partie gigan-tesque de nos cathédrales gothiques, qui s'élève et se

14

perd dans les nues, il conserve la féminité qu'il a en
latin, car c'est de là que nous l'avons tiré :

> « Et prist *la tur* de Syon, ço est la citad de David.
>   (*Chroniques*).
>
> Elle revint dedans *sa tor*.   (*Marie de France*).

C'est au seuil de *la Tour*, c'est aux portes de Londre,
Que parmi vos sujets je devais me confondre.

(Casimir Delavigne).

Merci est régulièrement féminin :

D'un si bel offre de service.
Monsieur d'Assouci, *grand merci*.

(Chapelle).

L'usage a féminisé ce mot, quand il signifie miséricorde, discrétion :

Le bonheur de l'impie est toujours agité ;
Il erre à *la merci* de sa propre inconstance.

(Racine).

On pourroit dire sur cette différence du genre bien
des choses, que ceux, qui ont compris les harmonies du
genre avec le cœur de l'homme, trouveront facilement.
Du reste, nous offrirons plus loin des exemples de ces
développements.

*Aide, critique, enseigne, fourbe, garde, ma-
nœuvre, page, pantomime, trompette, etc.*, sont
régulièrement féminins :

Albin, as-tu bien vu *la fourbe* de Sévère?
As-tu bien vu sa haine et vois-tu ma misère?

(Corneille).

Partout en même temps *la trompette* a sonné.

(Racine).

Quand ces noms désignent des hommes, il est naturel qu'ils deviennent alors masculins :

Alidor? dit *un fourbe*, il est de mes amis.

(Boileau).

> A peine il achevoit ces mots,
> Qui lui-même il sonna la charge;
> Fut *le trompette* et le héros.
> *(La Fontaine).*

De même *Écho* est régulièrement masculin, quand il désigne ces lieux sonores qui renvoient les sons qui les frappent :

> Euridice!.... ô douleur!.... *touchés* de son supplice,
> *Les échos* répétoient : Euridice.... Euridice...
> *(Delille)*

Mais si *Écho* désigne cette Fille infortunée de l'Air et de la Terre, qui se consuma de douleur, alors

> Écho n'est plus un son qui dans l'air retentisse :
> C'est une Nymphe en pleurs qui se plaint de Narcisse.
> *(Boileau).*

Dans ce cas ce nom est très-naturellement féminin :

> Un berger chantera ses déplaisirs secrets,
> Sans que *la triste Écho* répète ses regrets.
> *(Corneille).*

Les noms suivants sont féminins régulièrement, quand ils ont la signification qui les suit :

Aune mesure, *greffe* branche, *héliotrope* pierre, *givre* serpent, *laque* gomme, *livre* poids, *manche* de vêtement, *mémoire* faculté, *mode* coutume, *môle* de chair, *moule* poisson, *palme* récompense, *poële* ustensile, *quadrille* de chevaliers, *poste* voiture, *pourpre* étoffe, *serpentaire* plante, *solde* paie, *somme* d'argent, etc.

> Esther, disois-je, Esther dans *la pourpre* est assise.
> *(Racine).*
> Combien pour quelque temps ont vu fleurir *leur livre*,
> Dont les vers en paquet se vendent *à la livre*.
> *(Boileau).*

Peut-être notre langue a-t-elle admis cette différence de genre, pour traduire fidèlement la différence de signification. L'arbitraire est rare dans les langues. Une forme n'y subsiste pas en vain ; quand elle devient inutile, elle dépérit et meurt, comme une herbe flétrie. Tant qu'elle est debout, la vérité, qu'elle exprime, est en vigueur. Quand elle disparoît, c'est que cette vérité est oubliée.

On sait que l'ancienne épellation avoit des lettres du genre masculin et des lettres du genre féminin ; tandis que l'épellation moderne a tout masculinisé. Cette décision, qu'on adopta sans trop chercher à s'en rendre compte, s'explique clairement ici.

Veut-on savoir le genre d'une lettre dans l'ancienne épellation, il suffit de la prononcer. Les lettres M, N, qui se prononcent *emme*, *enne*, sont régulièrement du féminin, par la présence de l'*e* final : tandis que B, D, qu'on prononce *bé*, *dé*, sont régulièrement masculins, par l'absence de l'*e* muet final. Il n'y a d'exceptions que X et Z, masculins, quoiqu'on prononce *icse*, *zède*. Cependant le dictionnaire de Ch. Nodier indique X féminin. Dans la nouvelle épellation, toutes les lettres se prononcent *meu*, *neu*, *beu*, *deu*, *xeu*, *zeu*, etc. Or cette prononciation, rejetant l'*e* muet final, nécessite le genre masculin.

Ce qui suit est encore une grande preuve de la puissance de l'*e* muet final. *Absinthe*, *affaire*, *antichambre*, *apostrophe*, *avant-scène*, *date*, *épitaphe*, *épithète*, *fibre*, *ébène*, *huile*, *idylle*, *image*, *intrigue*, *mésange*, *offre*, *primevère*, *réglisse*, *rencontre*, *stalle*, *sandaraque*, *parallaxe*, *thériaque*, *thiarre*, aujourd'hui *tiare*, etc., ont été employés au masculin :

Tout le fiel et *tout l'absinthe*....

(*Malherbe*).

« Qu'on la recharge *de nouveaux affaires*.
                                    (*Montaigne*).

« *L'apostrophe* est un peu *violent*, ou l'imprécation un
« peu forte.   (*Chapelle.*)

Le dernier honneur que l'on doit à l'homme mort
C'est *l'épitaphe*, etc.
                                    (*Ronsard.*)

Je vis Martin Fréron à la mordre attaché,
Consumer de ses dents *tout l'ébène ébréché.*
                                    (*Voltaire*).

Que *l'huile* sur le feu rissole en pétillant,
S'élève en pyramide et soit *servi brûlant.*
                              (*Exemple cité par Nodier*).

Je pense que *l'intrigue* en seroit bien *plaisant.*
                                    (*Desmarets*).

Et *l'offre* de mon bras suivit *celui* du cœur.
                                    (*Corneille*).

Si Saturne à nos yeux peut faire *un parallaxe.*
                                    (*Boileau*).

« *Le rencontre* m'en offrira le jour quelque autre fois.
                                    (*Montaigne.*)

« *Un Thiarre* à la persique, et des gants en ses mains bien
« brodez.   (*Satyre Ménippée*).

Aujourd'hui ces noms sont entièrement féminins,
comme l'exigeoit leur terminaison.

Art, *Comté*, *Duché*, *Archiduché*, *Évéché*, *Ar-*
chevêché, *rien*, etc., étoient autrefois féminins :

« Voyez Artevelle qui est trop grand maître et qui veut
« ordonner *de la comté de* Flandre.   (*Historiens*).

« Mais en plusieurs *arts plus certaines...* Si par fortune,
« ces hommes rapportent leurs instructions si contraires, que
« devient *cette belle art.*   (*Montaigne*).

» *La Duché* de Milan, *la comté de* Roussillon.
                                    (*Satyre Ménippée.*)

Voudroit avoir le dos et le chef empêché
Dessous la pesanteur *d'une bonne évêché,*

(Ronsard).

Sur *toutes riens* gardez ces points :

(Roman de la Rose).

Maintenant tous ces noms sont régulièrement masculins. Cependant le féminin s'est conservé *dans Vi-
comté, Franche-Comté, Duché-Pairie.*

*Armistice, Amalgame, Emplâtre, Épisode, Es-
clandre, Emblême, Éphémérides, Horoscope, Ivoire,
Orchestre, Ustensile,* etc., étoient jadis entièrement
féminins :

« Le comte de Steinboch demanda *une armistice,* jugeant
« que Stanislas allait abdiquer. (*Voltaire*).

« Dioscoride écrit qu'en faisant cuire *l'ivoire* avec la ra-
« cine de mandragore l'espace de six heures, *elle* s'amollit,
« en sorte que l'on en peut faire tout ce que l'on veut.

(*Trévoux*)

Aujourd'hui ces noms sont devenus irrégulièrement
masculins :

Là sur un tapis vert un essaim étourdi
Pousse contre *l'ivoire un ivoire arrondi.*

(Delille).

« L'oiseau semble *le véritable emblême* du chrétien ici-bas.
« Il préfère, comme le fidèle, la solitude au monde, le ciel à
« la terre; et sa voix bénit sans cesse les merveilles du
« Créateur. (*Chateaubriand*).

Ainsi le simple genre des noms est soumis comme
toutes les choses humaines à des variations constantes;
il suit les ondulations alternatives de cet océan du
monde toujours agité; il gravite sans cesse autour d'un
point fixe que nous tâchons de déterminer d'une manière sûre. Quand ces oscillations du genre cesseront,

elles? peut-il même arriver qu'elles cessent jamais? Les événements, qui se succèdent, ne seront-ils pas toujours là, faisant osciller ce pendule qui ne pourra jamais se fixer à son centre de gravité, que lorsque la langue se reposera dans l'immobilité de la tombe.

Pour nous, nous sommes heureux d'avoir pu déterminer enfin la limite toujours inconnue, à partir de laquelle ces constantes oscillations du genre seront désormais positives ou négatives.

PUISSANCE DE LA POSITION RELATIVE.

On a vu dans les Harmonies du genre avec le cœur de l'homme que la Masculinité est sous l'influence immédiate de la Force et qu'elle en est la traduction la plus énergique. Nous avons donné pour exemples de cette harmonie qui altère le genre, les mots *Insulte* et *Argile*. Nous avons encore développé cette influence, toujours ignorée, dans la question des titres de femmes soumis à une masculinité qui sembloit arbitraire. Maintenant nous allons exposer tout ce que notre langue nous offre en ces sortes d'harmonies du genre, que nous avons indiquées comme les effets de *la Position relative*.

D'abord, il ne seroit pas inutile de montrer que les Synonymes sont soumis à cette influence, et que leur genre décide souvent de leur emploi. Pour exemple, nous allons expliquer l'emploi du nom féminin *Larmes*, et celui du nom masculin *Pleurs*.

Dans un moment de joie, de tristesse, d'inquiétude, nous versons des *larmes;* notre âme alors n'est point fortement ébranlée. Mais si le chagrin nous presse ; si la douleur poignante nous dévore ; si une violente passion nous envahit ; si enfin notre cœur largement blessé est en proie à toutes les fureurs de la haine, de la vengeance, alors nos yeux versent des *pleurs*.

L'infortunée Zaïre a reconnu que, chrétienne et fille de Lusignan, elle ne peut plus devenir l'épouse d'Orosmane. Dans sa douleur, où son amour a tant de part, elle dit au sultan étonné :

> … Ah ! souffrez que loin de votre vue,
> Seigneur, j'aille cacher *mes larmes*, mes ennuis.

Mais quand le terrible Soudan se croit trompé, quand il croit Zaïre coupable, et Nérestan plus coupable encore ! quand s'abandonnant à son horrible désespoir, il s'écrie :

> O ciel ! où suis-je ! ô ciel ! où portais-je mes vœux !
> Zaïre ! Nérestan !.. Couple ingrat ! couple affreux !
> Traîtres, arrachez-moi le jour que je respire,
> Ce jour souillé par vous !

Dans cet effrayant orage du cœur, le genre masculin est arrivé comme à son poste. Zaïre avoit versé des *larmes*, Orosmane va verser *des pleurs*. Écoutez le sultan dans le dernier accès de son délire :

> Voilà *les premiers pleurs* qui coulent de mes yeux !
> Tu vois mon sort, tu vois la honte où je me livre !
> Mais *ces pleurs* sont *cruels*, et la mort va *les* suivre !
> Plains Zaïre ! plains-moi ! l'heure approche ! *ces pleurs*
> Du sang qui va couler sont les avant-coureurs.

On sait que Bossuet a donné au mot *Pleurs* une force nouvelle, en l'employant au singulier : *C'est là que règne un pleur éternel.* Il est assez probable que le mot *Larme* n'auroit jamais produit un pareil effet.

Quelques critiques ont prétendu que l'emploi des mots *Larmes* et *Pleurs* n'est pas aussi distinct que nous le pensons, puisqu'on trouve fréquemment ces belles et riches expressions, *des larmes de sang*, *les plus doux pleurs*. Sans doute, ils ont oublié, ces critiques, qu'il en est de certaines expressions de poésie, comme de certaines pensées de l'âme; on en sent l'extrême délicatesse, mais on ne peut les soumettre aux rigueurs de l'analyse. Ces expressions nous offrent des alliances de mots pleines de charmes, des contrastes d'une grande beauté : voilà tout ce qu'on peut dire. D'ailleurs cette loi, que nous annonçons, se retrouve dans *Acte* et *Action* dans *Penser* et *Pensée*, etc., dont l'emploi est exactement le même que celui *de Larmes* et *Pleurs*. L'abbé Girard a dit : « *Action* se dit indiffé-« remment de tout ce qu'on fait, commun ou ex-« traordinaire : *acte* se dit seulement de ce qui est « remarquable. » Or *Action* est féminin, et *Acte* est masculin. Cette décision d'un grand maître est un puissant appui pour notre opinion.

Cette influence si directe et si remarquable de la masculinité dans notre langue, doit nous faire conclure que l'homme est porté à n'admettre que rarement pour lui-même le genre féminin. En effet, quand un nom de ce genre désigne un de ses attributs, il le force d'être masculin, aussi souvent qu'il le peut. Le nom *Majesté* a été employé au masculin : on a dit à Louis XIV :

Sa Majesté est *maître* de la Franche-Comté.

Le masculin a une noblesse que rien ne peut rem-

placer. On connoît encore cette phrase tant répétée :
Sa Majesté est *le père* de son peuple , *le protecteur,* etc.

C'est ce principe qui a sans doute amené la masculinité fréquente du mot *Sentinelle.* Nous nous occu-
perons plus loin de ce mot.

De là vient encore tout naturellement la masculinité
de ces titres de chevalier : « *Un Rose-croix, un Grand-
croix ;* lesquels sont féminins partout ailleurs : *La
Secte de la Rose-Croix,* la *Grande-Croix* de l'ordre..

C'est surtout à cette puissance de la masculinité si
méconnue , qu'il faut rapporter une expression remarquable qui a toujours fort embarrassé et fort scandalisé
nos grammairiens ; c'est *Lettres royaux.*

Ch. Nodier a dit sur ce mot : « Il est aussi masculin
« au pluriel dans ce *solécisme* de chancellerie : *Lettres*
« *royaux.* Auguste ne put donner le droit de cité à un
« mot fort élégant ; Chilpéric ne put pas faire recevoir
« quatre lettres fort utiles à notre abécédaire ; *mais les*
« *vieux barbarismes se perpétuent tant qu'on veut.* »

Nous soulignons ces dernières paroles parce qu'elles
mettent à nu la méthode de nos grammairiens, quand
ils abordent une difficulté , dont ils ne prennent pas la
peine de chercher la solution ; ils flétrissent la langue ,
en lui laissant l'empreinte du mépris. Loin de nous une
méthode si triste en résultats ! La grammaire , comme
les sciences exactes, doit observer les faits ; si elle s'é-
carte de cette observation si puissante , elle s'égare et
tombe dans de graves erreurs. C'est le manque d'observation qui a fait dire en physique, que *la Nature a
horreur du vide :* c'est encore le manque d'observation
qui a fait dire en grammaire , que *Lettres royaux est*

un solécisme, un vieux barbarisme. Quand une langue a admis une forme, quand le temps et l'usage l'ont sanctionnée, c'est que cette forme est juste ; c'est qu'elle exprime une vérité, peut-être difficile à saisir, mais qui n'en existe pas moins. C'est aux grammairiens à la découvrir. Ainsi *Lettres royaux* n'est pas une expression vicieuse, puisque la langue l'a employée si long-temps ; c'est un fait d'une délicatesse extrême, dont l'analyse est sans doute très-épineuse. Mais on connoît la puissance des faits historiques dans la solution des faits grammaticaux. C'est donc l'histoire en main, que nous analyserons cette difficulté de grammaire.

Les *Lettres royaux* étoient un acte de Palais, que le Roi de France ne signoit que dans des circonstances très-difficiles, dans des moments très-graves : il paroissoit toujours revêtu d'un caractère de force, que n'ont point les lettres ordinaires, même lorsqu'elles sont marquées du sceau royal :

« Les Chartes d'abolition gardent encore les détails des ju-
« gements et des crimes qui *motivent les Lettres royaux.*
                              (*Chateaubriand*).

Cet acte, rarement employé, muni d'une force toute particulière, *motivé par des jugements et des crimes*, devoit donc avoir une expression à lui, expression énergique et exclusive, qui traduisît fidèlement le caractère de force qui distingue cet acte de la volonté expresse du monarque. Or maintenant, doit-on s'étonner que le masculin ait été employé pour exprimer ce caractère de force tout-à-part ?

On disoit encore d'après la même loi : *Ordonnances royaux.* Mais ces vieilles formules sont passées comme la vieille monarchie qui s'en servoit. Aujourd'hui, si l'on s'en sert, on leur ôte le *genre masculin*, comme on ôta *l'absolutisme* au pouvoir de nos rois, et l'on dit : *Ordonnances royales.* Ainsi s'expliquent les peuples et les langues! Là, tout se tient, tout se lie, tout s'enchaîne! La monarchie absolue disparoît du milieu du peuple, et la masculinité, qui exprimoit l'absolutisme, disparoît à son tour du milieu de la langue! Une institution perd de sa force, et le nom de cette institution change de genre! Et c'est de l'absolutisme, cette unique base de notre vieille monarchie, existante depuis tant de siècles, couverte de gloire par Louis XIV, souillée d'opprobres par son successeur, expirante dans le sang innocent du Roi-martyr; c'est d'un principe si puissant, qui fut, durant de si longs espaces, le pivot sur lequel tourna le monde politique dans la vieille Europe, que dépend le simple genre d'un nom!!... Grammairiens, y aviez-vous jamais songé?

Passons maintenant aux noms qui nous offrent l'emploi des deux genres, et montrons-en l'harmonie.

Tous nos grammairiens se sont accordés à dire qu'en général *Foudre* est féminin au propre, et masculin au figuré. Cette règle est inexacte. Voici celle que nous offrons :

Foudre est régulièrement féminin, soit au propre, comme :

> La *foudre* éclairant *seule* une nuit si profonde
> A sillons redoublés couvre le ciel et l'onde.
> <div align="right">(<i>Crébillon</i>).</div>

« Les prières ferventes apaisent Dieu, et lui arrachent *la foudre des mains*. (*Académie*).

Soit au figuré, comme :

> *La foudre* est dans ses yeux, la mort est dans ses mains.
> (*Voltaire*).

« *Les foudres* de Rome, quand *elles* sont injustes, ne sont
« que *les foudres* de Salmonée.   (*Mézerai*).

> Aplanissez ces monts, dont les roches fumantes
> Tremblaient sous nos *foudres guerrières*.
> (*Casimir Delavigne*).

Mais si *Foudre* entraîne après lui, l'idée d'une vive
commotion dans toutes nos facultés ; l'idée d'une imagination fortement ébranlée ; d'une crise violente où
l'âme semble chercher un langage à part ; il devient
alors masculin, soit au propre, comme :

> On m'y verra braver tout ce que vous craignez,
> *Ces foudres impuissants* qu'en leurs mains vous peignez !
> (*Corneille.*)

> Puissé-je de mes yeux y voir tomber *ce foudre* !
> (*Idem.*)

> Mais du jour importun ses regards éblouis
> Ne distinguèrent point, au fort de la tempête,
> *Les foudres menaçants* qui grondaient sur sa tête.
> (*Voltaire*).

Soit au figuré, comme :

> Mânes des grands Bourbons, *brillants foudres* de guerre,
> Qui fûtes et l'exemple et l'effroi de la terre.
> (*Corneille*).

> Allez vaincre l'Espagne et songez qu'un grand homme
> Ne doit point redouter *les vains foudres* de Rome.
> (*Voltaire*).

> La valeur d'Alexandre à peine étoit connue.
> *Ce foudre* étoit encore *enfermé* dans la nue.
> (*Racine*).

Si cependant *Foudre* au figuré n'exprime pas une
pensée forte, l'emploi en est vicieux, et bien plus eu-

core, quand il est revêtu de la masculinité, qui ajoute toujours un degré de force à l'expression. C'est donc à tort que Corneille fait dire à Cléopâtre dans Rodogune :

> Quand je le menaçois du retour de mes fils,
> Voyant *ce foudre prêt* à servir ma colère...

Ce Foudre ! s'écrie Voltaire, peut-il convenir à des enfants en bas âge ?

Mais cette expression est charmante dans un conte léger, dans une fable, parce qu'elle fait contraste. C'est une expression colossale qui traduit une pensée toute simple. Quoi de plus gracieux que ce vers qui termine le chant de triomphe d'un lièvre, qui, en se sauvant tout tremblant, fait enfuir les grenouilles d'un marais ?

> ... Ma présence
> Effraie aussi les gens ! Je mets l'allarme au camp !
> Et d'où me vient cette vaillance ?
> Comment ! des animaux qui tremblent devant moi !
> Je suis donc *un foudre* de guerre !
> (*La Fontaine*).

———————

Il n'est personne qui n'ait lu dans nos grammaires, qu'en règle générale *Amour* est masculin au singulier et féminin au pluriel. Ici, il y a plus qu'inexactitude, il y a erreur.

Amour étoit autrefois féminin, soit au singulier, soit au pluriel; et ce genre a même été conservé par nos auteurs classiques :

> La *bone amor* que nous avons vers le prince.
> (*Chroniques*).
>
> L'amour que Dieu m'a *commandée*.
> (*Fables anciennes*).

Tant il portoit *une amour forte*
A ceste pauvre beste morte.
(*Satyre Ménippée*).

Une plus belle amour se rendit *la plus forte*.
(*Malherbe*).

Un dieu qui nous aimant d'*une amour infinie*.
(*Corneille*).

Et cependant viens recevoir
Le baiser d'*amour fraternelle*.
(*La Fontaine*).

Vous m'aimez d'*une amour extrême*
Éraste, et de mon cœur voulez être éclairci !
(*Molière*).

Il venoit à ce peuple heureux
Ordonner de l'aimer d'*une amour éternelle*.
(*Racine*).

Mais hélas ! il n'est point d'*éternelles amours* !
(*Boileau*).

Je crus les dieux, seigneur, et, saintement cruelle,
J'étouffai pour mon fils *mon amour maternelle*.
(*Voltaire*).

Cependant *Amour* a une forme essentiellement masculine. Aussi cette masculinité si nécessaire s'introduisit-elle bientôt dans la langue, au point d'y paroître l'unique forme *naturelle :*

David, pour le Seigneur plein d'*un amour fidèle*,
Me paroît des grands rois le plus parfait modèle.
(*Racine*).

« Dieu fait un précepte de *l'amour filial* ; il n'en fait pas « un de *l'amour paternel*.   (*Chateaubriand*).

Fuis sans moi, *tes amours* sont ici *superflus*.
(*Corneille*).

Mais *ces amours* pour moi sont trop *subtilisés*.
(*Molière*).

Leurs amours immortels échauffent de leurs feux,
Les éternels frimats de la zône glacée.
(*Voltaire*).

O ma chère Sion ! si tu n'es pas toujours
Et nos premiers regrets et *nos derniers amours.*
                                        (*Delille*)

Un rêve du matin, qui commence éclatant,
Par de *divins amours* dans un palais flottant.
                                        (*Lamartine*).

Que de la vérité les vers soient les esclaves ;
De ses chastes faveurs faisons *nos seuls amours.*
                                        (*Casimir Delavigne*).

« Les déréglements des Chananéens et *leurs amours mons-*
« *trueux.* (*Lettres de quelques juifs.*)

» L'amour immodéré de la vérité n'est pas moins dangereux
« que *tous les autres amours.* (*La Rochefoucauld.*)

« Je connois deux sortes d'*amours* très-*distincts*, très-*réels*,
« quoique très-*vifs* l'un et l'autre, et *tous deux différents* de
« la tendre amitié. (*J.–J. Rousseau*).

« *Des amours* de voyage ne sont pas *faits* pour durer.
                                        (*Idem.*).

« *Les amours* des animaux, comme *ceux* des végétaux,
« sont *réglés* sur les diverses périodes du soleil et de la
« lune. (*Bernardin de St. Pierre.*)

« Ce n'était pas le Dante d'une Florence asservie ; c'était le
« Tasse d'une patrie perdue, d'une famille de rois proscrits,
« chantant *ses amours trompés*, ses autels renversés, ses
« tours démolies, ses dieux et ses rois chassés, à l'oreille des
« proscripteurs, sur les bords mêmes du fleuve de la pa-
« trie. (*Lamartine*).

Cette masculinité si régulière, a passé dans les mots
composés, tels que *amour-propre*, etc.

« *Les amours-propres* sont déjà *éveillés* dans les hommes
« de l'Odyssée ; *ils* dorment encore chez les hommes de la
« Génèse. (*Génie du Christianisme*).

On doit donc considérer *Amour* comme étant masculin au singulier et au pluriel dans la langue usuelle.

Mais en poésie, c'est différent : cette langue toute divine a besoin d'expressions à elle ; elle peut donc employer *Amour* avec les deux genres. Toutefois, nous devons déclarer que cet emploi n'est pas arbitraire ; qu'il est d'une délicatesse extrême ; qu'il exige une touche aussi sûre que rare, et surtout une âme d'une tendresse exquise. La féminité peut être gracieuse dans telle période, tandis qu'elle sera fade et molle si vous l'employez dans telle autre : ici la masculinité est énergique et noble, là elle sera dure et agreste. Problème difficile, parce qu'il est délicat ! l'âme seule du poète peut le résoudre :

Adieu. Servons tous trois d'exemple à l'univers
De *l'amour la plus tendre* et *la plus malheureuse*
Dont il puisse garder l'histoire douloureuse.
(Bérénice.)

Ah madame !
Sous quel astre cruel avez-vous mis au jour
Le malheureux objet d'*une* si *tendre amour ?*
(Iphigénie).

Cette Esther, l'innocence et la sagesse même,
Que je croyois du ciel *les* plus *chères amours.*
(Esther).

Je vais chantant zéphir, les nymphes, les bocages,
Et les fleurs du printemps ; et leurs riches couleurs,
Et *mes belles amours*, plus *belles* que les fleurs.
(A. Chenier).

Les plantes ont aussi *des amours orageuses ;*
La vaste mer reçoit leurs graines voyageuses.
(Soumet).

Renferme *cette amour* et si *sainte* et si *pure.*
(Voltaire).

« *Une amour illégitime* se change en une éternelle amitié.
(J.-J. Rousseau).

. . « Les sentiments les plus merveilleux sont ceux qui nous
« agitent un peu confusément ; la pudeur, *l'amour chaste*,
« l'amitié vertueuse sont *pleines* de secrets.

(*Chateaubriand.*)

Ces Dieux justes, vengeurs *des malheureux amours.*

(*Delille*).

Les solides vertus furent *ses seuls amours.*

(*Voltaire*).

Et soudain renonçant à *l'amour maternelle.*

(*Racine*).

. . . . . . *L'amour maternel*
Et de tous *les amours le seul* qui soit *réel.*

(*Demoustier*).

Salut au nom des cieux, des monts, et des rivages
    Où s'écoulèrent tes beaux jours ;
Voyageur fatigué, qui reviens sur nos plages,
Demander à tes champs leurs antiques ombrages ;
    A ton cœur *ses premiers amours.*

(*Lamartine*).

On peut remarquer que, dans leurs chefs-d'œuvre,
Racine et Chateaubriand n'offrent aucun exemple de
l'emploi de *Amour* masculin au pluriel. Ces deux
grands génies se rencontrent en bien d'autres points !
Racine a employé le masculin dans cette seule strophe
de l'ode de la nymphe de la Seine :

        Oh ! que bientôt sur mon rivage
        On verra luire de beaux jours !
        Oh ! combien *de nouveaux Amours*
        Me viennent des rives du Tage !

Mais ici *Amours* désigne de petits dieux de la mythologie ; la masculinité est nécessaire.

————

Tous nos grammairiens ont décidé que *Aigle* est
masculin au propre, et dans certaines comparaisons ; et

qu'il est féminin quand il désigne des enseignes, des armoiries, etc. Or cette décision n'est point exacte.

D'abord la Grammaire de Port-Royal a dit : « *Aigle* « est véritablement féminin dans le françois. » Ce qui appuie fortement l'influence de l'e muet final. Cependant, comme cette décision n'explique nullement les faits que nous offre notre langue, nous l'emploierons d'abord; mais nous la quitterons pour revenir ensuite à l'influence de la Force, qui nécessite la masculinité.

Aigle est féminin régulièrement, dans tous les cas, puisqu'il est terminé par un *e* muet :

On fit entendre à *l'aigle* enfin qu'*elle* avoit tort.
(*La Fontaine*).

Et *l'aigle courageuse* et *fière*
N'engendre point de tourtereaux.
(*J.-B. Rousseau*).

Mais bientôt à son tour
Une aigle au bec tranchant dévore le vautour.
L'homme d'un plomb mortel atteint *cette aigle altière.*
(*Voltaire.*)

« Tels sont ces chevaliers du Lion, du Croissant, du Dra- « gon ; de *l'Aigle-blanche*, du Lys, du Fer-d'or.
(*Chateaubriand*).

« Entre *les aigles* qu'on nourrissoit dans le palais de Mon- « tézume, Roi du Mexique, il y en avoit *une* si *grande*, « qu'*elle* mangeoit un mouton à tous ses repas. (*Trévoux*).

« Il n'est pas surprenant que, dès le siècle d'Aristote, une « espèce de raie ait reçu le nom d'*aigle marine* que nous lui « avons conservé. (*Lacépède*).

Nos consuls devant lui cachoient *l'aigle indignée.*
(*Laharpe*).

Avons-nous combattu sous *les aigles romaines ?*
(*Voltaire*).

Fit flotter sur le Raab leurs dépouilles captives,
Et rendit la victoire *aux aigles fugitives:*

(Fléchier).

Le féminin est donc le genre naturel et direct de ce nom.

Mais si *Aigle* rappelle une idée grande et sublime ; si la pensée qu'il exprime ou qu'il accompagne, est énergique et pleine de force, alors la féminité disparoît, le masculin arrive, comme pour compléter l'expression :

Ne sais-tu pas encore, homme foible et superbe,
Que l'insecte insensible, enseveli sous l'herbe,
Et *l'aigle impérieux,* qui plane au haut du ciel,
Rentrent dans le néant aux yeux de l'Éternel ?

(Voltaire).

Ainsi *l'aigle superbe* au séjour du tonnerre
S'élance ; et, soutenant son vol audacieux,
Semble dire aux mortels : Je suis *né* sur la terre,
Mais je vis dans les cieux !

(Lamartine).

« La poule si timide devient aussi courageuse qu'*un aigle*, « quand il faut défendre ses poussins.   (*Chateaubriand*).

« Israël a été frappé de ce que *l'aigle* a de plus sublime : il « *l'a vu immobile* sur le rocher de la montagne, regardant « l'astre du jour à son réveil. Athènes n'a aperçu que le vol « de *l'aigle*, sa fuite impétueuse, et ce mouvement qui con- « venoit au propre mouvement du génie des Grecs.

(Idem.)

« Quand on sait bien les quatre règles, et qu'on peut con- « juguer le verbe *avoir*, on est *un aigle* en finances.

(Mirabeau.)

Quand je vois.............
..... tes braves guerriers, secondant ton grand cœur,
Rendre à *l'aigle éperdu* sa première vigueur.

(Boileau).

En vain au lion belgique
Il voit *l'aigle germanique*
Uni sous les léopards. . . .

(*Idem*).

Boileau trouvoit sans doute les motifs de la masculinité qu'il employa, dans cette grandeur colossale de la Maison d'Autriche. Peut-être n'accordoit-il tant de grandeur à cette illustre Maison, que pour mieux relever le courage du François toujours victorieux dans la lutte contre l'Empire. De là ces expressions que le masculin rend si énergiques : *l'aigle éperdu, l'aigle uni,* emblême de l'empire autrichien.

C'est encore pour mieux relever la gloire de Turenne que Fléchier accorde la masculinité à *l'Aigle,* désignant l'Autriche enfin réduite à fuir :

« Déjà prenoit l'essor, pour se sauver dans les montagnes, « *cet aigle* dont le vol hardi avoit d'abord effrayé nos pro- « vinces.

En françois, le genre est d'un emploi très-délicat, parce qu'il fait presque toujours partie de l'expression de la pensée.

Nos grammairiens ne sont pas d'accord sur le genre du mot *Aigle,* quand il désigne une constellation, un pupître, etc. Nous croyons pouvoir adopter le féminin. Cependant nous croyons que, même dans ce sens, *Aigle* peut encore être masculin dans le style noble, soutenu. En voici un bel exemple :

« Les vertus cardinales, assises, soutenoient le lutrin trian- « gulaire; des lyres accompagnoient ses faces; un globe ter- « restre le couronnoit, et *un aigle* d'airain, surmontant ces

« belles allégories, sembloit, sur ses ailes déployées, emportep
« nos prières vers les cieux.   (*Génie du Christianisme*).

On a vu dans les harmonies du genre avec le cœur
de l'homme, que la masculinité s'harmonise parfaitement
avec tout ce qui entoure le culte païen. Nous allons
offrir quelques noms soumis à cette influence.

Fétiche est un mot dont la forme est essentiellement
féminine :

« L'indienne apportoit son enfant mort, la négresse son
« enfant vivant ; l'une son manitou, l'autre *sa fétiche* ; elles
« ne s'étonnoient point de se trouver ainsi la même religion,
« étant toutes deux misérables.   (*Génie du Christianisme*).

Cependant, malgré cet exemple et beaucoup d'autres qu'on trouve surtout dans les Natchez, Chateaubriand a masculinisé ce mot dans ses Mélanges littéraires :

« Le manitou du Canadien, et *le Fétiche* du nègre.

Ces variations du genre s'expliquent. Quelques
dictionnaires, guidés par la forme du mot, ont fait
Fétiche féminin; d'autres, oubliant la forme, l'on fait
masculin, pour ne point contredire ceux de nos écrivains qui ont exprimé l'influence du culte idolâtre par
la masculinité :

L'a-t-on vu renverser votre case fragile ?
L'a-t-on vu menacer, dans leur temple d'argile,
    Vos fétiches cruels ?
                (*Chants du siècle*).

Le mot *Idole* offre la même harmonie. Il a le genre
féminin que sa forme lui destinoit :

« La Chine et l'Inde, l'une par le matérialisme, l'autre par

« une philosophie pétrifiée , sont de véritables momies ;
« assises depuis des milliers de siècles , elles ont perdu l'usage
« du mouvement , et la faculté de progression ; semblables à
« *ces idoles muettes* et *accroupies*, à ces sphinx couchés et
« silencieux , qui gardent encore le désert dans la Thébaïde.

(*Chateaubriand*).

Cependant ce mot a été employé très-souvent au
masculin :

Votre honneur, *le plus vain des idoles,*
Vous remplit de mensonges frivoles.

(*Malherbe*).

Et Pison ne sera qu'*un idole sacré*
Qu'ils tiendront sur l'autel pour répondre à leur gré.

(*Corneille*).

Ce n'étoit que vœux et qu'offrandes,
Sacrifices de bœufs couronnés de guirlandes!
Jamais *idole, quel* qu'*il* fût,
N'avoit eu cuisine si grasse.

(*La Fontaine*).

Il en est de même du mot *Hécatombe* régulièrement
féminin, et que Girault-Duvivier et autres ont masculinisé. Le mot *Temple* est toujours masculin , quand il
désigne un lieu sacré; mais il est régulièrement féminin,
quand il désigne cette partie du front qu'on appelle *les
temples*, et plus communément *les tempes*.

Vase a sans doute conservé le genre masculin, que
sa terminaison lui refuse, à cause de l'emploi sacré
qu'il a dans les cérémonies religieuses, ainsi que dans
les pompeuses solennités des palais des Rois :

« Des feux et d'odorantes vapeurs flottoient dans *un vase*
« à l'extrémité d'une longue chaîne.

(*Génie du Christianisme*).

Mais, si quittant cette signification relevée, *Vase* désigne ce léger limon que l'eau dépose, il devient régulièrement féminin :

La vase est un épais nuage
Qu'aux effets du cristal nous venons d'opposer.
Mes frères, dit le saint, laissez-*la* reposer,
Vous verrez alors votre image.
(*La Fontaine*).

Peut-être est-ce à cette influence presque mystérieuse qu'il faut rapporter l'ancienne masculinité du mot *Étude*. Peut-être ce genre offroit-il une harmonie à des hommes aussi graves que Montaigne et Amyot :

« Si n'est pas *l'étude* d'un roi de s'enfermer seul en *un* « *étude*, avecque force livres, comme un homme privé.
(*Amyot*).

« Et *des principaux études* de la mienne.
(*Montaigne*).

Il étoit encore masculin du temps de Malherbe, puisqu'il a dit :

De tous ces visages pâlis,
Dont *le vain étude* s'applique.

Peut-être cette masculinité si grave et si noble disparut-elle quand la frivolité vint envahir 'la nation. Ce seroit encore une harmonie remarquable.

C'est encore à cette influence que se rattache la masculinité de plusieurs termes scientifiques, tels que *mode*, *pendule*, etc., lesquels redeviennent féminins; quand ils expriment une idée riante ou frivole : *une mode* divine, *une pendule* charmante.

Le genre du mot *Gens* est d'un emploi très-délicat. Jadis, il étoit entièrement féminin :

> O ! combien lors aura de veuves
> *La gent* qui porte le turban.
>> (*Malherbe*).

> De *cette gent farouche* adoucira les mœurs.
>> (*Segrais*).

> Je suis oiseau ! voyez mes ailes !
> Vive *la gent* qui fend les airs !
>> (*La Fontaine*).

« Si conseille ma partie, et sauf toujours le meilleur con- « seil, que vous laissiez *toutes vos gens* ici arrêter sur les « champs, et loger pour cette journée. (*Chroniques*).

Or ce nom a une terminaison essentiellement mascu- culine, et même sa signification exigeroit souvent qu'il fût masculin. Aussi l'usage s'est-il rapproché de ce genre qui est si nécessaire. Déjà l'adjectif qui n'est pas *immédiatement* placé devant le nom pluriel *Gens* est régulièrement masculin :

> Ainsi *certaines gens*, faisant *les empressés*,
> S'introduisent dans les affaires.
>> (*La Fontaine*).

« Il y a à la ville, comme ailleurs, de fort *sottes gens*, *des* « *gens fades, oisifs, désoccupés*. (*La Bruyère*).

> Les bonnes gens sont *tous bavards*.
>> (*Gresset*).

> *Tous les gens gais* ont le don merveilleux
> De mettre en train *tous les gens sérieux*.
>> (*Voltaire*).

> « *Tous ces gens-là* sont sottement *ingénieux*.
>> (*J.-J. Rousseau.*)

On trouve même des exemples où l'adjectif est mas--

culin, même quand il est immédiatement placé devant
le nom :

> Le sort avoit raison. *Tous gens* sont ainsi *faits ;*
> Notre condition jamais ne nous contente.
>
> *(La Fontaine)*.

Mais outre cette harmonie de la forme, le mot *Gens*
offre encore une harmonie de la signification. Il est des
cas où le masculin est indispensable : il en est d'autres
où le féminin seul peut être employé. Le masculin est
indispensable quand il révèle une pensée grande et
noble :

> « *Les faux honnêtes gens* sont *ceux* qui déguisent leurs
> « défauts aux autres et à eux-mêmes. *Les vrais honnêtes gens*
> « sont *ceux* qui les connoissent parfaitement et les confessent.
>
> (*La Rochefoucauld*).

> « O *qu'heureux* sont *les gens* qui ne veulent pas souffrir les
> « injures d'être *instruits* en cette doctrine ! (*Pascal*).

Le féminin seul peut être employé dans l'ironie, dans
le mépris. Nous avons déjà indiqué cette harmonie :

> De *telles gens* il est beaucoup,
> Qui prendroient Vaugirard pour Rome.
>
> (*La Fontaine*).

> *Quelles gens* êtes-vous? quelles sont vos affaires.
>
> (*Racine*).

> « Les grands admirateurs sont, pour la plupart, de *sottes*
> « *gens*. (*St. Évremont*).

> Quatre animaux divers, le chat grippe-fromage
> Triste oiseau le hibou, ronge-maille le rat,
> Dame belette au long corsage,
> *Toutes gens* d'esprit scélérat,
> Hantoient le tronc pourri d'un pin vieux et sauvage.
>
> (*La Fontaine*).

A ces exemples il faut joindre ces expressions ironiques : *quelles viles gens ! toutes les sottes gens !* tandis

que, dans le style noble, on doit dire : *quels braves gens ! tous les honnêtes gens !* Ces harmonies délicates doivent être rigoureusement observées pour la pureté du style.

Il n'est peut-être pas dans toutes les sciences humaines une question qui ait été aussi souvent agitée, et aussi mal résolue que le genre du mot *Automne.*

La plupart des grammairiens décidèrent d'abord que : « *Automne* est masculin quand l'adjectif le précède, « et féminin quand l'adjectif le suit. » Décision ridicule, basée sur des faits mal observés, qui n'explique nullement la difficulté qu'elle prétend résoudre.

D'autres grammairiens proposèrent d'autres solutions. On s'arrêta enfin à cette décision fameuse : « Il « ne faut plus faire de distinction, et *Automne* sera « désormais masculin, par analogie avec les autres sai- « sons qui sont de ce genre. » Quoique cette solution n'explique nullement les faits que notre langue nous offre à chaque pas, elle n'en fut pas moins généralement adoptée. « *Automne* est maintenant masculin, « dit Ch. Nodier ; ce qu'on a fait pour le conformer au « genre de trois autres saisons. Les chimistes ont suivi « cette méthode pour les noms des terres, des métaux, « des demi-métaux. Cet esprit de régularité ne sau- « roit passer trop vite des sciences dans les langues ; et « aucune langue n'approchera de la perfection, tant « qu'il ne s'y sera pas étendu à toutes les applications dont « il est susceptible. » Cette décision est bien formelle, et pourtant elle est bien peu motivée. Car, de ce que *Hiver, Printemps, Été* sont régulièrement masculins :

comme n'étant pas terminés par un *e* muet, faut-il donc
en conclure que *Automne* perdra sa féminité régulière,
pour devenir irrégulièrement masculin? Quelle erreur!
D'ailleurs citer les chimistes, c'est s'appuyer sur une
autorité bien peu compétente : on peut savoir très-
bien manier les métaux, et fort maltraiter les langues
et la grammaire. N'est-il rien de plus arbitraire de leur
part que de forcer le nom féminin *Platine* a devenir
irrégulièrement masculin, parce que *Or, Argent,
Plomb* sont régulièrement de ce genre? Ces messieurs
ont traité la langue, comme ils ont traité la nature : ils
ont tout bouleversé, sous prétexte de mettre de l'ordre
partout. Du reste, nous comprenons à peine comment
Ch. Nodier a pu adopter une pareille opinion, lui qui
a dit avec tant de raison : « L'homme naturel a le don
« de faire les langues, l'homme de la civilisation n'est
« capable que de les corrompre. O mon Dieu! si vous
« accordez jamais une langue rationnelle à l'humanité,
« donnez-lui les mots nécessaires, et *un peu de poésie
« avec.* » Vérité touchante! Oui, sans doute, on doit
demander de la poésie dans les langues ; la poésie en est
l'âme ; sans elle, elles meurent ; et nous allons montrer
tout ce que notre langue perdoit de poésie à la seule
suppression de la féminité dans *Automne.*

D'abord montrons l'harmonie du genre avec la forme.

Automne est régulièrement féminin puisqu'il est
terminé par un *e* muet :

     « *Une automne froide et pluvieuse.* (*Académie*).

     « Je me représente *cette automne délicieuse ;* et puis j'en
« regarde la fin avec une horreur qui me fait suer les grosses
« gouttes. (*Mme de Sévigné*).

Une santé, dès-lors florissante, éternelle
Vous feroit recueillir d'*une automne nouvelle*
Les nombreuses moissons.

     (*J.-B. Rousseau*).

Maintenant nous allons exposer l'harmonie du genre avec la signification. Comme la poésie est l'expression la plus pure d'une langue, ce sera aux poètes que nous demanderons les secrets de cette harmonie du genre si méconnue. Eux seuls nous révèleront quand ils admettent la masculinité, et quand ils la rejettent pour employer la féminité gracieuse.

Dans un moment de joyeux enthousiasme, dans les bruyants éclats du plaisir; ou bien, dans les tristes instants de l'isolement et du sombre chagrin, les poètes emploient *Automne* au masculin :

Et toi, *riant automne*, accorde à nos désirs
Ce qu'on attend de toi, des biens et des plaisirs.

     (*St. Lambert*).

Ou quand sur les côteaux, *le vigoureux automne*
Étaloit ses raisins dont Bacchus se couronne.

     (*Perrault*).

.... Dirai-je à quels désastres
De *l'automne orageux* nous exposent les astres.

     (*Delille*).

Aussi, voyez comment *l'automne nébuleux*
Tous les ans, pour gémir, nous amène en ces lieux.

     (*Id.*)

Au contraire, les poètes emploient *Automne* au féminin, pour peindre une joie douce, une passion tendre; il semble que pour eux, la féminité soit une expression délicate et pure de cette inquiétude vague, de cette tristesse calme qui berce l'âme isolée, de cette

mélancolie mystérieuse qui nous plonge dans de longues
rêveries :

> Remarquez-les, surtout lorsque *la pâle automne*,
> Près de la voir flétrir, embellit sa couronne.
>
> (*Delille*).

> La terre, aussi riche que belle,
> Unissoit, dans ces heureux temps,
> Les fruits d'*une automne éternelle*,
> Aux fleurs d'un éternel printemps.
>
> (*Gresset*).

> Tel un pampre jauni voit *la féconde automne*
> Livrer ses fruits dorés au char des vendangeurs;
> Vous tomberez ainsi courtes fleurs de la vie !
>
> (*Lamartine*).

> La nuit du trépas t'environne;
> Plus pâle que *la pâle automne*,
> Tu t'inclines vers le tombeau.
>
> (*Millevoye*).

« Plus souvent je rentrais à la campagne pour passer *la*
« *mélancolique automne* dans la maison solitaire de mon père
« et de ma mère, dans la paix, dans le silence, dans la sain—
« teté des douces impressions du foyer. (*Lamartine*).

La parfaite harmonie que les poètes ont su mettre
dans l'emploi difficile des deux genres du mot *Automne*
doit paroître évidemment prouvée. Cette harmonie est
peut-être moins évidente dans la langue usuelle ; cependant l'usage sait bien distinguer, quand *une au-*
tomne froide et pluvieuse doit remplacer dans une
phrase *un automne froid et pluvieux*.

C'est encore à cette influence puissante d'une idée
triste et sombre qu'il faut rapporter cette masculinité
extraordinaire :

> Quand vos regards noyés dans *un vague atmosphère*.

Lamartine sait très-bien qu'*atmosphère* est féminin,
mais il a adopté la masculinité comme une expression

de plus à sa pensée grave. Ce genre est en harmonie
avec le sentiment qui domine, comme dans ces vers que
nous avons déjà cités :

> Aussi, voyez comment *l'automne nébuleux*
> Tous les ans, pour gémir, nous amène en ces lieux.

On connoît tous les efforts de nos grammairiens pour
établir le genre du mot *Couple*. Les uns ont mal résolu
la question : les autres ne l'ont résolue qu'à demi. On
connoît entr'autres l'opinion de Ch. Nodier, qui a dit :
« *Couple* est féminin, quand il s'agit de deux choses ;
« masculin, quand il s'agit de deux personnes ; ce que
« je rappelle seulement pour observer que cette dis-
« tinction est un petit raffinement peu ancien dans la
« langue. » Nous citons cette seule opinion, pour montrer quelle fut toujours l'erreur de nos grammairiens
sur le genre du mot *Couple*.

D'abord *Couple* est régulièrement féminin, comme
étant terminé par un *e* muet :

« N'avez-vous pas *une couple* de passereaux pour une
« obole. (*Évangile*).

« Je suis bien aise que vous ayez cet automne *une couple*
« de beaux-frères. (*Mme de Sévigné*).

On voit ici que *Couple* désigne deux êtres pris au
hasard et que rien ne lie. Mais s'il s'agit de deux êtres
soumis à des lois qui les unissent d'une manière en
quelque sorte indissoluble, comme les lois de l'hymen,
de l'amitié, de la famille, du malheur, etc., alors
cette force est fidèlement traduite par la masculinité :

> Où suis-je ? O ciel ! où suis-je ? où portai-je mes vœux ?
> Zaïre ! Nérestan !... *Couple ingrat ! couple affreux !*
> (*Voltaire*).

Que Castor et Pollux acquittassent le reste !
Faites-vous contenter par *ce couple céleste.*

(La Fontaine).

Il dit; et de ses mains fait tomber sur le sable
De cestes menaçants *un couple épouvantable.*

(Delille).

Certain couple d'amis, en un bourg établi,
Possédoit quelque bien.

(La Fontaine)..

Le laboureur répond au taureau qui l'appelle;
L'aurore les ramène au sillon commencé.
Il conduit en chantant *le couple* qu'il attelle.

(Lamartine).

L'Honneur, cher Valincourt, et l'Équité, sa sœur,
Régnoient chéris du ciel, dans une paix profonde;
Tout vivoit en commun sous *ce couple adoré.*

(Boileau).

Jadis cette harmonie de la masculinité n'étoit pas généralement admise, puisque Voiture a dit, en parlant de deux jeunes époux :

« *La belle couple* sans *égale.*

Ch. Nodier cite même un exemple où il trouve la féminité très-agréable :

Lys et sa jeune mère, aussi beaux que les dieux,
De deux côtés divers ont perdu l'un des yeux.
Échange, aimable enfant, cet œil vif qui te reste,
Contre l'œil de ta mère exclu des rais du jour;
Et tous deux resterez *une couple céleste;*
Elle sera Vénus, et toi, l'aimable Amour.

(Melle. de Gourmay).

Nous citerons à notre tour un exemple où la féminité est non-seulement très-belle, mais presque indispensable :

Aucun bruit sous le ciel que la flûte des pâtres,
Ou le vol cadencé des colombes bleuâtres,

Dont les essaims, rasant le flot sans le toucher,
Revenaient tapisser les mousses du rocher,
Et mêler aux accords des vagues sur les rives
.Le doux gémissement de *leurs couples plaintives!*

Qu'elle est belle cette expression féminine! quelle grâce! quelle fraîcheur! La masculinité, traduction de la force, seroit ici dure et matérielle; tandis que la féminité, traduction de la grâce, nous offre une peinture vague, délicieuse et touchante.

Il ne faut pas reprocher aux savants d'avoir masculinisé *Couple*, désignant un système de forces : car ici le masculin est une expression de leur pensée. En effet, il ne s'agit pas de deux forces prises arbitrairement, mais de deux forces soumises à une loi rigoureuse. *Une couple* de forces peut servir à former *un Couple*, pourvu que ces deux forces soient disposées d'après les conditions voulues par la science.

———

Hydre, terme de Blason, de Botanique, d'Astronomie, d'Histoire naturelle, etc., est féminin régulièrement :

J'étois en un lieu sûr, lorsque je vis passer
Les cent têtes d'*une Hydre* au travers d'une haie.
(La Fontaine).

« *L'Hydre est placée* sous le Cancer, le Lion et la Vierge.
(Astronomie).

Mais lorsqu'il désigne ce monstre de Lerne, qui désoloit la contrée où il avoit établi sa retraite, ce serpent terrible aux têtes nombreuses que le grand Alcide put seul abattre d'un seul coup; croit-on que la masculinité soit alors vicieuse, comme on l'a reproché à Voltaire, dans ces beaux vers :

De *l'hydre affreux* les têtes menaçantes,

16

Tombant à terre et toujours renaissantes,
N'effrayaient point le fils de Jupiter.

Nous croyons que la masculinité est ici d'un bel
effet, et qu'elle est une des expressions de cette force
que le grand Alcide déploya pour écraser le monstre.
D'ailleurs si *Hydre* ne représentoit pas l'idée principale,
il pourroit devenir alors féminin, même dans le sens
du monstre de Lerne. Car dès que les motifs de la
masculinité n'existent plus, il est juste que ce nom
revienne au genre que sa terminaison lui destine :

« Ils se trouvent plus horribles et plus monstrueux que n'est
« la chimère vaincue par Bellérophon, ni *l'Hydre de Lerne*
« *abattue* par Hercule.   (*Fénelon.*)

> Quel autre Hercule enfin ne se trouveroit las
> De combattre *cette hydre?* et faut-il qu'*elle* oppose
> Une nouvelle tête aux efforts de son bras.
>   (*La Fontaine*).

Il suffit de comparer ces vers de La Fontaine à ceux
de Voltaire, pour sentir que la différence du genre est
bien en harmonie avec la différence des pensées.

Corneille nous offre encore un bel exemple de l'emploi du masculin dans ces vers :

> Rome a pour ma ruine *un hydre* trop *fertile* :
> Une tête coupée en fait renaître mille.

Si *Vague* désigne ces masses d'eau qui s'élèvent et
retombent sous l'impression des vents, le genre féminin
est naturel; la terminaison l'exigeoit :

> Une voix s'élevait de mon sein tendre et vague.
> Ce n'était pas le chant du coq ou de l'oiseau,

Ni des souffles d'enfants dormant dans leur berceau,
Ni la voix des pêcheurs qui chantaient sur *la vague*;
C'était vous! c'était vous, ô mon ange gardien!
C'était vous dont le cœur chantait avec le mien.

(Lamartine).

Mais si *Vague* désigne ces espaces immenses des régions de l'air, dans lesquels le regard effrayé se plonge sans trouver nulle part aucune limite ; s'il exprime cet infini idéal, dans lequel notre imagination débarrassée de toute loi, de toute règle, erre à l'aventure, comme dans un horizon dont les bornes, s'éloignant toujours, vont se perdre au sein de l'immensité ; alors la masculinité nous paroît d'une grande beauté :

« En s'isolant des hommes, en s'abandonnant à ses songes,
« Rousseau a fait croire à une foule de jeunes gens qu'il est
« beau de se jeter ainsi dans *le vague* de la vie.

(Chateaubriand).

« L'analyse prend la place de *ce vague infini* où la pensée
« aime à se perdre. *(Id.*)

« La mélancolie s'engendre *du vague* des passions, lorsque
« ces passions sans objet se consument d'elles-mêmes dans un
« cœur solitaire. *(Id.*)

La féminité de ce mot est le résultat immédiat de sa forme ; sa masculinité est l'effet relatif de sa signification accidentelle.

Période est régulièrement féminin :

« La vie de l'homme est trop courte, pour sortir *des longues* périodes d'une révolution. *(Boiste).*

« L'histoire se divise en *différentes périodes.*

(Girault-Duvivier).

« On peut définir *la période* une pensée composée de

« plusieurs autres pensées, qui ont chacune un sens suspendu,
« jusqu'au dernier repos, qui est commun à toutes.

(*Le Batteux*).

« *La période solaire, la période lunaire, la période*
« *julienne, etc.* (*Gattel.*)

Période exprime-t-il au contraire le résultat d'une
grande force largement développée? offre-t-il à notre
imagination cette idée énergique qu'après bien des efforts souvent multipliés, on est enfin parvenu au dernier terme d'une valeur, à la dernière limite d'une
puissance? La force, qu'il a fallu employer, pour y
atteindre, rend ici l'emploi de la masculinité non-seulement juste, mais encore indispensable :

« Démosthènes et Cicéron ont porté l'éloquence à *son der-*
« *nier période.* (*Girault-Duvivier*).

« La France, après avoir atteint *le période* de sa gloire
« militaire, marche d'un pas assuré vers *celui* de sa gloire
« civile; elle a pour guides l'amour de la patrie et l'horreur
« du despotisme. (*Boiste.*).

———

Sentinelle a été l'objet de bien des discussions de la
part de nos grammairiens. Mais comme leurs discussions
n'offrent aucune méthode, nous allons expliquer le
genre de ce nom d'après nos principes.

Sentinelle a une forme essentiellement féminine.
Mais il a aussi une signification toute masculine. De là
l'emploi des deux genres :

« On a trouvé *le sentinelle mort* dans sa guérite.

(*Académie*).

« Les arbres, qui balancent tristement leurs cimes dépouil-
« lées, ne portent que de noires légions qui se sont associées
« pour passer l'hiver : elles ont *leurs sentinelles* et leurs
« gardes *avancées;* souvent une corneille centenaire, antique
« sibylle du désert, se tient seule perchée sur un chêne,
« avec lequel elle a vieilli.   (*Chateaubriand*).

Mais indiquer l'emploi des deux genres, ce n'est pas
l'expliquer. Voici comment les poëtes procèdent.

Quand *Sentinelle* exprime une idée grande et forte,
quand tout ce qui l'entoure est énergique, il prend le
genre masculin :

> Ce sentiment si prompt, dans nos cœurs répandu,
> Parmi tous nos dangers *sentinelle assidu.*
>
>   (*Voltaire*)
>
> Ces postes menaçants, *ces nombreux sentinelles*
> Qui veillent nuit et jour aux portes éternelles
>
>   (*Delille*).
>
> Quand le Cap africain, sous les traits d'un géant,
> *Sentinelle hideux* du dernier Océan, etc.
>
>   (*Parseval*).

« L'oreille du lion est *le plus sûr sentinelle.*   (*Fontanes*).

Quand *Sentinelle* exprime une idée gracieuse;
quand tout ce qui l'entoure est touchant, il prend le
genre féminin, comme dans la phrase de Chateaubriand
citée plus haut, et dans ces exemples :

« Une femme doit être pour elle-même *sa Sentinelle vigi-*
« *lante*; sans cesse entourée d'ennemis, elle en a dans sa tête,
« dans son cœur, dans toute sa personne.   (*Boiste*).

« La vertu est *une sentinelle vigilante* qui nous signale les
« dangers où le vice peut nous entraîner.   (*Anonyme*).

Cette harmonie du genre est exacte; les poëtes ne
s'en écartent jamais.

Office est régulièrement féminin, quand il désigne le lieu où sont rassemblés les apprêts d'un festin :

« Cette *office* est *spacieuse* et bien *meublée*.

(*Grammairiens*).

Mais désigne-t-il cette obligation sacrée, que la vertu nous impose de faire le bien? exprime-t-il ces graves fonctions où l'homme est chargé de venger la vertu outragée, de flétrir le vice coupable et audacieux? rappelle-t-il ces cérémonies religieuses où tout nous entraîne au recueillement le plus profond? la masculinité est ici en parfaite harmonie avec nos pensées sérieuses :

Je vous devrai beaucoup pour *un* si *bon office*.

(*Corneille*).

C'est où le roi le mène, et tandis qu'il m'envoie
Faire *office* vers vous de douleur et de joie.....
Mais *cet office* encor n'est pas assez pour lui.

(*Idem.*).

« Charles-Quint, respirant à peine au fond de son cercueil, « n'entendoit que *l'office* des morts lentement *psalmodié*.

(*Narrations françoises*).

Si *Ange* désigne ces êtres célestes créés avant les temps par la main de l'Éternel, ces bienheureux dont la Foi nous révèle les sublimes fonctions dans les cieux; le genre masculin, que nous donnons à ce mot, est en harmonie avec les formes humaines dont notre imagination revêt les êtres immortels qu'il désigne :

Tous libres d'être bons, tous se sont faits coupables;
Les anges, *Fils* du ciel, furent moins *excusables*.

(*Delille*).

Au figuré, ce nom a conservé le genre masculin :

« Un enfant joint ces deux mains innocentes, et répète,
« après sa mère, une prière au bon Dieu. Pourquoi *ce jeune*
« *ange* de la terre balbutie-t-il avec tant d'amour et de
« pureté le nom de ce souverain être qu'il ne connoît pas ?

(*Chateaubriand.*)

Il paroît être encore masculin au figuré, même
quand il désigne une femme.

Lamartine a dit :

Là, quand *l'ange*, *voilé* sous les traits d'une femme,
Dans le Dieu, sa lumière, eut exhalé son âme.

Bernardin de St. Pierre a dit aussi :

« Virginie voyant la mort inévitable posa une main sur ses
« habits, l'autre sur son cœur ; et. levant en haut des yeux
« sereins, parut *un ange* qui prend son vol vers les cieux.

Ici la masculinité est énergique et grave ; nous avons
entendu, dans la conversation, des exemples de la
féminité, qui avoient beaucoup de grâce. Ce qui nous
porte à croire qu'ici, comme ailleurs, le masculin est
en harmonie avec la grandeur et la force ; tandis que
le féminin s'harmonise avec une idée gracieuse et touchante.

On sait qu'on a donné le nom d'*Ange* à une sorte
de poisson : ce mot, qui n'offre alors rien de mystérieux
dans sa signification, est soumis à sa forme matérielle, et
devient régulièrement féminin :

« *L'ange* est un peu plus *grosse* que la raie.

(*Histoire naturelle*).

Il n'est peut-être pas hors de propos de montrer que

plusieurs noms de géographie sont aussi soumis à cette influence remarquable que nous développons.

On sait que *Ilion*, par exemple, a une terminaison toute féminine en françois, comme celle de *consolation*, etc. Aussi est-il féminin :

« *Ilion* est *menacée* de périr un jour avec Priam.

(*Bitaubé*).

« Bientôt *Ilion* fut *réduite* en cendres.

(*Fénélon*).

« Mais moi, le plus infortuné des pères, de tant de fils que « je comptois dans *la grande Ilion*, je ne crois pas qu'un « seul me soit resté. (*Chateaubriand*).

Cependant, malgré ces exemples, nos poètes ont employé *Ilion* au masculin :

Il me suffit, pour moi, d'avoir su par mes veilles, Jusqu'au sixième chant pousser ma fixion, Et fait d'un vain pupître *un second Ilion*.

(*Boileau*).

Votre Ilion encore peut sortir de sa cendre; Je puis, en moins de temps que les Grecs ne *l'ont pris*, Dans ses murs relevés couronner votre fils.

(*Racine*).

Il fut *un Ilion*, il fut un grand empire.

(*Delille*).

Nous avons vu tomber la gloire D'*un Ilion* trop *insulté*, Qui prit l'autel de la victoire, Pour l'autel de la liberté.

(*Béranger*).

Ces écrivains ont sans doute trouvé des motifs de la masculinité qu'ils ont employée, dans cette triste grandeur qui entoure les malheurs de l'infortunée ville de Priam. Que de choses peut exprimer le simple genre d'un nom !

C'est encore à cette influence qu'il faut rapporter la masculinité accidentelle des mots *Iliade* et *Odyssée* que Boiste et autres indiquent régulièrement féminins.

Argos est féminin, comme on l'a déjà vu, à cause de sa prononciation *Argose* :

« *Argos*, qui triomphoit sans doute lorsqu'*elle* montroit
« dans ses murs les pénates qui trahirent les foyers de Priam,
« *Argos* offrit bientôt *elle*-même un grand exemple des vi-
« cissitudes du sort. (*Itinéraire*).

Cependant Chateaubriand, malgré cette féminité qu'il avoit employée, fit *Argos* masculin dans le Génie du Christianisme, quand il parle de l'amour de Virgile pour sa patrie, sa chère Mantoue. Sans doute le poète a trouvé que la masculinité étoit une harmonie de plus dans le tableau si plein de mélancolie qu'il traçoit alors :

« Le cygne de Mantoue ne s'entretient que des souvenirs
« de son lieu natal. Né dans une cabane, et chassé de l'héri-
« tage de ses aïeux, ces deux circonstances semblent avoir
« singulièrement influé sur son génie ; elles lui ont donné
« cette teinte de tristesse qui en fait un des principaux char-
« mes ; il rappelle sans cesse ces événements, et l'on voit
« qu'*il se souvient toujours de cet Argos*, où il passa sa
« jeunesse :

Et dulces moriens reminiscitur argos.

(*Énéide*).

Si ce n'étoit une loi chez les poètes de représenter les villes sous les traits d'une femme, nous nous étonnerions de voir, dans les Natchez, *Lyon* et *Strasbourg* employés au féminin :

« *Lyon la romaine* et *Strasbourg la germanique*.

C'est encore suivant le même principe que la Satyre Ménippée offre plusieurs exemples de *Paris* employé au féminin :

> De *la belle Paris* bientost vous jouyrez,
> S'il vous plaist consentir que le renard en sorte.

Toutefois le genre naturel de ce nom est le masculin, comme le prouvent une foule d'exemples du même livre :

> Le *pauvre Paris* tant endure
> Qu'impossible est plus qu'il dure.

Nous avons indiqué aussi comme féminins tous ces noms de rivières, tels que *la Bérézina*, *la Bidassoa*, *la Néva*, etc.

C'est probablement cette terminaison, qui lui rappeloit les doux noms des *Atala*, des *Céleuta*, des *Mina* etc., qui a conduit Chateaubriand a employer *Harmonica* au féminin :

« Tantôt l'oreille d'un mortel croiroit ouïr les plaintes « d'*une harmonica divine*. (*Natchez*).

L'indécision la plus grande règne sur le genre du nom *Volga*. Sa terminaison voudroit qu'il fût féminin, et cependant l'usage l'emploie presque toujours au masculin. Cette masculinité, contraire à notre règle, n'est pas contraire au génie de notre langue ; la masculinité s'harmonise avec la force. Or, contemplez ce fleuve immense, le plus grand de l'ancien monde ! Voyez-le partant des rivages de la Baltique, promenant ses eaux profondes à travers toute la Russie d'Europe, et portant comme en triomphe ses flots grossis par des torrents, au sein de la mer Caspienne où il se précipite par soixante-douze embouchures ! Alors vous pourrez trouver dans l'immensité de ce fleuve , des motifs de la masculinité que l'usage lui accorde et que sa forme lui refuse.

L'auteur des Études historiques nous a en quelque sorte dicté la loi qu'il faut suivre pour le genre du mot *Volga*. Il l'a employé au masculin dans le style noble et soutenu de ses éloquentes Études :

« Deux divisions de Huns s'avancèrent dans l'Occident ;
« l'une vers l'Oxus , l'autre vers *le Volga*.

(Invasion des Barbares).

Il l'a employé au contraire au féminin , dont le style simple et didactique des notes qui accompagnent son ouvrage :

« Etzel signifie peut-être le prince de *la Volga* ; car ce
« fleuve est appelé Etzel par les Tartares. (*Note sur Attila*).

Navire étoit jadis féminin , et cela devoit être , puisqu'il est terminé par un *e* muet :

Ainsi quand la Grèce, partie
D'où le mol Assaure couloit,
Traversa les mers de Scythie,
Sur la navire qui parloit......
Car aux flots de la peur sa navire qui tremble.

(Malherbe).

« Parce qu'ils vous ont cogneu mauvais pilote , qui n'avez
« sceu gouverner *la navire* dont aviez pris la charge , et l'avez
« *échouée* bien loin du port. (*Satyre Ménippée*).

« Et quinze *navires retournées* à Coruna. (*Idem.*).

On disoit aussi *la nauf , la nef , la navée ,* tous féminins :

« Par la mer Syriace , vous avez neuf mille quatorze *grandes*
« *naufs chargées* des meilleurs vins du monde. (*Rabelais.*)

« Geoffroy d'Harcourt étoit embarqué sur *la nef royale...*, « Jean Chandos, Fitz-Warren, etc. étoient aussi à bord de « *la Navée*, au simple rang de bacheliers.

(Études historiques).

Aujourd'hui ce nom est masculin. Toutefois l'Académie a déclaré qu'il étoit encore féminin quand il désigne le vaisseau des Argonautes : « *La navire Argo !* »

On doit pourtant remarquer que *Navire* étoit déjà employé au masculin du temps de Brantôme, comme le prouve ce passage, si le texte que nous avons est fidèle :

« Si je faisois bien, j'envoyerois toute à cette heure dépécer « vos maisons au lieu *du navire*.... Et *le navire* fut *défait* « dans une après-dinée.

Il ne seroit peut-être pas inutile de rechercher les causes d'un changement de genre si remarquable. A quoi en effet attribuer cette variation si extraordinaire, puisqu'elle n'étoit approuvée ni de l'Académie, ni des grammairiens qui trouvoient le féminin plus poétique ? En voici une raison qui peut-être en vaudra une autre.

Tant que nos navires, alors de moyenne taille, ne sillonnèrent que le petit bassin de la Méditerranée, les bords de l'Océan, l'étroit espace de la Manche et du Pas-de-Calais, le genre féminin, déterminé d'abord par la forme, étoit encore en harmonie avec la modeste étendue des courses de nos rares pilotes. Mais quand le génie des Colomb, des Magellan vint entraîner le vieux monde à travers des Océans sans rivages vers un monde nouveau ; quand nos navires, sur la trace de ces immortels génies, se virent emportés par des vents inconnus, sous un ciel qu'aucun pilote n'avoit contemplé, au milieu des vagues qu'aucune proue n'avoit encore sillonnées, « sur ces mers ignorées, *dit Chateau-* « *briand, citant les traditions populaires*, au-dessus « desquelles on voyoit s'élever une main noire, la « main de Satan, qui saisissoit les vaisseaux pendant la « nuit, et les entraînoit au fond de l'abîme; dans ces « régions antarctiques, séjour de la nuit, de l'épou- « vante et des fables; dans ces eaux furieuses du cap « Horn et du cap des Tempêtes où pâlissoient les « pilotes, dans ce double Océan qui bat ses doubles « rivages; » ne sembloit-il pas indispensable que *Navire* devînt masculin, lui qui exécutoit ces terribles voyages, avant lesquels on faisoit son testament, un éternel adieu à sa famille, sa réconciliation avec Dieu et le prochain, comme si l'on partoit pour l'Eternité?

O Colomb! O Pizarre! ô Cortès! qu'eussiez-vous dit dans votre Nouveau-Monde, sur les ruines fumantes des Cusco, des Mexico, des temples du Soleil, des palais des Montézume! qu'eussiez-vous dit, au milieu de l'immense révolution qui, sous votre épée, changeoit la face de l'univers doublé par votre génie aventureux; qu'eussiez-vous dit enfin, si l'on vous eût annoncé qu'un autre changement, qu'une autre révolution s'opéroit dans le vieux monde..... que de féminin, qu'il étoit jadis, *Navire* devenoit masculin.... *Vanitas vanitatum!*

———

Si *Mort* désigne l'être dépouillé de la vie, dont la religion bénit la sépulture, sa terminaison lui imposoit le genre masculin qu'il a :

Hier, dit-il, nos chants, nos hymnes d'allégresse

Célébroient à l'envi *ces morts victorieux*
Dont le zèle enflammé sut conquérir les cieux.

                                (*Fontanes*).

« La chute des feuilles, au contraire, amène la fête *des*
« *morts* pour l'homme, qui tombe comme les feuilles des
« bois. (*Chateaubriand*).

Mort désigne-t-il cette terrible Puissance qui nous
menace sans cesse, et qui s'approche chaque jour de
nous, sans jamais reculer d'un pas? Cette affreuse Nécessité, sur laquelle Malherbe a écrit :

    La Mort a des rigueurs à nulle autre pareilles ;
        On a beau *la* prier :
    La cruelle, qu'*elle* est, se bouche les oreilles,
        Et nous laisse crier.

Mort, dans ce cas, est féminin, comme on le voit ;
mais c'est évidemment contre la règle de l'e muet.
Cependant qui osera aller reprocher à *la Mort* son
arbitraire? Nous, pauvre grammairien, nous nous
taisons ; et que dire à cette cruelle, qui, par amour
pour l'arbitraire, pourroit peut-être bien ne pas nous
laisser achever la Théorie du Genre? D'ailleurs l'arbitraire est toute sa nature. Laissons-la donc faire
comme elle l'entend. Aujourd'hui, elle a voulu le
féminin ; si demain par hasard elle veut le masculin,
qui osera s'y opposer? ce n'est pas nous :

    De murmurer contre *elle* et perdre patience,
        Il est mal à propos,
    Vouloir ce qu'*elle* veut est la seule science
        Qui nous met en repos.

                                (*Malherbe*).

Toutefois on sait que Racine a fait *Mort* masculin
dans ce vers :

    La Mort est *le seul dieu* que j'osois implorer.

Lamartine l'a fait aussi de ce genre :

> Je te salue, ô mort, *libérateur céleste.*

Mais ces observations ne peuvent guère être bien comprises que dans les harmonies du genre avec le cœur de l'homme.

———

OEuvre nous offre dans son double genre l'harmonie la plus parfaite du principe que nous développons. En effet, il est régulièrement féminin, quand il désigne une simple action de la vie ordinaire :

« Le contentement intérieur qu'on éprouve, en faisant *une*
« *bonne œuvre*, n'est pas plus une combinaison de la matière,
« que le reproche de la conscience, lorsqu'on commet une
« méchante action, n'est la crainte des lois.
(Génie du Christianisme).

« Heureux ceux qui meurent dans le Seigneur : ils se repo-
« sent dès à présent de leurs travaux, car *leurs bonnes*
« *œuvres* les suivent.   (*Trad. des psaumes*).

Mai si *OEuvre* apporte avec lui l'idée d'un acte de génie ; s'il fait naître le sentiment d'une grande force développée ; s'il entraîne avec lui la croyance ferme qu'une grande puissance a été employée dans l'acte grave et solennel qu'il désigne ; alors il devient néces-sairement masculin :

« Ils voulurent que, devant que commencer *un si sainct*
« *œuvre*, fut faite une procession.   (*Satyre Ménippée*).

« J'en parachevai *l'œuvre entier* étant à votre service, il y
« a environ douze ou treize ans.   (*Amyot*).

« Ce tableau est *un œuvre* de Callot.   (*Girault-Duvivier*).

Dennons à *ce grand œuvre* une heure d'abstinence.
(Boileau).

Quelle morale puis-je inférer de ce fait?
Sans cela toute fable est *un œuvre imparfait*.

(*La Fontaine*).

« *Tel* fut *l'œuvre inaperçu* de soixante années.

(*Chateaubriand*).

« Athalie est *l'œuvre le plus parfait* du génie inspiré par
« la religion.   (*Idem*).

On sent que *l'Œuvre*, au masculin, désignant toujours
un chef-d'œuvre, ne peut guère être employé au pluriel ; car les chefs-d'œuvre ne sont pas communs.
Aussi, jadis on employoit le masculin au pluriel, en
désignant la collection des écrits d'un auteur ; mais
aujourd'hui on dit : *les œuvres complètes*. On n'imite
donc plus le poète qui a dit :

> Tel qui, content de lui, croit *ses œuvres parfaits*,
> Aux futurs épiciers prépare des cornets.

Nous avons déjà vu combien le féminin s'harmonise
avec l'ironie. Lamartine nous en offre un nouvel exemple, dans cette strophe où il a fait *œuvre* féminin :

> Lorsque du Créateur la parole féconde
> Dans une heure fatale eut enfanté le monde
>   Des germes du chaos ;
> *De son œuvre imparfaite* il détourna la face ;
> Et, d'un pied dédaigneux le lançant dans l'espace,
>   Rentra dans son repos.

Tant il est vrai qu'en françois l'ironie est féminine !

———————

Pâque est féminin suivant sa terminaison, quand il désigne cette heureuse journée où les enfants de Jacob sortirent enfin de l'oppression des Pharaons, et quittèrent

la tyrannique Égypte, pour se rendre dans la terre promise :

« Vous mangerez l'agneau avec des pains sans levain et des
« laitues amères, ayant une ceinture aux reins, des souliers
« aux piéds, et un bâton à la main, comme des voyageurs ;
« car c'est *la pâque* ou le passage du seigneur. (*Moïse*).

Il est encore régulièrement féminin, quand il désigne l'anniversaire de ce jour chez les Israélites, ainsi qu'une coutume pieuse chez les Chrétiens :

« Jésus, ayant achevé tous ces discours, dit à ses disciples :
« Vous savez que *la pâque* se fera dans deux jours ; et le
« Fils de l'homme sera livré pour être crucifié.
(*St. Mathieu*).

« Tout fidèle doit faire de *bonnes pâques*:
(*Girault—Duvivier*).

« Quand Noël est vert, *les pâques* seront *blanches*.
(*Proverbe*).

« Le Dimanche des Rameaux s'appelle *Pâques fleuries*,
« et le dimanche de Quasimodo *Pâques closes*. (*Gattel*).

On sait que *Pâque* est masculin, quand il désigne le jour de la Résurrection. Et qu'on n'aille pas croire que cette masculinité soit une erreur, ou un fait arbitraire : c'est une des plus belles harmonies de notre langue. Pour en comprendre toute la beauté et toute l'exactitude, il faut s'unir à la grande pensée qui occupe l'univers chrétien en ce jour solennel, où le Sauveur, victorieux de la mort, s'élève rayonnant de gloire vers les clartés éternelles, assurant à la terre régénérée l'empire absolu de la loi nouvelle ; il faut assister en esprit à cette magnificence des cérémonies de la Semaine sainte, surtout à Rome ; il faut se représenter

17

« ce clergé en deuil, ces autels, ces temples voilés,
« cette musique sublime, ces voix célestes chantant les
« douleurs de Jérémie; cette Passion mêlée d'incom-
« préhensibles mystères; ce saint sépulcre environné
« d'un peuple abattu; ce pontife lavant les pieds des
« pauvres; ces ténèbres, ces silences entrecoupés de
« bruits formidables; ce cri de victoire échappé tout-
« à-coup du tombeau; enfin ce Dieu qui ouvre la
« route du ciel aux âmes délivrées, et laisse aux chré-
« tiens sur la terre, avec une religion divine, d'intarris-
« sables espérances. » Quand on s'est bien pénétré des
profonds mystères qui précèdent et accompagnent le
plus grand et le plus mémorable jour de la Religion;
quand on peut juger de l'effet qu'un tel jour a toujours
produit sur un peuple plein de foi; alors on ne doit
plus s'étonner que le nom qui désigne ce jour si solennel ait quitté la féminité qu'il a partout ailleurs, pour
devenir tout-à-coup masculin.

L'Orgue est le plus grand, le plus audacieux, le plus
magnifique de tous les instruments que le génie de
l'homme a inventés. Les gigantesques harmonies qu'il
crée et qu'il déploie avec tant de hardiesse; les mille
voix qu'il forme et qu'il réunit en un concert admirable,
ont fait de cet instrument une merveille, un chef-
d'œuvre. Faut-il s'étonner maintenant si *Orgue* est
quelquefois masculin? n'est-ce pas l'idée de puissance,
de génie qui prive souvent ce nom de la féminité que
sa terminaison lui destine?

Cet orgue qui se tait, ce silence pieux,

L'invisible union de la terre et des cieux,
Tout enflamme, agrandit, émeut l'homme sensible.

(Fontanes).

Quand de *l'orgue lointain* l'insensible soupir
Avec le jour aussi semble enfin s'assoupir,
    Pour s'éveiller avec l'aurore.

(Lamartine).

Si au contraire on observe simplement la forme de ce mot il devient régulièrement féminin :

L'orgue est *composée* de plusieurs tuyaux. (*Trévoux*).
Des orgues portatives. (*Académie*).

Cette phrase tant contestée est donc françoise ; *c'est une des plus belles orgues que je connoisse.*

Toutefois, généralement parlant, *Orgue* est masculin au singulier, et féminin au pluriel : et ce n'est point une bizarrerie. L'idée de chef-d'œuvre que la masculinité traduit si exactement, entraîne toujours après elle l'idée d'unité ; car les chefs-d'œuvre ne se multiplient pas comme les feuilles des bois. L'union du masculin et du singulier est donc ici un fait complet, et exact : mais si vous employez *Orgue* au pluriel ; alors la pluralité repousse nécessairement toute idée de chef-d'œuvre ; la masculinité n'est donc plus nécessaire, indispensable ; le nom pluriel *Orgues* rentre dans l'ordre naturel, et reçoit le genre féminin que sa terminaison réclame :

« *Les premières orgues* qu'on ait *vues* en France furent
« *apportées* par des ambassadeurs de l'empereur Constantin
« Copronyme, qui les offrirent au roi Pépin. » (*Trévoux*).

Si cependant on parloit de l'orgue de Lubeck, de celui de Milan, de celui de Rome, etc. ; comme ces orgues sont réellement admirables, on pourroit em-

ployer le masculin , même au pluriel, et dire : « *Tous*
« *ces orgues* si *parfaits* sont de grands chefs-d'œuvre. »
On pourra donc dire aussi : « *L'orgue* de St.-Marc à
« Venise est *un des plus beaux orgues* de toute
« l'Italie. »

Si cette harmonie du genre eût été plutôt établie ,
on ne rencontreroit pas dans nos écrivains tant d'incertitude à son sujet.

———

Nos Grammairiens se sont demandé sérieusement
pourquoi *Délice* est masculin au singulier et féminin
au pluriel. Cette question a conduit les uns à décider
qu'il ne falloit plus employer *Délice* au singulier. C'eût
été une exception de moins , il est vrai ; mais la langue
eût perdu une expression très-riche. L'Académie conserva l'expression. Mais on conclut que l'emploi des
deux genres est une bizarrerie due à la langue latine.
Toutefois la question n'est pas de savoir si tel mot
françois a pour origine tel mot latin ; mais de savoir
pourquoi tel mot françois a conservé les deux genres
dont l'emploi est bien loin d'être arbitraire.

Délice , au singulier, n'exprime qu'une émotion ,
mais une émotion forte ; qu'une joie, mais une joie
grande et souvent muette ; qu'un bonheur , mais un
bonheur qui semble ne pouvoir durer à cause de sa
force : dans toutes ces affections uniques , l'âme est
envahie :

« *Quel délice* de faire du bien ! (*Boiste*).

« C'est *un délice* que de contribuer au bonheur des autres.
(*Trévoux*).

« La contemplation est *le délice* d'un esprit élevé et extra-
« ordinaire. »   (*Lévizac*).

Ici la masculinité augmente en quelque sorte l'énergie de la pensée et supplée au manque d'expression. Il
est des cas où les langues humaines sont impuissantes
à rendre ce qui se passe dans notre âme.

Délices, au pluriel, offre l'idée de sensations douces,
heureuses, constantes, qui se succèdent avec calme,
bercent l'âme et ne l'envahissent point ; qui laissent
l'homme paisiblement heureux, se possédant au milieu de ses jouissances continues, goûtant une félicité
qui se prolonge, sans craindre une privation pro-
chaine ; sans craindre surtout ce vide affreux où l'âme
effrayée se retrouve seule après une violente commotion :

« Dans les champs Élysées, dans cet heureux séjour de
« paix et de bonheur, les rois foulent à leur pieds *les molles*
« *délices* et les vaines grandeurs de leur condition mortelle.
                                        (*Fénélon*).

Comme ici il ne s'agit plus de développement d'une
grande force, le nom pluriel *Délices* rentre dans
l'ordre naturel, et devient régulièrement féminin.

Crépe est un mot à double genre et à significations
extrêmes. Mais ses deux genres sont en parfaite harmonie avec ses significations différentes.

S'il désigne ces pâtes légères et agréables qu'on
mange dans un festin, il est alors régulièrement féminin :

   Cette crépe étoit *délicieuse.*

S'il désigne une sorte de plante, il est aussi féminin régulièrement :

« Les laitues de primeur sont appelées *crêpes blondes.*
                                        (*Gattel*).

Enfin s'il désigne une ancienne étoffe précieuse, il est encore régulièrement féminin :

« La sainte reine fit faire *une crêpe* admirable d'or et d'ar-
« gent pour mettre sur le corps de saint Éloi.   (*Trévoux*).

Mais si *Crêpe* désigne ce triste emblème de douleur que nous portons aux jours de deuil ; ces voiles funè-bres qui nous couvrent dans ces moments affreux où notre âme reste accablée sous le sombre chagrin ; alors *Crêpe* dépose son genre ordinaire ; signe sinistre, il devient masculin, comme si la masculinité étoit une expression fidèle de la douleur, du chagrin et du deuil :

Qu'*un crêpe* flotte au front du bronze de Vendôme.

En poésie, *Crêpe* avec sa masculinité est toujours d'un bel effet au figuré :

.... Dès que l'ombre tranquille
Viendra d'*un crêpe noir* envelopper la ville
                                        (*Boileau*).

..... La nuit, de son trône d'ébène,
Jette *son crêpe obscur* sur les monts, sur les flots.
                                        (*Delille*).

A l'heure où l'âme solitaire
S'enveloppe d'*un crêpe noir*,
Et n'attend plus rien de la terre,
Veuve de son dernier espoir.
                                        (*Lamartine*).

Dans cette harmonie, la féminité est juste ; la mas-culinité est expressive.

Voile a encore ses deux genres en parfaite harmonie avec ces différentes significations.

Quand il désigne cette partie du vaisseau qui reçoit l'impulsion des vents, comme rien de mystérieux, ni de grave ne se rattache à cette idée toute matérielle, *Voile* est alors régulièrement féminin. Ici la forme est l'unique guide :

« Les tritons conduisoient les chevaux et tenoient les rènes « dorées : *une grande voile* de pourpre flottoit dans l'air au-« dessus du char ; *elle* étoit à demi-*enflée* par le souffle d'une « multitude de petits zéphirs qui s'efforçoient de *la* pousser « par leurs haleines. » (*Fénélon*).

Il est aussi féminin, quand il s'emploie dans le sens de navire :

Si vous voulez partir *la voile* est *préparée.*

(*Racine*).

Il est encore féminin au figuré, lorsque l'image employée rappelle l'idée d'un navire :

Quand la faveur, à *pleines voiles*,
Toujours compagne de vos pas.

(*Malherbe*).

Il voit les passions, sur une onde incertaine,
De leur souffle orageux enfler *la voile humaine.*

(*Lamartine*)

On a justement reproché à Corneille d'avoir employé au masculin *Voile* dans son sens propre de partie de vaisseau :

Il venoit à *plein voile*, et si dans les hasards. (*Pompée*).

En effet, cette signification, qui tient toute de la lettre, ne s'harmonise nullement avec la masculinité qui tient toute de l'esprit : mais il en est bien autrement de toutes les autres significations, auxquelles se rattache toujours quelque idée religieuse , sombre ou imposante.

Est-on plongé dans la douleur, dans le deuil? Le malheur est-il venu nous assaillir? Le chagrin pèse-t-il sur notre âme , comme un poids qui étouffe? nous nous enveloppons d'*un voile funèbre :*

« L'heure est donc venue où la France doit couvrir d'*un*
« *voile* son superbe panache , et laisser tomber sa tête dans
« le giron de l'Angleterre ? (*Jeanne d'Arc de Shakespeare*).

On se rappelle cette matinée douloureuse où l'infortuné Chactas alloit confier à la terre du repos les restes inanimés de celle qu'il aima :

« Souvent la longue chevelure d'Atala, jouet des brises
« matinales , étendoit *son voile* d'or sur mes yeux. »

(*Chateaubriand*).

S'agit-il d'une vaste entreprise que les ténèbres enveloppent? d'une conspiration tramée dans l'ombre? Tout se couvre d'*un voile affreux!* (*Crébillon*).

Une jeune vierge quitte-t-elle le monde pour se consacrer à Dieu dans un cloître? Elle couvre les traits célestes de sa figure virginale sous les plis flottants d'*un voile sacré :*

« Les ennuis de son front se cachent sous un bandeau
« de lin ; et *le voile mystérieux* , double symbole de la vir-
« ginité et de la religion , accompagne sa tête dépouillée. »

(*Chateaubriand*).

Enfin , dans le temple de Salomon, *un voile immense* déroboit le sanctuaire aux regards de la foule pieuse :

« En même temps *le voile* du temple se déchira en deux ;
« depuis le haut jusqu'en bas ; la terre trembla ; les pierres

« se fendirent; les sépulcres s'ouvrirent; et plusieurs corps
« des saints, qui étoient dans le sommeil, ressucitèrent. »

(*St. Mathieu*).

On voit ici que la masculinité n'a aucun rapport
avec la forme, et qu'elles s'harmonise admirablement
avec tout ce que la signification renferme de grave,
de sacré, de mystérieux.

———

Enfin nous touchons à une question extrêmement
délicate : cette question, c'est le genre des noms
Hymne, *Exemple*, *Évangile*. Quoi de plus délicat,
en effet, pour un jeune grammairien, qui n'a d'autre
appui que sa conscience, d'autres droits que ses principes, que de venir prouver à tous nos grammairiens,
à tous nos auteurs de dictionnaires, en un mot, à
l'Académie elle-même, qu'ils ont commis, eux et elle,
les plus graves erreurs sur le genre des trois noms
désignés, et que ce qu'ils ont décidé est inexact?
Position difficile, où l'amour de la vérité et l'intérêt de
notre langue seront notre excuse.

Dans son traité du genre, Lemare s'exprime ainsi :
« Nous n'avons pas compris dans notre liste *Exemple*,
« *Hymne*, *Évangile*. Parce que quelques maîtres à
« écrire, ou des enfants de chœur auront dit : *Voilà*
» *une belle exemple d'écriture ; nous allons chanter*
« *une belle Hymne ; on va dire la dernière Évangile ;*
« faudra-t-il consacrer en règle qu'*Exemple* en parlant
« d'écriture, qu'*Hymne*, cantique d'église, qu'*Évan-*
« *gile*, lorsqu'il s'agit de la fin de la messe, sont du fé-
« minin; tandis que partout ailleurs ces mots sont mascu-
« lins? Pourquoi tous les évangiles ne seroient-ils pas du

« masculin, aussi bien le dernier que le premier?
« Pourquoi les beaux Hymnes de Santeuil ne seroient-
« ils pas du masculin, comme ceux d'Horace et de
« Pindare? Il faut espérer que l'Académie françoise,
« s'élevant aux fonctions et à la dignité de juge, cessera
« d'être un écho passif, répétant sans critique tous les
« dictons populaires. » Il n'est guère possible de s'exprimer avec plus de mépris. Qu'il nous est triste de voir
toujours le grammairien françois, quand il aborde une
expression populaire, verser sur elle l'insulte et l'opprobre, et dire avec ironie : « *cette expression sent le*
« *peuple.* » Mot révoltant, qui sent le Richelieu. Il
semble que notre grammaire soit un vieux reste du
siècle de Louis XI; son extérieur est encore tout gothique, ses formes toutes féodales ; elle n'a rien changé,
rien modifié; son langage rappelle des temps qui ne
sont plus. La monarchie absolue disoit autrefois : « *Le*
« *Roi gouverne l'État.* » La Grammaire dit encore
aujourd'hui : « *Le verbe actif gouverne l'accusatif.* »
Expression qui devroit être bannie, comme le principe
qui en étoit l'appui. L'aristocratie disoit aussi : « *Nulle*
« *terre sans Seigneur.* » Et l'on trouve encore chez
nos grammairiens : « *Nulle phrase sans sujet.* » Ces
expressions, jadis si lumineuses, parce qu'elles tradui-
soient des faits bien connus, ne se comprennent plus
aujourd'hui. Enfin, comme dernier monument d'une
époque passée, notre grammaire a conservé cette tant
vieille définition : « *Le masculin est plus noble que le*
« *féminin.* » Traduction vivante de cette base du
système féodal : « *Le Suzerain est plus noble que le*
« *Vassal.* » Ce n'est donc rien exagérer que de dire

que notre grammaire en est encore à la féodalité, à l'absolutisme, où un roi de France disoit : « *L'État c'est moi.* » Entêtée d'un pouvoir qu'elle n'a plus, elle croit encore que c'est d'elle seule que doivent relever les écrivains et le peuple ; et elle se dit : « *La Langue c'est moi.* » Erreur qui n'a pas de bornes ! Grammairiens, nous l'avons déjà dit, et nous le répétons encore : « *La Langue c'est le peuple.* » Si vous méprisez *les dictons populaires*, au lieu de les prendre pour bases de vos observations, vous vous exposez à tomber dans les erreurs les plus graves. Désormais, observez donc avant de prononcer ; et si jamais vous rencontrez une expression qui *sent le peuple*, vous verrez qu'elle sent toujours bon : *Vox populi, vox Dei.*

Toutefois Lemare n'est pas le seul coupable. Avec cette critique délicate et ce ton d'urbanité qui règnent dans tous ses écrits, Ch. Nodier a dit : « On demande « s'il faut dire de *belles Exemples* d'écriture, *les sain-* « *tes Hymnes* de l'Église? L'usage a consacré ces ex- « ceptions ; mais il y a plusieurs sortes d'usages, celui « qui crée les langues, et celui qui les dénature. Une « fois que le genre d'un mot est établi, tout usage qui « contrevient à cette règle est vicieux ; et il est ridicule « de réformer un principe sur la foi d'un maître d'é- « cole ou d'un sacristain qui ne sait pas le françois. » On conçoit que ces dernières lignes ne nous paroissent pas orthodoxes. Cependant, il y a peut-être de l'injustice à oser reprocher ainsi à un écrivain, auquel on doit tant, une opinion à laquelle il n'attachoit sans doute aucune importance. Mais nous avons tant de respect pour les expressions populaires, nous y avons reconnu des vérités si grandes, elles sont à nos yeux des traductions si fidèles, si exactes des mœurs et des usages du peuple, que nous ne nous pardonnons pas même de les avoir autrefois méconnues.

Telles sont donc en résumé les opinions de nos grammairiens sur le genre des mots *Hymne, Exemple, Évangile*. Fortement influencée par toutes ces autorités, qui sembloient seules compétentes, l'Académie décida que : « *Hymne* est masculin, mais qu'il peut recevoir « un adjectif féminin, lorsqu'il s'agit des hymnes chan- « tées à l'église; qu'il n'est pas permis de donner le « genre féminin au mot *Exemple*, si ce n'est quand il « signifie un modèle d'écriture; qu'enfin *Évangile* est « toujours masculin. »

Cette décision authentique est bien formelle : elle est exprimée, comme on le voit, en termes bien po- sitifs. Malheureusement les faits, que notre langue nous offre, loin d'appuyer cette décision solennelle, la dé- truisent, sinon entièrement, du moins en grande partie.

En effet, il est faux de dire que *Hymne* est seule- ment féminin quand il désigne un chant d'église. Le genre ne dépend point ici de la signification de chant sacré ou de chant profane; cette distinction est une grande erreur : *Hymne* est régulièrement féminin, dans tous les sens qu'on lui donne. Ici la forme est tout, la signification n'est rien. L'*e* muet final est là dans sa toute-puissance :

« Lorsqu'au milieu des lampes, des masses d'or, des flam- « beaux, des parfums, aux soupirs de l'orgue, au balance-

« ment des cloches, au frémissement des serpents et des basses,
« cette *Hymne* faisoit raisonner les vitraux, les souterrains et
« les dômes d'une basilique, etc.

   (*Génie du Christianisme. Te Deum*).

 « Transportez-vous en pensée dans l'ancien monde, pour
« vous faire une idée de ce qu'il dut éprouver, lorsqu'au mi-
« lieu *des Hymnes obscènes, enfantines ou absurdes* à Vé-
« nus, à Bacchus, à Mercure, à Cybèle, il entendit des voix
« graves chantant au pied d'un autel nouveau : O Dieu ! nous
« te louons ! O Seigneur, nous te confessons ! O Père éternel,
« toute la terre te révère ! (*Études historiques*).

Ces beaux exemples, empruntés au plus grand génie
de notre époque, ne peuvent être suspects, et ils
prouvent évidemment combien la règle de l'Académie
est vicieuse. Nous croyons que voici comment il faut
procéder :

 Hymne est régulièrement féminin, à cause de sa
terminaison :

 « Un dimanche de l'Avant j'entendis de mon lit chanter
« cette *Hymne* avant le jour sur le perron de la cathédrale,
« selon un rite de cette église-là. (*J.-J. Rousseau*).

   Quelle sera la hauteur
   De *l'hymne* de ta victoire,
   Quand *elle* aura cette gloire
   Que Malherbe en soit l'auteur.
     (*Malherbe*)

 « Si quatre vierges, vêtues de lin et parées de feuillages,
« apportoient la dépouille d'une de leurs compagnes, dans une
« nef tendue de rideaux blancs, le prêtre récitoit à haute
« voix sur cette jeune cendre *une Hymne* à la virginité.

     (*Chateaubriand*).

Mais si *Hymne* offre l'idée d'un délicieux abandon

de l'âme dans un heureux instant de délire, de l'allégresse d'un cœur plein d'une vive reconnaissance ; ou
bien désigne-t-il un chant violent, comme un cri de
joie dans un festin ; un cri de victoire sur un champ
de bataille, un cri de douleur sur un tombeau ? Ici,
il y a une force à exprimer, et la masculinité apparoît,
comme une admirable harmonie :

> Encore *un hymne*, ô ma lyre !
> *Un hymne* pour le Seigneur,
> *Un hymne* dans mon délire,
> *Un hymne* dans mon bonheur !
>
> *(Lamartine)*.

« Ô toi qui nous a faits ! en composant un discours si saint,
« je crois chanter *un véritable hymne* à ta gloire. »

(*Galien*).

« Quelles étoient ces institutions des Amphion, des Cad-
« mus, des Orphée ? Une belle musique appelée Loi, des
« danses, des cantiques, quelques arbres consacrés, des
« vieillards conduisant des enfants, *un hymne formé* auprès
« d'un tombeau, la religion et Dieu partout. »

(*Chateaubriand*).

Comme la masculinité s'harmonise parfaitement avec
la grandeur et la majesté des idées qui l'environnent !

Boileau traduisoit sans doute le développement d'une
grande force, lorsque, dans son épigramme sur Santeuil, il fit *Hymne* masculin :

> A voir de quel air effroyable,
> Roulant les yeux, tordant les mains,
> Santeuil nous lit *ses hymnes vains*,
> Diroit-on pas que c'est le diable
> Que Dieu force à louer les saints ?

On peut très-fréquemment rencontrer *Hymne* avec

une masculinité peu motivée. Cela vient sans doute du respect que certains auteurs ont toujours eu pour la décision de l'Académie. Pour nous cette décision n'est plus une loi ; nous lui substituons l'harmonie que nous avons indiquée, et dont nous offrons un nouvel exemple.

Lamartine, dont l'expression est aussi pure que la pensée, emploie la masculinité, quand *Hymne* rappelle une idée religieuse et grave, imposante et sublime :

> Le temple de Sion était dans le silence ;
> *Les saints hymnes* dormaient sur les harpes de Dieu.
> Les foyers odorants, que l'encensoir balance,
> S'éteignaient ; et l'encens, comme un nuage immense,
> S'élevait en rampant sur les murs du saint lieu.

« Toutes leurs pensées se convertissent en enthousiasme et « en prière ; toute leur existence est *un hymne muet* à la di- « vinité et à l'espérance. »

Cette masculinité est vraiment admirable ; elle nous fait comprendre pourquoi quelques grammairiens rejetoient la féminité : c'est que le masculin est réellement sublime. Cependant notre grand poète n'est pas exclusif. Quand il nous peint son Harold touchant au sol de la Grèce, et apercevant sur le rivage un pontife, des femmes, des vierges, des enfants qui paroissoient célébrer des funérailles, comme il n'y a rien ici de fort, de violent, d'extraordinaire, il emploie la féminité :

> . . . . . . De plus près le vent soufflant du bord
> Aux oreilles d'Harold porte *une hymne* de mort.

Mais quand le poète nous représente l'infortunée Sapho toute prête à se précipiter dans les flots du

haut du promontoire fatal, et qu'il lui fait dire aux
jeunes filles qui l'accompagnent :

> Et vous, pourquoi ces pleurs ? Pourquoi ces vains sanglots ?
> Chantez, chantez *un hymne*, ô vierges de Lesbos !

Ici la masculinité est d'une grande énergie ; elle
devient un des accents du désespoir de cette femme,
qui succombe sous les coups d'un aveugle destin.

L'Académie, comme on le sait déjà, avoit décidé que
Exemple ne peut être féminin que dans le sens de
modèle d'écriture. Toutefois, dans son édition de 1798,
qui du reste n'est pas authentique, l'Académie sembloit
s'être rétractée, et avoir déclaré qu'on peut dire : *un
bel exemple de lettres italiennes.* Aussi ces hésitations
continues conduisirent quelques grammairiens à tran-
cher enfin la question, et à décider que dans tous les
cas *Exemple* est masculin. Cette décision, trop exclusive, n'est pas sans motifs, car la masculinité est toujours grande et noble. Cependant nous croyons qu'il y
a erreur, et voici comment nous procédons :

Exemple a deux significations, l'une toute matérielle, l'autre toute morale. Ses deux genres sont en
harmonie avec ses deux significations opposées.

Exemple, au matériel, désigne un modèle d'écriture, une copie de dessin, etc. Ici, pas de poésie.
Le genre doit être le résultat immédiat de la forme du
mot ; et l'*e* muet final veut le genre féminin :

« Son maître à écrire lui donne tous les jours de *nouvelles
exemples. (Girault-Duvivier).*

« Les élèves doivent chercher à imiter *cette exemple*, en
« copiant les traits du dessin, etc. *(Idem).*

Exemple, au moral, réveille toujours quelque chose d'énergique et de grand ; il nous offre ces beaux modèles de vertu , dont l'imitation même éloignée exige de nous de longs efforts , d'opiniâtres combats , une attention constante sur nous-mêmes , enfin une habitude de nous vaincre à toute épreuve. Ici, l'idée dominante est la force ; aussi le genre indispensable est le masculin , qui ajoute toujours à la puissance de l'expression :

« Imitez *un* si *bel exemple*, et laissez-là vos descendants.
(*Bossuet*).

Je suis fils de César, j'ai *son exemple* à suivre.
(*Voltaire*)

Imitez *cet exemple* ; à leur prison stérile
Enlevez ces brigands.
(*Delille*).

« *Les bons exemples* conduisent plus efficacement à la vertu
« que les bons préceptes. (*Académie*).

Cette masculinité est bien belle et surtout bien expressive. L'emploi de la féminité du mot *Exemple*, au moral, n'est pas commun dans nos classiques : on ne le rencontre guère que dans ce passage de la Satyre Ménippée :

« Ce vous est *une belle exemple* à vous autres petits beuvreaux , qui faictes tant des scrupuleux, quand il faut, etc. »

Mais on sait que l'ironie, comme la grâce, s'harmonise avec la féminité : harmonie exacte et fidèle, car l'ironie et la grâce constituent souvent à elles seules le caractère d'une femme.

Le peuple emploie très-souvent cette féminité du mot *Exemple*, au moral, et quelquefois d'une manière si gracieuse, que nos poètes n'en dédaigneroient pas

18

l'emploi, si, comme nous, ils l'avoient fréquemment admirée. Au reste, le peuple, qui ne se trompe pas aussi souvent qu'on le pense, sait très-bien employer *Exemple* au masculin, quand il veut s'exprimer avec énergie.

———————

Relativement au mot *Évangile* l'Académie n'a pas hésité : elle a déclaré qu'il est masculin dans tous les cas possibles. La simplicité de cette règle a séduit tous nos grammairiens, qui n'avoient vu que de l'arbitraire dans toutes ces variations du genre. Le masculin est donc seul adopté, et le féminin rejeté comme vicieux. On dit donc *le saint Évangile*, *le premier*, *le dernier Évangile*, etc. Nous sommes loin de désapprouver cette règle, qui repose sur l'emploi toujours noble de la masculinité; mais comme elle n'explique pas les faits nombreux que notre langue nous offre, nous allons donner la règle que nous avons conçue d'après nos principes, et d'après ses faits bien observés.

Quand *Évangile* désigne les paroles de consolation que le prêtre récite chaque jour au Saint-Sacrifice, il est régulièrement féminin; l'*e* muet final est là :

« Le mercredy jour des cendres, Lincestre dit en son ser-
« mon qu'il ne prêcheroit point *l'évangile* du jour, parce
« qu'*elle* étoit *commune*, et que chacun *la* savoit.
(*Satyre Ménippée*).

« *La première évangile* de la messe est *l'évangile* du jour ;
« *la deuxième évangile* est le commencement du livre de
« St. Jean. (*Trévoux*).

Mais si *Évangile* quitte cette signification toute resteinte, toute bornée, pour désigner cette grande Loi promise par l'Éternel à l'homme coupable dans l'Eden déchu, ces Tables de la Loi nouvelle annoncées à Moïse sur le sommet du Sinaï ; enfin cette sublime Morale apportée à la terre par le Fils de l'homme, qui viendra au jour inconnu lui en demander compte ; alors, la masculinité, triple expression de force, de respect, et de grandeur, vient comme envelopper ce nom vénérable et sacré d'un triple manteau. Harmonie tout-à-fait admirable, où le simple genre devient une des grandes expressions de la reconnoissance et de l'admiration de l'homme :

« Quelles loix, quel chapitre, *quel Évangile* nous enseigne « de déposséder les hommes de leurs biens et les roys de « leurs royaumes pour la diversité de religion ? »

(*Satyre Ménippée*).

« *L'Évangile* a été *prêché* au pauvre d'esprit, et *il a été* « *entendu* du pauvre d'esprit, c'est le livre le plus clair qui « existe. (*Génie du Christianisme*).

En prenant cette harmonie du genre pour guide, on pourroit établir que *la première Évangile, la dernière Évangile, toutes les Évangiles* ont rapport à ce qui se récite pendant le Saint-Sacrifice. Comme ce récit est ordinaire et journalier ; comme il n'offre par lui-même rien qui puisse étonner et surprendre, son nom sembleroit devoir rentrer dans la règle générale, et recevoir le genre que sa terminaison lui destine, et qu'il a eu quelquefois. Au contraire, *le premier Évangile* désigneroit les écrits de St. Mathieu, et *le dernier Évangile* ceux de St. Jean. *Tous les Évangiles* annonceroient l'ensemble des écrits des quatre évangé-

listes. Par là les expressions seroient positives ; le genre
auroit un emploi déterminé :

« *L'Évangile de* St. Mathieu est surtout *précieux* pour la
« morale. C'est cet apôtre qui nous a transmis le plus grand
« nombre de ces préceptes en sentiments, qui sortoient avec
« tant d'abondance des entrailles de J.-C.

(*Génie du Christianisme.*)

Telle est l'harmonie que nous offre le genre du mot
Évangile. Nous sommes loin de vouloir l'imposer comme
une loi ; car nous reconnoissons la tendance de l'usage
à n'employer que le masculin toujours si noble. Mais
nous avions besoin de nous expliquer sur la féminité
de ce mot, surtout parce que l'honneur d'un de nos
écrivains sembloit réclamer ces explications. En effet
tous nos Grammairiens ont critiqué ce passage où Boileau a fait *Évangile* féminin :

L'Évangile au chrétien ne dit en aucun lieu
« Sois dévot. » *Elle dit :* sois doux, simple, équitable:

On sait qu'il existe des éditions de Boileau où l'offi-
cieux imprimeur s'est empressé de faire disparoître cette
féminité coupable :

L'Évangile au chrétien ne dit en aucun lieu:
« Sois dévot. » *Il nous dit :* sois doux, simple, équitable.

Pour nous, loin d'admettre cette correction, nous
nous gardons bien de blâmer l'emploi que l'auteur a
fait du féminin. Car il prouve par là que de son temps
Évangile pouvoit être féminin quand la phrase n'annonçoit rien de fort, rien de véhément. Du reste, quand
on songe aux soins que Boileau donnoit à l'impression
de ses œuvres ; quand on sait qu'il les faisoit revoir par
des hommes tels que Patru, qu'il appelle le Quintilien

de son siècle ; quand on se souvient que ses ennemis
lui disputoient jusqu'aux points et aux virgules , et qu'ils
ne lui reprochèrent pas la féminité que nous défendons ;
quand enfin on se rappelle avec quel empressement
Boileau fit disparoître la masculinité qu'il avoit si long-
temps donnée au mot *Mœurs*, on doit avouer que
Boileau et tout son siècle étoient bien convaincus que le
genre du mot *Évangile* doit être en harmonie avec sa
signification plus ou moins énergique. Sans cette conviction puissante , la féminité eût été aperçue , jugée ,
condamnée , et elle eût bientôt disparu des œuvres de
l'Horace françois.

FIN.

TABLE

DES MATIÈRES.

———◆———

www.ingramcontent.com/pod-product-compliance
Lightning Source LLC
Chambersburg PA
CBHW070759270326
41927CB00010B/2210